● 단계별 실력 키워주는 종합입문서 ●
캠퍼스러시아어
РУССКИЙ ЯЗЫК
2

Ю.Г.Овсиенко 원저

연세대학교 노어노문학과 교수 조남신 편

랭기지플러스

머리말

오늘날 러시아어에 대한 관심은 곧 러시아어 학습서의 개발로 이어져, 이제는 어느 서점에서나 여러 종류의 러시아어 학습서들을 쉽게 발견할 수 있게 되었다. 이러한 상황의 변화는 러시아어를 공부하는 학습자들에게는 여간 다행스러운 일이 아닐 수 없다.

그러나 많은 러시아어 학습서가 출판되어 있음에도 불구하고, 러시아어에 대한 체계적이고도 종합적인 학습서는 아직 많지 않은 실정이다. 따라서 필자는 몇 년 전부터, 특히 대학교 저학년을 대상으로 하는 교재 개발에 관심을 가지게 되었다. 그러나 외국어 학습서를 만든다는 것이 그리 간단한 문제는 아니어서, 러시아어·영어·독일어로 쓰여진 많은 학습서들을 수집하여 비교·검토하였다. 그리고 그 중에서 비교적 좋다고 생각되는 학습서를 기본틀로 삼아 우리 실정에 맞는 쉽고도 체계적인 러시아어 교재를 엮게 되었다.

이 책은 러시아어에 대한 종합적인 접근을 가능하게 하는 Ю.Г.ОВСИЕНКО의 РУССКИЙ ЯЗЫК ДЛЯ НАЧИНАЮЩИХ(М. 1992)를 기본형으로 삼았다. 그러나 이 책 역시 한국인을 위해 쓰여진 것이 아니고, 게다가 소련 체제가 붕괴되기 전에 출판된 것이어서 내용상 많은 문제점이 있었다. 그래서 필자는 이 학습서의 내용을 완전 대체 내지는 부분적인 수정, 보완을 통해 현재의 러시아 상황을 정확히 반영하면서도 우리의 실정에 맞게 엮었다. 이 과정에서 문법 부분도 『현대 러시아어』(한신출판사, 1995)를 중심으로 많은 참고 자료를 통해 크게 보충하였다.

대학교의 두 학기 코스를 염두에 두고 모두 2권으로 꾸민 이 교재는, 러시아어에 대한 특히 쉽고 체계적이면서도 종합적인 접근을 통하여 학습 효과를 높일 수 있도록 다음 사항에 중점을 두었다.

첫째, 많은 문법 사항들의 백과사전식 나열이나 문법을 위한 문법의 기술을 피하고, 초보 단계의 러시아어 학습자들에게 꼭 필요한 만큼의 문법만을 전달하려고 노력하였다.

둘째, 구성에서 본문을 먼저 다루고, 그 내용을 중심으로 대화를 설정하여 동일내용의 반복에 의한 심화 학습을 가능하게 하였다.

셋째, 본문·대화·독해 및 청취 부분을 테이프에 담아서 회화와 동시에 문법·독해 및 청취를 종합적으로 학습할 수 있게 하였다.

넷째, 독해 및 청취 부분을 본문보다 약간 어려운 수준으로 설정하여 단계적인 실력 향상을 유도하였다.

다섯째, 연습문제에 대한 풀이는 물론, 본문과 대화의 내용에 대한 해석을 제공함으로써 독자적인 학습을 가능하게 하였다.

위의 사항들에 유의하여 공부한다면 좋은 성과를 거둘 수 있으리라 생각한다.

끝으로 이 책이 출판되기까지 여러 면에서 지원을 아끼지 않으신 사장님과 편집진에게 진심으로 감사드린다. 본인의 뜻을 이해하고 자신의 교재 사용을 흔쾌히 승락해 준 Ю.Г.ОВСИЕНКО, 그리고 바쁜 중에서도 열심히 도와 준 남혜현, 황지현에게 감사의 뜻을 전한다.

1997년 1월
조 남 신

차 례

머리말　3

- **УРОК 20 Смéлые лю́ди** ── 9
    1. 형용사 여성형의 격변화(단수)　12
    2. 접속사 что와 чтóбы의 용법　14
    3. 동사 происходи́ть-произойти́, случа́ться-случи́ться　15
    4. 동사의 인칭변화　15
    5. 동사 그룹　15
    독해 및 청취　Алле́я жи́зни　19

- **УРОК 21 Тури́ст-пеисионéр** ── 21
    1. 운동동사　24
        (1) 운동동사의 정태와 부정태　24
        (2) 운동동사 идти́와 ходи́ть의 의미　25
        (3) 동사 нести́, вести́, везти́의 용법　27
        (4) 동사 идти́의 용법　27
        (5) 동사 води́ть, вести́의 용법　27
    2. 소유대명사 свой　28
    3. 동사 бежа́ть의 변화　29
    4. 동사 그룹　30
    독해 및 청취　Движе́ние — э́то жизнь　35

- **УРОК 22 Дом в лесу́/Времена́ гóда** ── 37
    1. 형용사 남성형과 중성형 단수　41
        (1) 어간이 경자음과 연자음으로 끝나는 형용사　41
        (2) 어간이 ж, ш, ч, щ로 끝나는 형용사　42
    2. 소유대명사의 남성 및 중성(단수)　43
    3. 지시대명사의 남성 및 중성(단수)　43
    4. 서수사의 변화　43
    5. 시간의 표현　44
    6. 동사 крикну́ть, пла́кать의 변화　45
    7. 동사 그룹　45
    독해 및 청취　Вели́кий поэ́т Росси́и　51

- **УРОК 23 Второ́го ма́я/Отцы́ и де́ти** ———————————— 55
    1. 시간의 표현 59
        (1) 날짜의 생격 62
        (2) 생격지배 전치사 до, по́сле, с... до. 62
    2. 이중부정 62
    3. 동사 подня́ться의 변화 63
    4. 동사 그룹 64
    독해 및 청취 Макси́м Го́рький 69

- **УРОК 24 О́стров Ки́жи/Посло́вицы и афори́змы о труде́** —— 71
    1. 복수 생격 74
        (1) 명사의 복수 생격 74
        (2) 형용사의 복수 생격 76
        (3) 소유대명사의 복수 생격 77
        (4) 지시대명사의 복수 생격 77
    2. 대명사 себя́ 77
        (1) себя́를 포함하는 몇 가지 표현 77
    3. 동사 그룹 78
    독해 및 청취 Дом Хемингуэ́я 82

- **УРОК 25 До́ктор Еле́на/Языки́ наро́дов Се́вера** ———————— 85
    1. 수량 생격 89
    2. 상호대명사 друг дру́га 90
    3. 동사 привы́кнуть의 변화 90
    4. 동사 그룹 91
    독해 및 청취 Фёдор Миха́йлович Достое́вский 95

- **УРОК 26 Наро́дный поэ́т Дагеста́на** ———————————— 99
    1. 복수 대격 103
        (1) 명사의 복수 대격 103
        (2) 형용사, 소유대명사, 지시대명사의 복수 대격 104
    2. 3인칭 명령형 105
    3. 인칭문과 부인칭문 106
        (1) 불완료상 106

(2) 완료상 106
4. 동사 умере́ть의 변화 106
5. 동사 그룹 107
독해 및 청취 Писа́тель, поэ́т, певе́ц 112

- **УРОК 27 О ру́сских музе́ях ——————————— 115**
  1. 복수 전치격 119
     (1) 명사의 복수 전치격 119
     (2) 형용사의 복수 전치격 120
     (3) 소유대명사의 복수 전치격 120
     (4) 지시대명사의 복수 전치격 120
  2. 동사 расти́의 변화 120
  3. 동사 그룹 121
  독해 및 청취 Солдатёнок 125

- **УРОК 28 Пи́сьма Анто́на Па́вловича Че́хова/На по́чте/Образцы́ пи́сем и Телегра́мм ——————————— 129**
  1. 복수 여격 136
     (1) 명사의 복수 여격 136
     (2) 형용사의 복수 여격 137
     (3) 소유대명사의 복수 여격 137
     (4) 지시대명사의 복수 여격 137
  2. 단어 кото́рый를 포함하는 복문 137
  3. 동사 변화 139
  4. 동사 그룹 139
  독해 및 청취 Анто́н Па́влович Че́хов/Че́ховские спекта́кли 144

- **УРОК 29 Го́род на Неве́ ——————————— 149**
  1. 복수 조격 152
     (1) 명사의 복수 조격 152
     (2) 형용사의 복수 조격 153
     (3) 소유대명사의 복수 조격 153
     (4) 지시대명사의 복수 조격 153

2. 단어 который와 복문 153
3. 동사 наступа́ть, наступи́ть의 용법 154
4. 동사 그룹 154
   독해 및 청취   Не́сколько слов о бескоры́стии 159

- **УРОК 30 Сиби́рь/Спра́вочное бюро́** ——————— 163
   1. 접두사가 붙은 운동동사의 상의 짝 166
   2. 구문 что́бы 167
   3. 동사 그룹 168
   독해 및 청취   Сме́ло, малы́ш! 172

- **УРОК 31 О на́шей ёлке** ——————————————— 175
   1. 직접화법과 간접화법 177
      (1) 화법에서의 대명사 용법 178
   2. 동사 그룹 179
   독해 및 청취   Леге́нда о ма́тери 185

- **УРОК 32 Се́рдце Да́нко** ——————————————— 189
   1. 비교법 194
      (1) 형용사와 부사의 비교급 194
      (2) 비교급 구문 195
   2. 최상급 196
   3. 가정법 196
      (1) 가정법 196
      (2) 복문에서의 가정법 197
      (3) 가정법에서 не 197
   4. 동사 변화 197
   5. 동사 그룹 198
   독해 및 청취   Константи́н Феокти́стов/Встре́ча в
              ко́смосе 205

- **УРОК 33 Пе́рвый учи́тель** —————————————— 209
   1. 부동사 212
      (1) 부동사 만드는 법 213

2. 형동사 214
   (1) 형동사 만드는 법 214
   (2) 형동사 구문 215
   (3) 능동 및 수동 형동사의 용법 216
   (4) 수동 형동사의 장·단형 216
   (5) 능동 및 수동구문에서 행위의 수행자와 대상 217
  3. 동사 그룹 218
  독해 및 청취   Абхáзские долгожи́тели 224

- 해석과 해답 ——————————————————————— 227

- 단어사전 ————————————————————————— 275

* 🔳 표시는 리스닝테이프 표시임

УРОК 20

Тайга́

ТЕКСТ

Сме́лые лю́ди

Эта исто́рия произошла́ на се́вере страны́. В ма́ленькой дере́вне на о́строве тяжело́ заболе́ла же́нщина. Молодо́й врач не мог помо́чь больно́й. Он вы́звал врача́ из го́рода, кото́рый находи́лся на берегу́ мо́ря. В хоро́шую пого́ду на о́стров лета́л вертолёт. Но сего́дня он не мог лете́ть: дул си́льный ве́тер, шёл дождь со сне́гом.

Там, на о́строве, была́ больна́я же́нщина, а врач не мог помо́чь ей. Тогда́ оди́н ста́рый рыба́к сказа́л, что есть доро́га по воде́. Он зна́ет ме́лкие места́, где мо́жно пройти́ пешком, и если врач не боится, они могут пойти по этой дороге. И врач пошёл.

Долго шли смелые люди по холодной воде. Дорога была трудной. Сильный ветер мешал идти. Наконец они увидели берег. На берегу их ждали люди маленькой деревни. Помощь больной женщине пришла вовремя.

▶ **Задание к тексту**

1. Расскажите историю, которая произошла на севере страны.
2. Почему врач из города пошёл по трудной дороге на остров? Мог ли он не пойти?

ДИАЛОГ

Минхо : Олег, ты был в Сибири?
Олег : Несколько раз. Ездил в летние каникулы со стройотрядом.[1]
Минхо : Что вы там делали?
Олег : Строили дорогу.
Минхо : Трудно?
Олег : Трудно, конечно, но интересно. Природа там очень красивая. Мы работали в тайге. Однажды я заблудился: три часа искал дорогу, не мог найти. Нашли меня ребята. Как я был счастлив, когда услышал их голоса. Они кричали: «Олег...Олег!» Я слушал это, как лучшую в мире музыку. Вечером девушки приготовили нам праздничный ужин. Мы долго не ложились спать в этот день.
   В ту зиму на день рождения мне подарили карту Сибири и компас, чтобы в сдедуюший раз смог найти дорогу.
Минхо : А где ещё ты был?

---

1. **Стройотряд:** строительный отряд(건축 분견대).

Олéг : Со стройотря́дом?
Ми́нхо : Да.
Олéг : Был на Сéвере. Óчень хотéл поéхать на Да́льний Востóк.[2] Но не смог.

▶ **Зада́ние к тéксту**
1. Был ли Олéг в Сиби́ри? Расскажи́те, кака́я истóрия одна́жды произошла́ с ним.
2. Что подари́ли друзья́ Олéгу на день рождéния и почему́?

ВЫРАЖЕНИЯ

| Дари́ть чтó-либо | ⎰ на день рождéния ⎱ ко дню рождéния | 생일에 무엇을 선물하다 |
| Подáрок | к пра́зднику | 축하선물 |

| Что случи́лось (что произошлó)? | 무슨 일이 일어났습니까? |
| Это случи́лось... (это произошлó...) | …한 일이 일어났습니다. |

СЛОВАРЬ

сме́лый 용감한
истóрия 경우, 사건, 역사
происходи́ть ⎱ (사건이) 일어나다
произойти́ ⎰
óстров 섬
тяжелó 심하게
молодóй 젊은
ста́рый 늙은
мóре 바다

летáть ⎱ 날다, 비행하다
летéть ⎰
вертолёт 헬리콥터
дуть (바람이) 불다
си́льный 강한
слáбый 약한, 가벼운
вéтер 바람
дождь 비
снег 눈

---

2. **Да́льний Востóк:** 러시아의 가장 동쪽 지역.

рыба́к 어부
почему́ 어째서, 어떤 이유로, 왜
ме́лкий 얕은
глубо́кий 깊은
боя́ться *кого́? чего́?* 무서워하다
тру́дный 어려운
лёгкий 쉬운
наконе́ц 마침내
по́мощь (여) 도움
во́время 제때에

* * *

си́льный (ве́тер) 강한 바람
сла́бый (ве́тер) 약한 바람
ду́ет ве́тер 바람이 불다
идёт дождь (снег) 비(눈)이 오다
по́мощь пришла́ во́время 제때에 도움이 미치다

* * *

ле́тний 여름의
зи́мний 겨울의
осе́нний 가을의
весе́нний 봄의
кани́кулы 방학

стройотря́д 건설부대
стро́ить }
постро́ить } *что?* 건설하다
доро́га 길, 도로
приро́да 자연
тайга́ 타이가
заблуди́ться 길을 잃다
ребя́та 아이들, 얘들아
счастли́вый 행복한
сча́стлив 행복한(단형)
крича́ть *кому́?* 소리치다
лу́чший 가장 좋은
ху́дший 가장 나쁜
мир 세계
пра́здничный 축제의, 휴일의
ка́рта 지도
ко́мпас 나침반
сле́дующий 다음의

* * *

не́сколько раз 몇 번
оди́н раз 한 번
лу́чший в ми́ре 세상에서 가장 좋은

ГРАММАТИКА

1. 형용사 여성형의 격변화(단수)

— От кого́ э́то письмо́?   이 편지는 누구로부터 온 것입니까?
— От ста́ршей сестры́.   누나로부터.

경자음과 연자음으로 끝나는 형용사의 여성형

격	물 음	경자음	연자음	어 미
주격	кака́я?	но́в**ая**	си́н**яя**	-ая, -яя
생격	како́й?	но́в**ой**	си́н**ей**	-ой, -ей

격	물음			어미
여격	како́й?	но́вой	си́ней	-ой, -ей
대격	каку́ю?	но́вую	си́нюю	-ую, -юю
조격	како́й?	но́вой	си́ней	-ой, -ей
전치격	о како́й?	о но́вой	о си́ней	-ой, -ей

어간이 ж, ш, ч, щ로 끝나는 형용사의 여성형

격	물 음	어간 역점 형용사	어간 무역점 형용사	어 미
주격	кака́я?	хоро́шая	больша́я	-ая
생격	како́й?	хоро́шей	большо́й	-ей, -ой
여격	како́й?	хоро́шей	большо́й	-ей, -ой
대격	каку́ю?	хоро́шую	большу́ю	-ую
조격	како́й?	хоро́шей	большо́й	-ей, -ой
전치격	о како́й?	о хоро́шей	о большо́й	-ей, -ой

여성형 소유 인칭대명사의 변화(단수)

격	물음			어미			어미
주격	чья?	моя́	твоя́	-я	на́ша	ва́ша	-а
생격	чьей?	мое́й	твое́й	-ей	на́шей	ва́шей	-ей
여격	чьей?	мое́й	твое́й	-ей	на́шей	ва́шей	-ей
대격	чью?	мою́	твою́	-ю	на́шу	ва́шу	-у
조격	чьей?	мое́й	твое́й	-ей	на́шей	ва́шей	-ей
전치격	о чьей?	о мое́й	о твое́й	-ей	о на́шей	о ва́шей	-ей

여성형 지시대명사의 변화(단수)

주격	кака́я?	э́та	та
생격	како́й?	э́той	той
여격	како́й?	э́той	той
대격	каку́ю?	э́ту	ту
조격	како́й?	э́той	той
선치격	о како́й?	об э́той	о той

연자음으로 끝나는 형용사

ле́тний	ве́рхний
зи́мний	ни́жний
весе́нний	бли́жний
осе́нний	да́льний
у́тренний	сосе́дний
вече́рний	сре́дний
ра́нний	после́дний
по́здний	дре́вний
вчера́шний	дома́шний
сего́дняшний	ли́шний
за́втрашний	си́ний

2. 접속사 что와 что́бы의 용법

접속사 что는 물음이나 진술을 도입하는 동사들 다음에서 사용되고, что́бы는 소망, 충고, 요구나 명령을 나타내는 동사들 다음에서 사용된다.

что	что́бы + 과거시제
Това́рищ спроси́л, *что* я де́лал вчера́. 그 친구는 어제 내가 무엇을 했는지 물었다.	Това́рищ попроси́л, *что́бы* я пришёл к нему́. 그 친구는 자기를 보러 오라고 요청했다.
Сестра́ написа́ла, *что* ско́ро прие́дет. 누나는 곧 오겠다고 편지를 썼다.	Сестра́ написа́ла, *что́бы* я прие́хал. 누나는 나에게 와야 한다고 편지를 썼다.
Оте́ц сказа́л, *что* он позвони́т мне. 아버지는 그가 내게 전화할 것이라고 말했다.	Оте́ц сказа́л, *что́бы* я позвони́л ему́. 아버지는 내가 그에게 전화를 해야 한다고 말했다.

위에서 **что́бы** + 과거시제 구문은 실제로 가정법의 의미를 지닌다. 따라서 해석은 반드시 현재시제로 해야 한다.

다음 동사들은 항상 **что**나 **что́бы**와 함께 사용된다.

спра́шивать спроси́ть	что?	проси́ть попроси́ть чтобы хоте́ть тре́бовать

3. 동사 происходи́ть − произойти́, случа́ться − случи́ться

이들 동사는 일어나다, 발생하다의 의미를 지니는데, 일반적으로 3인칭 단수 형으로 사용된다.

Э́то **произошло́ (случи́лось)** неда́вно на се́вере страны́.
이것은 최근 나라의 북쪽에서 발생했다.

Вот кака́я исто́рия **произошла́ (случи́лась)** со мной (с кем?).
이것이 나에게 있었던 (일어났던) 이야기이다.

4. 동사의 인칭변화

боя́ться II (b)   **лете́ть** II (b)

я бою́сь	мы бои́мся		я лечу́	мы лети́м
ты бои́шься	вы бои́тесь		ты лети́шь	вы лети́те
он, она́ бои́тся	они́ боя́тся	он, она́ лети́т	они́ летя́т

5. 동사 그룹

чита́ть (b)
лета́ть

говори́ть II	자음 교체
заблуди́ться (c) крича́ть (b) лечи́ть (a) отпра́виться (b)	д → ж

УПРАЖНЕНИЯ

1. 형용사 **у́тренний, вече́рний, ле́тний, осе́нний, по́зний, ни́жний, си́ний**를 명사 **у́тро, ве́чер, день, час, спекта́кль, газе́та, пальто́, ча́шка, каранда́ш, эта́ж, по́лка**와 적절히 결합시키시오.

보기 *Вече́рний спекта́кль, вече́рняя газе́та, и т. д.*

2. 오른쪽에 주어진 형용사를 알맞게 써 넣으시오.

  1. — Куда́ ты поста́вила слова́рь?   *ве́рхний*
     — На _____ по́лку.
     — А где стои́т уче́бник?
     — То́же на _____ по́лке.

  2. Я взял _____ газе́ту.   *вече́рний*
     Она́ купи́ла биле́ты на _____ спекта́кль.

  3. Он был в Сиби́ри со стройотря́дом в _____   *ле́тний*
     кани́кулы.
     Я хочу́ купи́ть _____ руба́шку.

  4. — Скажи́те, пожа́луйста, как дое́хать до больни́цы? *после́дний*
     — Вам ну́жно вы́йти на _____ остано́вке.

  5. — Прости́те, пожа́луйста, здесь живу́т Ивано́вы?
     — Нет, в _____ кварти́ре.   *сосе́дний*

  6. — Мо́жно ви́деть това́рища Петро́ва?
     — Да, пройди́те, пожа́луйста, в _____ ко́мнату.

3. 형용사 **ста́рший**를 알맞게 써 넣으시오.

보기 *Я был у сестры́.*
    Я был у ста́ршей сестры́.

  1. Неда́вно он получи́л письмо́ от сестры́.
  2. Он интересова́лся твое́й сестро́й.
  3. Он хоте́л познако́миться с твое́й сестро́й.
  4. Я давно́ не ви́дел твою́ сестру́.
  5. Она́ спра́шивала о его́ сестре́.
  6. Моя́ сестра́ у́чится в институ́те.
  7. Ле́том я отдыха́л на ю́ге у сестры́.
  8. За́втра я пойду́ на новосе́лье к сестре́.

4. 물음에 보기와 같이 대답하시오.

(а) 보기 *Они́ бы́ли на Кра́сной пло́щади.*
— *Куда́ они́ ходи́ли?* — *На Кра́сную пло́щадь.*
— *Отку́да пришли́?* — *С Кра́сной пло́щади.*

1. Они́ бы́ли на э́той вы́ставке.
2. Они́ бы́ли на большо́й фа́брике.
3. Они́ бы́ли в сосе́дней шко́ле.
  — Куда́ они́ ходи́ли? — Отку́да пришли́?

(б) 보기 *Они́ ходи́ли в но́вую гости́ницу.*
— *Где они́ бы́ли?* — *В но́вой гости́нице.*
— *Отку́да верну́лись?* — *Из но́вой гости́ницы.*

1. Они́ ходи́ли в на́шу библиоте́ку.
2. Они́ ходи́ли на интере́сную вы́ставку.
3. Они́ ходи́ли в ту дере́вню.
  — Где они́ бы́ли? — Отку́да верну́лись?

(в) 보기 *Они́ бы́ли у мла́дшей сестры́.*
— *Куда́ они́ ходи́ли?* — *К мла́дшей сестре́.*
— *Отку́да пришли́?* — *От мла́дшей сестры́.*

1. Они́ бы́ли у на́шей преподава́тельницы.
2. Они́ бы́ли у э́той студе́нтки.
3. Они́ бы́ли у мое́й подру́ги.
  — Куда́ они́ ходи́ли? — Отку́да пришли́?

5. 보기와 같이 물음에 답하시오.

보기 *Он у́чится в шко́ле.*
— *В како́й?*

1. Мы стро́или доро́гу.
2. Друзья́ подари́ли мне ка́рту.
3. Его́ мать рабо́тает на фа́брике.
4. Он бу́дет ждать нас на ста́нции.
5. Она́ живёт в гости́нице.
6. Мы подошли́ к остано́вке.
7. Я е́ду в больни́цу.
8. Я ви́дел его́ на экску́рсии.

9. Ты знаешь слова этой песни?
10. Он спрашивал меня о лекции.
11. Олег познакомился с девушкой.

6. 다음 문장을 읽고 형용사를 문맥에 맞게 써 넣으시오.

Это произошло в _____ деревне на севере страны. В деревне тяжело заболела женщина, _____ врач не мог помочь _____ женщине. Он вызвал врача из города. Когда погода была _____, на остров летал вертолёт. Но сегодня дул _____ ветер и вертолёт не мог летать. Тогда врач из города с рыбаком, котый знал _____ места, пошли пешком по _____ воде. Помощь _____ женщине пришла вовремя.

7. 반대가 되는 형용사를 사용하여 부정적으로 답하시오.

보기 *Он взял новый чемодан?*
— *Нет, старый.*

1. На острове работал старый врач?
2. Погода в тот день была хорошая?
3. Олег ездил в Сибирь в зимние каникулы?
4. Ты смотришь утренние газеты?
5. Журналы стоят на нижней полке?
6. Они строят первые этажи дома?

8. 접속사 **что**와 **чтобы**의 용법에 주의하여 다음 문장을 읽으시오.

Письмо сестры

Сестра **написала, что** она хочет приехать в Москву. Она **просила, чтобы** мы написали ей, как долго будем в Москве. В письме она **спрашивала, что** мы будем делать летом. Мы **ответили, что** будем в Москве всё лето и очень **хотим, чтобы** она приехала.

9. 빈 칸에 접속사 **что**나 **чтобы**를 써 넣으시오.
1. Наташа спросила Таню, _____ она хочет купить Олегу. Таня попросила Наташу, _____ она помогла ей купить подарок.
2. Врач сказал Олегу, _____ у него грипп. Он сказал ему, _____ в пятницу он пришёл в поликлинику.
3. Таня сказала Олегу, _____ он купил билеты в кино.

4. Олéг сказáл, _____ он позвони́т Ни́не. Ни́на сказáла Олéгу, _____ он позвони́л ей.

5. Сестрá написáла, _____ лéтом приéдет в Москвý. Сестрá написáла, _____ Натáша с Ни́ной приéхали к ней лéтом.

6. Олéг сказáл, _____ лéтом он поéдет в Сиби́рь со стройотря́дом. Олéг сказáл Андрéю, _____ он поéхал в Сиби́рь со стройотря́дом.

10. (а) 다음 문장을 완성하시오.
1. Ми́нхо сказáл, что _____
2. Ми́нхо сказáл, чтóбы _____
3. Роди́тели написáли, что _____
4. Отéц написáл, чтóбы _____

(б) 접속사 **что**나 **чтóбы**를 사용하여 다음 문장을 완성하시오.
1. Сестрá попроси́ла меня́, _____
2. Брат хóчет, _____
3. Он спроси́л, _____
4. Я отвéтил, _____

ЧИТÁЙТЕ И СЛУ́ШАЙТЕ

Аллéя жи́зни

Гóрод был так же мóлод, как и лю́ди, котóрые в нём жи́ли. Он вы́рос в жáркой казáхской степи́ и называ́лся «Ю́ность».

Стáрый Емельян приéхал сюдá со своéй дóчерью. Пáрни и дéвушки, когдá встречáли егó на у́лице, шути́ли:

— Ты как, дед, тóже по комсомóльской путёвке[1]?

Однáжды стари́к услы́шал, что оди́н молодóй отéц предложи́л кáждой семьé сажáть дéрево в честь ребёнка, котóрый роди́лся. Сначáла Емельян удиви́лся: сажáть дерéвья в честь человéка, котóрый тóлько роди́лся... А какóй он бýдет, кто знáет? Но егó дочь сказáла:

— Ты посмотри́, каки́е у нас пáрни и дéвушки, у них мóгут быть плохи́е дéти?

Аллéю реши́ли сажáть в цéнтре гóрода: пусть все ви́дят рáдость кáждой молодóй семьи́. Пéрвое дéрево появи́лось незамéтно. На мéсте бýдущей аллéи молодóй отéц посади́л пéрвую берёзку.

Пришлó жáркое лéто. Емелья́ну, котóрый не мог привы́кнуть

---
1. **éхать по комсомóльской путёвке**: 공산청년동맹의 추천서를 가지고 일자리를 구하러 가다

к климату, трудно было дышать. Трудно было и берёзке. Емельян увидел это и заволновался. Каждый вечер он начал носить берёзке воду. Он говорил ей:

— Пей! Пей! Пей!

И берёзка пила. Она стала зелёной и свежей.

Пришла осень — время сажать деревья. И рядом с первой берёзкой появились другие молодые деревья. Постепенно аллея вышла за город, в степь. А старый Емельян стал хозяином и садовником аллеи. Он с любовью смотрел на молодые деревья. Деревья росли, а вместе с ними росли и дети. Дети появлялись в аллее такие же юные и такие же разные, как деревья. И разговор их был похож на весёлое пение птиц.

Молодые отцы, когда шли на работу, всегда здоровались с Емельяном и весело спрашивали его:

— Ну, как там деревья, стоят?

Старик улыбался и отвечал:

— Стоят. Скоро в школу пойдут.

▶ **Задание к тексту**

1. Почему город, который построили в казахской степи, называется «Юность»?
2. Расскажите историю, которая произошла в городе «Юность».
3. Как вы думаете, почему рассказ называется «Аллея жизни».

УРОК 21

ТЕКСТ

Турист-пенсионер

Как отдыхает наша молодёжь? По-разному. Молодёжь ездит в дома отдыха и спортивные лагеря, ходит в походы, ездит на экскурсии. Но любимый отдых молодёжи, конечно, туризм. Турист может пойти в поход пешком, поплыть по реке на лодке или на плоту, может пойти в горы. Туристские маршруты самые разные: страна велика, и молодые люди хотят всё знать и всё видеть.

А если не молодые? Если человеку 60 или 70 лет? И такие туристы тоже есть.

Вот один из них: турист-пенсионер из Риги[1] Георгий Михайлович Бушуев. Он прошёл пешком всю нашу огромную страну. В свой первый поход он пешком дошёл до Владивостока.

Ещё в молодости мечтал Георгий Михайлович совершить этот поход и решил, что пойдёт в поход, когда станет пенсионером.

Работал Георгий Михайлович инженером, много ездил по стране, долго работал на Севере, но свою мечту пройти пешком всю страну не забывал.

И вот, наконец, он начинает свой поход: идёт пешком из Риги во Владивосток. Когда люди встречали его в пути, они не могли поверить, что этот дедушка, который идёт

---

1. **Рига:** 라트비아의 수도.

пешко́м и несёт тяжёлый рюкза́к, — настоя́щий тури́ст. Ча́сто его́ приглаша́ли сесть в маши́ну и́ли авто́бус, Гео́ргий Миха́йлович говори́л: «Спаси́бо!» — и продолжа́л свой путь. И вот позади́ мно́гие ме́сяцы и мно́гие киломе́тры пути́: он во Владивосто́ке. Здесь его́ встреча́ли жи́тели го́рода, они́ уже́ зна́ли, что к ним идёт необы́чный тури́ст.

Домо́й в Ри́гу Бушу́ев верну́лся на самолёте. Врачи́ осмотре́ли Гео́ргия Миха́йловича и сказа́ли, что здоро́вье у него́ прекра́сное.

Гео́ргий Миха́йлович соверши́л второ́й похо́д на юг страны́. Тепе́рь ду́мает, како́й бы ещё вы́брать маршру́т.

▶ **Зада́ние к те́ксту**

1. Как отдыха́ет ру́сская молодёжь? Како́й люби́мый вид о́тдыха молодёжи?
2. Расскажи́те о тури́сте-пенсионе́ре Гео́ргии Миха́йловиче Бушу́еве.
3. Зна́ете ли вы немолоды́х люде́й, кото́рые продолжа́ют акти́вную жизнь? Расскажи́те о них.

ДИАЛОГ

Ми́нхо: Оле́г, ты хо́дишь в бассе́йн?
Оле́г: Да, в бассе́йн «Москва́».
Ми́нхо: А где э́то?
Оле́г: Э́то откры́тый бассе́йн в це́нтре Москвы́.
Ми́нхо: И зимо́й хо́дишь в откры́тый бассе́йн?
Оле́г: Да. Пла́вать не хо́лодно, вода́ тёплая. О́сенью я е́зжу на́ реку ка́ждое воскресе́нье, но обы́чно в октябре́ уже́ пла́ваю в бассе́йне. Ду́маю нача́ть пла́вать в реке́ зимо́й.
Ми́нхо: Хо́чешь стать «моржо́м»?[1]
Оле́г: Хочу́, «моржи́», как пра́вило, о́чень здоро́вые лю́ди.

---

1. «**Морж**»: 겨울에 얼음을 깨고 수영하는 사람.

	А ты не хо́чешь?
Ми́нхо:	Ты зна́ешь, нет. Я бе́гаю ка́ждое у́тро, в суббо́ту хожу́ в бассе́йн, но не в откры́тый.
Оле́г:	Мо́жет быть, вме́сте бу́дем ходи́ть с тобо́й в бассе́йн «Москва́»?
Ми́нхо:	Хорошо́.

▶ **Зада́ние к те́ксту**

1. Каки́м ви́дом спо́рта хо́чет занима́ться Оле́г и почему́?
2. Есть ли в ва́шем го́роде люби́тели зи́мнего пла́вания? Нра́вится ли вам э́тот вид спо́рта?

СЛОВАРЬ

тури́ст 여행자(도보)
пенсионе́р 연금 수령인
молодёжь (여) 젊은이
по-ра́зному 다르게, 다른 방식으로
похо́д 도보여행, 행군
плыть } 항해하다
поплы́ть
ло́дка 보트
плот 뗏목
гора́ 산
тури́стский 도보 여행의, 여행의
маршру́т 길
са́мый 가장 ~한
ра́зный 다양한
вели́к 거대하다
проходи́ть } что? че́рез что? 통과하다
пройти́
огро́мный 거대한
свой 자신의
доходи́ть } до чего́-либо ~에 도착하다,
дойти́ ~까지 가다, 이르다
соверша́ть } что? 완수하다
соверши́ть
путь (남) 길
носи́ть } что? кого́? 운반하다, 데리고 가다
нести́

везти́ } что? кого́? 운반하다
вози́ть
вести́ } что? кого́? 데리고 가다
води́ть
тяжёлый 무거운
лёгкий 가벼운
рюкза́к 배낭
настоя́щий 실제의, 현실의, 진짜의
продолжа́ть } что? что де́лать? 계속하다
продо́лжить
позади́ 뒤에
мно́гие 많은
киломе́тр 킬로미터
жи́тель 주민
необы́чный 유별난, 특별한
обы́чный 보통의, 평범한
самолёт 비행기
прекра́сный 좋은, 훌륭한, 멋진
выбира́ть } что? 선택하다
вы́брать
* * *
дом о́тдыха 휴식의 집
спорти́вный ла́герь 스포츠 캠프
пойти́ в похо́д 행군을 떠나다
соверши́ть похо́д(путеше́ствие) 행군(여행)을 하다

              * * *

бассе́йн   수영장
откры́тый   실외의, 열린, 야외(옥외)의
закры́тый   실내의, 닫힌
люби́тель   애호가

откры́тый бассе́йн   야외 수영장
как пра́вило   보통, 대개
зи́мнее пла́вание   겨울철 수영
вид спо́рта   스포츠 종류

ГРАММАТИКА

1. 운동동사

— Куда́ ты **идёшь**?   어디로 가니?
— В библиоте́ку.   도서관에.
— Куда́ он **хо́дит** ка́ждое воскресе́нье?   그는 매주 일요일에 어디에 가니?
— В бассе́йн.   수영장에.

(1) 운동동사의 정태와 부정태

	정태	부정태	의미
자동사	идти́ е́хать лете́ть плыть бежа́ть	ходи́ть е́здить лета́ть пла́вать бе́гать	걸어가다 (탈것을 타고) 가다 날아가다 수영하다 달려가다
타동사	нести́ вести́ } *кого́? что?* везти́	носи́ть води́ть } *кого́? что?* вози́ть	(팔, 손 등에 안고, 들고) 가다 데리고 가다, 가지고 가다 (탈것으로) 옮기다, 운반하다

(2) 운동동사 **ИДТИ**와 **ХОДИТЬ**의 의미

Она́ **идёт** в библиоте́ку и **несёт** кни́ги.

Она́ **хо́дит** по ко́мнате и **но́сит** ребёнка.

Он **плывёт** к бе́регу.

Они́ **пла́вают** в бассе́йне.

Де́ти **бегу́т** в сад.

Де́ти **бе́гают** в саду́.

정태동사는 정해진 시간에 정해진 방향으로 일어나는 동작을 의미한다.

Он **идёт** в теа́тр.

Когда́ он **шёл** в теа́тр, он встре́тил това́рища.

부정태동사는 다음 동작을 의미한다:
1. 다른 방향으로 일어나는 동작

Он **хо́дит** по ко́мнате.

2. 왕복을 나타내는 동작

Он **ходи́л** в теа́тр.
(Он был там и верну́лся.)

3. 습관적·반복적인 동작

   Ка́ждый день я **хожу́** в институ́т.
   Ка́ждое у́тро мать **во́дит** сы́на в шко́лу.
   Ка́ждое воскресе́нье мы **е́здили** за́ город.
   Он ча́сто **лета́ет** на се́вер.

4. 행위 수행을 위한 사람의 능력이나 기술, 영구적 특성을 나타내는 행위

   Её сын уже́ **хо́дит**.
   Он не **уме́ет пла́вать**.
   Брат хорошо́ **бе́гает**.

(3) 동사 **нести́**, **вести́**, **везти́**의 용법

Она́ **несёт** сы́на.   Она́ **ведёт** сы́на.   Она́ **везёт** сы́на.

(4) 동사 **идти́**의 용법

1) 일정 방향의 의미

  Идёт фильм(спекта́кль).   영화가(연극이) 상영(상연)된다.
  Идёт уро́к(ле́кция).   수업이(강의가) 진행중이다.
  Идёт вре́мя.   시간이 흐른다.
  Идёт жизнь.   인생이 지나간다.
  Идёт дождь(снег).   비가(눈이) 온다.

2) 운송 수단과 함께

  Идёт авто́бус(тролле́йбус, трамва́й, маши́на).
    버스(무궤도전차, 전차, 승용차)가 오다.
  Идёт по́езд.   기차가 가다.
  Идёт парохо́д.   기선이 항해하다.

3) 잘 어울린다는 의미

  Мне(ему́, бра́ту, сестре́ и т.д.) идёт э́тот костю́м.
   이 옷은 내게(그에게, 형에게, 여동생에게 등) 잘 어울린다.

(5) 동사 **води́ть**, **вести́**의 용법

  води́ть(вести́) маши́ну, авто́бус, тролле́йбус.
   승용차, 버스, 무궤도전차를 운전하다.
  Он хорошо́ во́дит маши́ну.
   그는 자동차를 잘 운전한다.

2. 소유대명사 **свой**

소유대명사 **свой**는 **мой**와 동일하게 변화하며, **мой, твой, наш, ваш, его, их** 대신에 사용된다.

Я взял свою книгу.	나는 내 책을 집었다.
Ты взял свою книгу.	너는 너의 책을 집었다.
Он взял свою книгу.	그는 자기 책을 집었다.
Она взяла свою книгу.	그녀는 자기 책을 집었다.
Мы взяли свою книгу.	우리는 우리 책을 집었다.
Вы взяли свою книгу.	당신은 당신의 책을 집었다.
Они взяли свою книгу.	그들은 자기들의 책을 집었다.

소유대명사 **свой**는 행위의 수행자(즉, 주어)에 속하는 대상을 수식한다.

Это моя книга. Я взял свою (мою) книгу.
이것은 내 책이다. 나는 내 책을 집었다. (내 소유의 책)

Это твоя книга. Ты взял свою (твою) книгу.
이것은 너의 책이다. 너는 너의 책을 집었다. (네 소유의 책)

Это книга Минхо. Минхо взял свою книгу.
이것은 민호의 책이다. 민호는 그의 책을 집었다. (그가 소유하고 있는 책)

Олег взял его (не свою) книгу.
올레그는 그의 책을 집었다. (책은 올레그 소유가 아니라, 제3자인 그의 소유이다.)

Это фотография Тани.

Таня взяла свою фотографию.

Олег взял её фотографию.

일반적으로 대명사 **свой**는 문장의 주어를 수식하지 못한다.

Ната́ша лю́бит **свою́ сестру́**. **Её сестра́** живёт в Ки́еве.
나따샤는 동생을 사랑한다. 그녀의 동생은 끼예프에 산다.
Ната́ша сказа́ла, что **её сестра́** ско́ро прие́дет в Москву́.
나따샤는 자기 동생이 곧 모스크바에 올 것이라고 말했다.

만약 문장이 특정 대상의 소유자인 사람(행위의 수행자)을 의미하는 단어를 포함하지 않으면, 대명사 **свой**는 사용되지 못한다.

Э́то моя́ ко́мната. В **мое́й ко́мнате** стои́т телеви́зор.
이것은 내 방이다. 내 방에는 텔레비전이 있다.
Э́то ко́мната Ми́нхо. В **его́ ко́мнате** тепло́.
이것은 민호의 방이다. 그의 방은 따뜻하다.

주어가 1, 2인칭일 경우에는 소유대명사를 **свой**로 대치할 수 있다. 그러나, 주어가 3인칭일 경우에 **его, её, их**는 **свой**로 바꿔 쓸 수 없다. **свой**를 쓸 경우에는 주어와 동일인을 의미하지만, **его, её, их**를 쓰면 주어와 다른 제3자를 의미한다.

Я вошёл в **свою́** ко́мнату. 나는 내 방으로 들어갔다.
Ми́нхо был в **свое́й** ко́мнате. 민호는 그의 방으로 들어갔다.

3. 동사 **бежа́ть**의 변화

бежа́ть (b)				
я	бегу́	мы	бежи́м	명령형
ты	бежи́шь	вы	бежи́те	беги́!
он, она́	бежи́т	они́	бегу́т	беги́те!

везти́ I (b)

현재시제 과거시제

я	везу́	мы	везём	он	вёз
ты	везёшь	вы	везёте	она́	везла́
он, она́	везёт	они́	везу́т	они́	везли́

вести́ I (b)

	현재시제			과거시제	
я	веду́	мы	ведём	он	вёл
ты	ведёшь	вы	ведёте	она́	вела́
он, она́	ведёт	они́	веду́т	они́	вели́

нести́ I (b)

	현재시제			과거시제	
я	несу́	мы	несём	он	нёс
ты	несёшь	вы	несёте	она́	несла́
он, она́	несёт	они́	несёт	они́	несли́

плыть I (b)

я	плыву́	мы	плывём
ты	плывёшь	вы	плывёте
он, она́	плывёт	они́	плыву́т

плыть I (b)
поплыть

4. 동사 그룹

чита́ть I (a)
выбира́ть
продолжа́ть
соверша́ть

говари́ть II	자음 교체
води́ть (c)	д → ж
вози́ть (c)	з → ж
носи́ть (c)	с → ш
продо́лжить (a)	
соверши́ть (b)	

идти́ I (b)
дойти́
пройти́

ходи́ть II (c)
доходи́ть
проходи́ть

брать I (b)
выбрать

УПРАЖНЕНИЯ

1. 운동동사에 주의하여 다음 문장들을 읽으시오.

1. По у́лице **идёт** же́нщина. Она́ **ведёт** ребёнка. Ря́дом **идёт** мужчи́на, он **несёт** чемода́н. Они́ подошли́ к остано́вке. Садя́тся в авто́бус. Авто́бус **везёт** их в центр.
2. Сын заболе́л. Оте́ц **хо́дит** по ко́мнате и **но́сит** ребёнка. Мать пошла́ в апте́ку. Оте́ц подошёл к окну́. Вот **идёт** из апте́ки мать, она́ **несёт** лека́рство.
3. Ка́ждое у́тро Ни́на **во́дит** сы́на в шко́лу. Вот и сего́дня я иду́ на рабо́ту и встреча́ю Ни́ну, она́ **ведёт** ма́льчика в шко́лу.
4. Брат лю́бит **пла́вать**. Он **пла́вает** хорошо́. Я смотрю́, как он бы́стро **плывёт** к бе́регу.
5. Оте́ц ча́сто **лета́ет** на се́вер и восто́к страны́. Сего́дня мы вме́сте **лети́м** на се́вер.

2. 운동동사를 알맞게 써 넣으시오.

идти́ — ходи́ть

1. — Здра́вствуй, Ни́на! Куда́ ты _____?
   — В институ́т.
   — Ты всегда́ _____ в институ́т пешко́м?
   — Да, я люблю́ _____ пешко́м. Здесь недалеко́, всего́ две остано́вки.

е́хать — е́здить

2. — Как вы ду́маете провести́ ле́то?
   — Как всегда́! Ле́том мы обы́чно _____ в Ки́ев к ма́тери Ната́ши.

3. (*В автобусе*)
   — Андре́й! Кака́я встре́ча! Ты куда́ _____?
   — На вокза́л. За́втра _____ в Петербу́рг. На́до купи́ть биле́ты.

4. — Ты знако́м с ним?
   — Да, мы познако́мились в по́езде, когда́ я _____ на юг.

плыть — пла́вать

5. — Ты уме́ешь _____ ?
   — Немно́го. А ты?
   — Я учи́лся _____ , но так и не научи́лся. Бою́сь воды́.

6. (В бассе́йне)
   — Оле́г, здра́вствуй! Ты оди́н здесь?
   — Нет, с Та́ней. Ви́дишь, вон она́ _____ к нам.
   — А ты что не _____ ?

лете́ть — лета́ть

7. — Приходи́те за́втра ко мне! У меня́ бу́дут го́сти.
   — К сожале́нию, не могу́. За́втра у́тром мы _____ на юг.

3. 보기처럼 다음 문장을 바꾸시오.

   (а) 보기 *Утром я иду́ на рабо́ту.*
            Ка́ждое у́тро я хожу́ на рабо́ту.

   1. Утром он идёт в институ́т.
   2. Ве́чером она́ идёт в библиоте́ку.
   3. В четве́рг я иду́ в бассе́йн.

   (б) 보기 *Ле́том мы е́дем на Украи́ну.*
            Ка́ждое ле́то мы е́здим на Украи́ну.

   1. В воскресе́нье я е́ду за́ город.
   2. Ле́том она́ е́дет в дере́вню.
   3. В ле́тние кани́кулы они́ е́дут на юг.

4. 보기와 같이 고쳐 쓰시오.

   (а) 보기 *Они́ бы́ли в теа́тре.*
            Они́ ходи́ли в теа́тр.

   1. Они́ бы́ли в ци́рке.
   2. Он был в клу́бе на конце́рте.
   3. Она́ была́ на но́вой вы́ставке.
   4. Мы бы́ли в сосе́дней кварти́ре.

   (б) 보기 *Он был на ро́дине.*
            Он е́здил на ро́дину.

1. Мы бы́ли на э́той экску́рсии.
2. Он был в санато́рии.
3. Брат был на се́вере.
4. Её роди́тели бы́ли в Ки́еве.
5. Оле́г был в Сиби́ри.

(в) 보기 *Она́ была́ у сестры́ в шко́ле.*
Она́ ходи́ла к сестре́ в шко́лу.

1. Он был у отца́ на фа́брике.
2. Мы бы́ли у ма́тери на рабо́те.
3. Она́ была́ у подру́ги в общежи́тии.
4. Ми́нхо был в лаборато́рии у Оле́га.

5. 다음 대화를 완성하시오.
1. — _____ ?
   — (Мы идём) в кино́.
2. — _____ ?
   — (Я е́ду) в центр.
3. — _____ ?
   — (Она́ ходи́ла) в магази́н.
4. — _____ ?
   — (Ле́том я е́здил) на юг.

6. (а) 동사 **идти́, води́ть**나 **вести́**를 알맞게 써 넣으시오.
1. Не зна́ешь, како́й фильм _____ у нас в кинотеа́тре?
2. Ле́кция уже́ ко́нчилась? — Нет, ещё _____
3. Как бы́стро _____ вре́мя, ско́ро я око́нчу институ́т.
4. Вы не ска́жете, како́й авто́бус _____ до стадио́на?
5. Вчера́ весь день _____ дождь.
6. Сестра́ сама́ _____ маши́ну? — Да, она́ _____ о́чень хорошо́.
7. Прошу́ тебя́, не _____ маши́ну так бы́стро.
8. Та́не о́чень _____ её но́вое пла́тье.
9. Тебе́ не _____ э́тот костю́м.

(б) 표현 **идёт дождь (снег), идёт спекта́кль, идёт авто́бус (тролле́йбус), води́ть маши́ну**를 사용하여 문장을 만드시오.

7. 대명사 **свой**의 용법에 주의하여 다음 문장을 읽으시오.

    ### Мой мечты́

    Хоти́те, я расскажу́ вам о **свое́й** жи́зни? Мне то́лько 20 лет, поэ́тому расска́з мой небольшо́й. Родила́сь я в дере́вне на се́вере страны́. Я о́чень люблю́ **свою́** дере́вню. И зимо́й и ле́том в мое́й дере́вне о́чень краси́во. Дере́вня моя́ на берегу́ реки́. Я ко́нчила шко́лу в **свое́й** дере́вне, а пото́м пое́хала учи́ться в го́род. Сейча́с, когда́ я живу́ в го́роде, я ча́сто вспомина́ю **свою́** дере́вню. Я хочу́ стать учи́тельницей и верну́ться в **свою́** шко́лу. Я мечта́ю войти́ в **свой** класс, где я сиде́ла как учени́ца, и сказа́ть:«Здра́вствуйте, де́ти. Сади́тесь! Начина́ем уро́к.» Сейча́с э́то то́лько мечты́, но ско́ро я ко́нчу институ́т и бу́ду рабо́тать в **свое́й** шко́ле.

8. 대명사 **её**나 **свой**를 알맞게 써 넣으시오.
    1. Сестра́ Ната́ши живёт на ю́ге. Ната́ша сказа́ла мне, что _____ сестру́ зову́т Га́ля. Ка́ждое ле́то Ната́ша е́здит к _____ сестре́. Зимо́й _____ сестра́ приезжа́ла в Москву́. Ната́ша лю́бит расска́зывать о _____ сестре́, ча́сто пока́зывает мне _____ фотогра́фии.
    2. Э́то ко́мната мое́й ма́тери. _____ ко́мната све́тлая и тёплая. Ве́чером, когда́ мать сиди́т в _____ ко́мнате, я люблю́ приходи́ть к ней. Мне нра́вится _____ ко́мната.

9. 대명사 **её, его́**나 **свой**를 알맞게 써 넣으시오.

    보기 Э́то сестра́ О́ли. — Вы не зна́ете, как зову́т её сестру́? О́ля ча́сто пи́шет свое́й сестре́.

    1. Э́то мать Воло́ди. — Вы не зна́ете, где живёт _____?
       — Нет, но зна́ю, что Воло́дя ча́сто пи́шет _____.
    2. Подру́га Та́ни живёт в Ленингра́де. Я не зна́ю, как зову́т _____. Ле́том Та́ня пое́дет _____.
    3. Ба́бушка Андре́я живёт в Москве́. Я не по́мню, ско́лько лет _____. Андре́й ка́ждый день звони́т _____.
    4. Э́то дочь Ни́ны. Я зна́ю, где у́чится _____. Ни́на всегда́ помога́ет _____.

ЧИТАЙТЕ И СЛУШАЙТЕ

Движение — это жизнь

Говорят, движение — это жизнь.

А современный человек, как правило, страдает от гиподинамии — недостатка движения. Городской транспорт, машина, лифт в доме — всё это создаёт дефицит. Может быть, поэтому многие выбирают активные формы отдыха — туризм, путешествия. Ежегодно по нашей стране путешествует около милиона человек.

Бюро, которое организует туристские поездки, может предложить самые разнообразные маршруты: на юг, на север, на восток страны. Туристские путёвки приобретают организованные туристы, они едут на базы отдыха, в туристские лагеря, откуда совершают интересные походы и экскурсии.

Неорганизованные туристы выбирают маршрут сами. Такой турист сам заботится о своём питании, живёт в палатку. Молодые часто предпочитают именно неорганизованный туризм. Бывает, что в пути возникают трудности, но туристы всегда помогают друг другу. Вот что рассказал один турист.

«Помню, мы плыли с товарищем на байдарке по озеру, у нас кончились продукты, а деревни поблизости не было. Вечером мы встретили молодую пару: мужа и жену, они плыли навстречу нам. Мы познакомились. Они предложили нам хлеб, чай, консервы. Такие встречи бывают часто. Люди знакомяться в пути, дают друг другу свой адреса. Так иногда начинается дружба, которая продолжается всю жизнь.

Именно в турпоходе я 10 лет назад познакомился с Александром. И хотя я живу в Москве, а он в Петербурге, это не мешает нашей дружбе. Теперь у нас семьи, дети, но мы, как и 10 лет назад, всегда отдыхаем вместе. Мы выбираем новые интересные маршруты похода или поездки. Но теперь в нашем походе участвует вся семья».

■

дефицит движения 운동 부족
база отдыха 휴양소, 요양소
туристская путёвка 소지자가 휴양소나 관광센터 등을 이용할 수 있도록 자격을 부여해 주는 증명서

туристский лагерь 캠핑야영
организованный (неорганизованный) туризм 단체(개인) 관광
друг другу 서로서로
турпоход 관광 행군, 하이킹

▶ **Задание к тексту**

1. Как вы понимаете выражение «движение — это жизнь»? Почему многие люди выбирают активные формы отдыха?

2. Какой вид отдыха предпочитаете вы? Любите ли вы туризм, путешествия? Расскажите о каком-нибудь интересном походе или путешествии.

УРОК 22

ТЕКСТ

Дом в лесу́

Одна́жды я плыл по реке́ на ло́дке. День был ле́тний, жа́ркий. На берегу́ я уви́дел знако́мого рыбака́ Ша́шкина. Он кри́кнул мне:

— Ско́ро бу́дет дождь, выходи́те на бе́рег.

Я вы́шел на бе́рег, и мы пошли́ по́ лесу. И вдруг в живопи́сном уголке́ ле́са я уви́дел ма́ленький дом, кото́рый ра́ньше не замеча́л.

— Чей э́то дом? — спроси́л я.

— Святосла́ва Ри́хтера, музыка́нта. А вы ра́зве не зна́ли? Моско́вский музыка́нт. Жена́ у него́ певи́ца.

Я не знал, что в э́том ти́хом безлю́дном ме́сте жил наш изве́стный пиани́ст.

— Да неуже́ли вы не зна́ли, что у нас здесь музыка́нт живёт?! Душа́-челове́к! Но не лю́бит, что́бы ему́ меша́ли игра́ть. Здесь за ле́сом на́ша дере́вня. На́ши дереве́нские му́зыку лю́бят. Ка́ждый ве́чер по́сле рабо́ты прихо́дят сюда́ слу́шать, как он игра́ет. Я ра́ньше ма́ло понима́л в му́зыке, роя́ль я слы́шал то́лько по ра́дио. Но вот в про́шлом году́ плыл я но́чью по реке́. Ночь была́, как сейча́с, тёплая, све́тлая. И вдруг из ле́са я услы́шал му́зыку. Каза́лось, весь лес и вода́ в реке́ поёт и берёт меня́ за́ сердце и уво́дит неизве́стно куда́. Сты́дно сказа́ть, но скажу́ то́лько вам: запла́кал я, и всю свою́ жизнь вспо́мнил, что в ней бы́ло плохо́го и хоро́шего. С тех пор, как музыка́нт приезжа́ет, ка́ждый день сюда прихожу, жду! Вот какие дела!

Дождь кончился, я поехал домой. Становилось темно. Свежие после дождя цветы и деревья удивительно пахли. Я почувствовал этот нежный запах и понял внезапно, как понял Шашкин музыку, как прекрасна наша земля и как трудно бывает выразить её красоту.

По К. Паустовскому

▶ **Задание к тексту**

1. Какую историю рассказал рыбак Шашкин? Как вы думаете, что помогло Шашкину понять музыку?
2. Любите ли вы музыку? Знаете ли вы русского пианиста Святослава Рихтера?

ДИАЛОГ

Минхо: Олег, куда ты поедешь в зимние каникулы?
Олег: Поеду в горы, зимой там очень хорошо: солнце, много снега. В прошлом году я был зимой на Кавказе, мне очень понравилось. В этом году тоже хочу поехать туда.
Минхо: А Таня ездит с тобой?
Олег: Нет, зимой у неё каникулы в другое время. На прошлой неделе она была в Петербурге, недавно вернулась. Зимой она обычно ездит к бабушке в Петербург. На следующий год хочет поехать с подругой в Киев. Летом мы иногда отдыхаем вместе. Таня любит лето, любит море, она хорошо плавает. Зиму она не очень любит.
Минхо: А ты?
Олег: Трудно сказать, я люблю и лето и зиму, но, наверное, больше всего осень, осенний лес. Когда окончу институт, буду отдыхать только осенью.
Минхо: Мне тоже трудно выбрать любимое время года.

Мне кажется, каждый сезон хорош по-своему. Люблю зиму, если она не очень холодная: минус пять — минус десять градусов. Люблю лето, если оно не очень жаркое. Люблю, когда светит солнце, только очень жаркую погоду не люблю.

▶ **Задание к тексту**

1. О чём говорят Минхо и Олег? Какое время года любят Олег и Таня? Какой любимый сезон Минхо?
2. Какое время года любите вы (лето, осень, зиму, весну)? Как вы обычно проводите летние каникулы? (Как отдыхаете летом?) Каким летним спортом вы занимаетесь? Умеете ли вы плавать? Как вы обычно отдыхаете зимой? (Как проводите зимние каникулы?) Каким зимним спортом вы занимаетесь? Катаетесь ли вы на лыжах?
3. Прочитайте стихи о зиме, весне, лете и осени.

Времена года

Весна

Зима недаром злится
Прошла её пора —
Весна в окно стучится
И гонит со двора.
            Ф. Тютчев

Лето

Ясно утро. Тихо веет
Тёплый ветерок;
Луг, как бархат, зеленеет,
В зареве восток.
            И. Никитин

Осень

Осень! Обсыпа́ется весь наш бе́дный сад,
Ли́стья пожелте́лые по́ ветру летя́т.
       А. Толсто́й

Берёза (зима́)

Бе́лая берёза
Под мои́м окно́м
Принакры́лась сне́гом,
То́чно серебро́м...
И стои́т берёза
В со́нной тишине́,
И горя́т снежи́нки
В золото́м огне́.
      С. Есе́нин

ВЫРАЖЕНИЯ

Стано́вится (ста́ло)	хо́лодно. тепло́. темно́. светло́.	춥게 따뜻하게 어둡게 밝게	되다(되었다)

СЛОВАРЬ

знако́мый 친분있는, 친숙한
кри́кнуть *кому́?* 소리치다
живопи́сный 그림같은, 생생한
уголо́к 모퉁이, 구석, 장소
замеча́ть / заме́тить *кого́? что?* 알아차리다

музыка́нт 음악가
ра́зве 정말 ~가 아니야?
певи́ца (여) 가수
певе́ц (남) 가수
безлю́дный 인적없는
ме́сто 장소

пиани́ст 피아니스트
неуже́ли ~이 가능할까?
душа́-челове́к 굉장한 사람
за *чем?* ~너머에, ~뒤에
дереве́нский 시골의
дереве́нские 시골 사람들
по́сле *чего?* ~후에
роя́ль (남) 그랜드피아노
се́рдце 심장
уводи́ть ⎫ *кого?*
увести́ ⎬ *куда?* ~를 데리고 가다
неизве́стно 알려지지 않은
сты́дно 부끄러운
пла́кать 울다
запла́кать 울음을 터뜨리다
све́жий 신선한
удиви́тельно 놀랄 정도로
па́хнуть *чем?* 냄새 풍기다
не́жный 섬세한, 부드러운
за́пах 냄새
внеза́пно 갑자기
выража́ть ⎫ *что?* 표현하다
вы́разить ⎭

красота́ 아름다움, 미

* * *

брать(взять) за́ сердце *кого?* 깊이 감동시키다
с тех пор 그때부터, 그후로
про́шлый 지난, 과거의
бу́дущий 미래의
сле́дующий 다음에 올, 다음의
друго́й 다른
осе́нний 가을의
весе́нний 봄의
сезо́н 계절
по-своему 자기 방식대로
ми́нус 마이너스
плюс 플러스
свети́ть (빛을) 비추다
жа́ркий 더운

* * *

вре́мя(복 времена́) го́да 계절

ГРАММАТИКА

— От кого́ ты получи́л письмо́?   누구한테 편지 받았니?
— От ста́ршего бра́та.   형으로부터.

1. 형용사 남성형과 중성형 단수

(1) 어간이 경자음과 연자음으로 끝나는 형용사

격	물음	경자음	연자음	어미
주격	како́й? / како́е?	но́вый / но́вое	си́ний / си́нее	-ый (-ий) / -ое (-ее)
생격	како́го?	но́вого	си́него	-ого (-его)
여격	како́му?	но́вому	си́нему	-ому (-ему)

대격	какой?	но́вый (слова́рь)	си́ний (слова́рь)	주격과 동일
	како́е?	но́вое (пальто́)	си́нее (пальто́)	주격과 동일
	како́го?	но́вого (дру́га)		생격과 동일
조격	каки́м?	но́вым	си́ним	-ым (-им)
전치격	о како́м?	о но́вом	о си́нем	-ом (-ем)

【해 설】

1. 어미에 역점이 있는 주격 남성형은 어미 **–ой**를 취한다: **молодо́й, большо́й.**
2. 활성 명사를 수식하는 형용사는 대격에서 생격과 동일한 어미를 취하고, 비활성 명사를 수식하는 형용사 남성형과 중성형은 주격과 동일한 어미를 취한다.
3. 어간이 **г, к, х**로 끝나는 남성 및 중성 형용사는 주격과 조격을 제외한 모든 격에서 경자음으로 끝나는 형용사와 동일하게 변화한다. 주격과 조격에서 이들 형용사는 **ы** 대신에 **и**를 취한다: **ру́сский язы́к**(주격), **ру́сским языко́м**(조격).

(2) 어간이 **ж, ш, ч, щ**로 끝나는 형용사

격	물음	역점어미형용사	무역점어미형용사	어미
주격	какой? како́е?	большо́й большо́е	хоро́ший хоро́шее	-ой, -ий -ое, -ее
생격	како́го?	большо́го	хоро́шего	-ого, -его
여격	како́му?	большо́му	хоро́шему	-ому, -ему
대격	какой? како́е?	большо́й (слова́рь) большо́е (пальто́)	хоро́ший (слова́рь) хоро́шее (пальто́)	주격과 동일
	како́го?	большо́го (дру́га)	хоро́шего (дру́га)	생격과 동일
조격	каки́м?	больши́м	хоро́шим	-им
전치격	о како́м?	о большо́м	о хоро́шем	-ом, -ем

2. 소유대명사의 남성 및 중성(단수)

격	물음	남성	중성	남성	중성
주격	чей? чьё?	мой	моё	наш	на́ше
생격	чьего́?	моего́		на́шего	
여격	чьему́?	моему́		на́шему	
대격	чей? чьё?	мой (слова́рь)	моё (окно́)	наш (слова́рь)	на́ше (окно́)
	чьего́?	моего́ (дру́га)		на́шего (дру́га)	
조격	чьим?	мои́м		на́шим	
전치격	о чьём?	о моём		о на́шем	

3. 지시대명사의 남성 및 중성(단수)

격	물음	남성	중성	남성	중성
주격	како́й?	э́тот		тот	
	како́е?		э́то		то
생격	како́го?	э́того		того́	
여격	како́му?	э́тому		тому́	
대격	како́й?	э́тот		тот	
	како́е?		э́то		то
	како́го?	э́того		того́	
조격	каки́м?	э́тим		тем	
전치격	о како́м?	об э́том		о том	

4. 서수사의 변화

어간이 경자음으로 끝나는 서수사(**пе́рвый, второ́й, четвёртый, пя́тый** 등)는 경자음으로 끝나는 형용사 **но́вый, молодо́й**처럼 어미 변화한다:

Он взял **но́вую** кни́гу. Он взял **втору́ю** кни́гу.
Он живёт в **но́вом** до́ме на **второ́м** этаже́.

복합수사(**двáдцать пéрвый, ты́сяча девятьсо́т шестьдеся́т трéтий** 등)의 경우에는 마지막 단어만 변화한다:

Он вошёл в **двáдцать пéрвую** кóмнату.
Он роди́лся в **ты́сяча девятьсо́т шестьдеся́т трéтьем** году́.

수사 **трéтий**의 변화

격	남성	중성	여성
주격	трéтий	трéтье	трéтья
생격	трéтьего		трéтьей
여격	трéтьему		трéтьей
대격	трéтий (словáрь) / трéтьего (студéнта)	трéтье (пальтó)	трéтью
조격	трéтьим		трéтьей
전치격	о трéтьем		о трéтьей

5. 시간의 표현

когда? 언제					
전치격					
в					в
в э́том		이		в январé	1월에
в прóшлом		지난		в февралé	2월에
в бу́дущем	году́	다음	해에	в мáрте	3월에
в слéдующем		다음	(년에)	в апрéле	4월에
в 1985		1985		в мáе	5월에
(в ты́сяча девятьсо́т восемьдесят пя́том)				в ию́не	6월에
				в ию́ле	7월에
в э́том		이		в áвгусте	8월에
в прóшлом	мéся-	지난	달에	в сентябрé	9월에
в бу́дущем	це	다음		в октябрé	10월에
в слéдующем		그 다음		в ноябрé	11월에
				в декабрé	12월에

	на		
на э́той		이번	
на про́шлой	неде́ле	지난	주에
на бу́дущей		다음	
на сле́дующей		다음	

6. 동사 **крикну́ть, пла́кать**의 변화

крикну́ть I (*a*)

я	кри́кну	мы	кри́кнем
ты	кри́кнешь	вы	кри́кнете
он, она́	кри́кнет	они́	кри́кнут

пла́кать II (*a*)

я	пла́чу	мы	пла́чем
ты	пла́чешь	вы	пла́чете
он, она́	пла́чет	они́	пла́чут

7. 동사 그룹

чита́ть I (*a*)
выража́ть
замеча́ть

говори́ть II	자음 교체
вы́разить (*a*)	з → ж
заме́тить (*a*)	т → ч
свети́ть (*c*)	т → ч
уводи́ть (*c*)	д → ж

пла́кать I (*a*)
запла́кать

вести́ I (*b*)
увести́

УПРАЖНЕНИЯ

1. 오른쪽에 주어진 형용사를 알맞게 써 넣으시오.

   1. На берегу́ он уви́дел _____ рыбака́.   *знако́мый*
      Он дал ло́дку _____ рыбаку́.
      Он взял ло́дку _____ рыбака́.

   2. Я узна́л, что здесь жил наш _____ пиани́ст.   *изве́стный*
      Ка́ждый ве́чер мы приходи́ли к _____ пиани́сту.
      Я познако́мился с _____ пиани́стом.

   3. Он написа́л _____ расска́з.   *прекра́сный*
      Мы говори́ли о _____ спекта́кле, кото́рый посмо́трели неда́вно.
      Я люблю́ э́того _____ поэ́та.

   4. В э́том _____ до́ме жил моско́вский музыка́нт.   *ма́ленький*
      Мы уви́дели _____ дом.
      Мы подошли́ к _____ до́му.

   5. Уже́ ко́нчился _____ уро́к.   *после́дний*
      Он живёт на _____ этаже́.
      Мы подошли́ к _____ ваго́ну.

2. 형용사 **мла́дший**를 알맞게 써 넣으시오.

> 보기   *Вчера́ я был у бра́та.*
>   *Вчера́ я был у мла́дшего бра́та.*

   1. Он е́здил в Ки́ев к бра́ту.
   2. Он получи́л письмо́ от бра́та.
   3. За́втра он до́лжен встре́тить бра́та.
   4. Она́ прие́дет к нам с бра́том.
   5. Я давно́ хочу́ познако́миться с её бра́том.
   6. Ты не зна́ешь, ско́лько лет её бра́ту?
   7. Её бра́та зову́т Ми́ша.
   8. Она́ расска́зывала нам о своём бра́те.

3. 보기와 같이 물음에 답하시오.

   (а) 보기   *Они́ е́здили на Да́льний Восто́к.*
                — Где они́ бы́ли? — На Да́льнем Восто́ке.
                — Отку́да прие́хали? — С Да́льнего Восто́ка.

на				
на э́той	неде́ле	이번		주에
на про́шлой		지난		
на бу́дущей		다음		
на сле́дующей		다음		

6. 동사 **крикну́ть, пла́кать**의 변화

крикну́ть Ⅰ (*a*)

я	кри́кну	мы	кри́кнем
ты	кри́кнешь	вы	кри́кнете
он, она́	кри́кнет	они́	кри́кнут

пла́кать Ⅱ (*a*)

я	пла́чу	мы	пла́чем
ты	пла́чешь	вы	пла́чете
он, она́	пла́чет	они́	пла́чут

7. 동사 그룹

чита́ть Ⅰ (*a*)
выража́ть
замеча́ть

говори́ть Ⅱ	자음 교체
вы́разить (*a*)	з → ж
заме́тить (*a*)	т → ч
свети́ть (*c*)	т → ч
уводи́ть (*c*)	д → ж

пла́кать Ⅰ (*a*)
запла́кать

вести́ Ⅰ (*b*)
увести́

УПРАЖНЕНИЯ

1. 오른쪽에 주어진 형용사를 알맞게 써 넣으시오.

1. На берегу́ он уви́дел _____ рыбака́. *знако́мый*
   Он дал ло́дку _____ рыбаку́.
   Он взял ло́дку _____ рыбака́.

2. Я узна́л, что здесь жил наш _____ пиани́ст. *изве́стный*
   Ка́ждый ве́чер мы приходи́ли к _____ пиани́сту.
   Я познако́мился с _____ пиани́стом.

3. Он написа́л _____ расска́з. *прекра́сный*
   Мы говори́ли о _____ спекта́кле, кото́рый посмо́тре́ли неда́вно.
   Я люблю́ э́того _____ поэ́та.

4. В э́том _____ до́ме жил моско́вский музыка́нт. *ма́ленький*
   Мы уви́дели _____ дом.
   Мы подошли́ к _____ до́му.

5. Уже́ ко́нчился _____ уро́к. *после́дний*
   Он живёт на _____ этаже́.
   Мы подошли́ к _____ ваго́ну.

2. 형용사 **мла́дший**를 알맞게 써 넣으시오.

   [보기] *Вчера́ я был у бра́та.*
          Вчера́ я был у мла́дшего бра́та.

1. Он е́здил в Ки́ев к бра́ту.
2. Он получи́л письмо́ от бра́та.
3. За́втра он до́лжен встре́тить бра́та.
4. Она́ прие́дет к нам с бра́том.
5. Я давно́ хочу́ познако́миться с её бра́том.
6. Ты не зна́ешь, ско́лько лет её бра́ту?
7. Её бра́та зову́т Ми́ша.
8. Она́ расска́зывала нам о своём бра́те.

3. 보기와 같이 물음에 답하시오.

   (a) [보기] *Они́ е́здили на Да́льний Восто́к.*
                 — Где они́ бы́ли? — На Да́льнем Восто́ке.
                 — Отку́да прие́хали? — С Да́льнего Восто́ка.

1. Они́ е́здили на Чёрное мо́ре.
2. Они́ е́здили в стари́нный ру́сский го́род.
3. Они́ е́здили на большо́й заво́д.
4. Они́ е́здили в но́вое общежи́тие.
5. Они́ е́здили на э́тот стадио́н.
   — Где они́ бы́ли? — Отку́да прие́хали?

(б) 보기 *Он был у изве́стного писа́теля.*
   — Куда́ он ходи́л? — К изве́стному писа́телю.
   — Отку́да пришёл? — От изве́стного писа́теля.

1. Он был у на́шего преподава́теля.
2. Он был у э́того врача́.
3. Он был у моего́ дру́га.
4. Он был у ста́ршего бра́та.
5. Он был у своего́ това́рища.
   — Где он был? — Отку́да пришёл?

4. 보기와 같이 물음에 답하시오.

보기 — *Андре́й выступа́л на ве́чере.*
   — *На како́м?*

1. Её брат у́чится в институ́те.
2. Я прочита́л э́ти стихи́ в журна́ле.
3. На ве́чере мы познако́мились с поэ́том.
4. Вчера́ мы смотре́ли бале́т.
5. Я встре́тил в теа́тре това́рища.
6. Я получи́л письмо́ от дру́га.
7. Ты зна́ешь, где э́то общежи́тие?
8. Ве́чером мы пойдём в кафе́.

5. 대명사 **свой**과 **его́**를 문맥에 맞게 써 넣으시오.

(а) Ки́ев - ро́дина отца́. Оте́ц о́чень лю́бит _____ го́род. Он ча́сто расска́зывает о _____ го́роде. Я о́чень хочу́ побыва́ть в _____ го́роде. _____ го́род стои́т на реке́ Днепр. Когда́ оте́ц жил ещё в _____ го́роде, он ча́сто быва́л на Днепре́. Брат отца́ и сейча́с живёт в Ки́еве. Вчера́ _____ брат прие́хал в Москву́. Оте́ц давно́ не ви́дел _____ бра́та и был о́чень рад ему́.

(б) Олéг друг Мúнхо. Мúнхо чáсто бывáет у _____ дрýга. Недáвно он написáл сестрé о _____ дрýге. Мúнхо хóчет, чтóбы сестрá познакóмилась с _____ дрýгом.

6. 대명사 **свой**나 **eго**를 알맞게 써 넣으시오.

> 보기 *Это брат Андрéя. Вы не знáете, где рабóтает егó брат? Андрéй давнó не вúдел своегó брáта.*

1. Отéц Сергéя живёт в Санкт-петербýрге. Сегóдня в Москвý приезжáет _____. Сергéй поéхал встречáть _____.
2. У Волóди есть брат. Я не знáю, где живёт _____. Вчерá Волóдя получúл письмó _____.
3. Друг Андрéя рабóтает в университéте. Андрéй чáсто встречáется _____. Я не знáю, как зовýт _____.
4. Сын Мúши ýчится в шкóле. Мúша лю́бит расскáзывать _____. Я не знáю, скóлько лет _____.

7. (а) 달 이름을 사용하여 물음에 답하시오.

январь, феврáль, март, апрéль, май, ию́нь, ию́ль, áвгуст, сентя́брь, октя́брь, ноя́брь, декáбрь.

> 보기 — *Когдá Мúнхо éздил в Петербýрг?*
> — *В апрéле.*

1. Когдá начинáются заня́тия в университéте?
2. Когдá начинáются зúмние канúкулы?
3. Когдá кончáются зúмние канúкулы?
4. Когдá начинáются лéтние канúкулы?
5. Когдá кончáются лéтние канúкулы?
6. Когдá Олéг éздил со стройотря́дом?

(б) 달 이름을 사용하여 물음에 부정문으로 답하시오.

> 보기 — *Онá приезжáла к тебé в ноябрé?*
> — *Нет, в декабрé.*

1. Онá éздила к сестрé в апрéле?
2. Он был в Москвé в мáрте?
3. Онú хотя́т поéхать в Крым в ию́не?
4. Натáша былá на ю́ге в áвгусте?

5. Они́ отдыха́ли на мо́ре в октябре́?
6. У него́ день рожде́ния в январе́?

8. 오른쪽에 주어진 구를 적절히 사용하여 물음에 답하시오.

보기 — *Когда́ она́ е́здила на Во́лгу?*
— *В про́шлом году́.*

(а) 1. Когда́ они́ прие́хали в Москву́?   *про́шлый год*
2. Когда́ они́ на́чали изуча́ть ру́сский язы́к?   *э́тот год*
3. Когда́ они́ конча́ют институ́т?   *сле́дующий год*

(б) 1. Когда́ она́ верну́лась с ю́га?   *про́шлый ме́сяц*
2. Когда́ они́ бы́ли в Яросла́вле?   *э́тот ме́сяц*
3. Когда́ он е́дет на се́вер?   *сле́дующий ме́сяц*

(в) 1. Когда́ он де́лал докла́д?   *про́шлая неде́ля*
2. Когда́ была́ э́та ле́кция?   *э́та неде́ля*
3. Когда́ бу́дет э́та экску́рсия?   *бу́дущая неде́ля*

(г) 1. Когда́ шёл э́тот фильм?   *ты́сяча девятьсо́т во́семьдесят тре́тий год*

2. Когда́ был моско́вский фестива́ль?   *ты́сяча девятьсо́т во́семьдесят пя́тый год*

3. Когда́ была́ э́та вы́ставка?   *ты́сяча девятьсо́т во́семьдесят шесто́й год*

9. 다음 물음에 답하시오.
1. Когда́ вы на́чали учи́ться в шко́ле (в како́м году́)?
2. Когда́ вы ко́нчили шко́лу?
3. Когда́ вы на́чали учи́ться в институ́те (в университе́те)?
4. Когда́ вы ко́нчили институ́т (университе́т)?
5. Когда́ вы на́чали рабо́тать?
6. Когда́ вы обы́чно отдыха́ете (в како́м ме́сяце)?
7. В каки́е города́ (и́ли стра́ны) вы е́здили и когда́ (в како́м году́)?
8. Каки́е ру́сские фи́льмы и́ли спекта́кли шли у вас и когда́?

10. 본문에 나온 동사를 알맞게 써 넣어 다음 문장을 완성하시오.

Однáжды я _____ по рекé на лóдке. На берегу я увúдел знакóмого рыбакá. Он _____ мне: «Скóро бýдет дождь, выхóдúте на бéрег». Я _____ на бéреи, и мы _____ по лесу. В лесý я увидел Дом. В нём _____ москóвский пианúст, кáждый вéчер он _____ на роя́ле, и лю́ди из дерéвни приходúли _____ мýзыку. Когдá дождь кóнчился, я _____ домóй.

11. 다음을 러시아어로 옮기시오.
  (а) "따냐, 너는 겨울을 좋아하니?"
  "별로. 나는 따뜻함과 햇빛, 그리고 바다가 좋아. 너는 어느 계절을 좋아하는데?"
  "나는 가을이 좋아. 나는 보통 가을에 휴가를 택하지."
  (б) "작년에 어디에서 휴가를 보냈니?"
  "우끄라이나에서."
  "잘 보냈니?"
  "별로. 여름이 추웠어. 거의 매일 비가 내렸지. 올해에는 끄림으로 가고 싶어."

ЧИТАЙТЕ И СЛУШАЙТЕ

Великий поэт России

А. С. Пушкин

> Тебя ж, как первую любовь,
> России сердце не забудет!..
> Ф. И. Тютчев[1]

«При имени Пушкина тотчас осеняет мысль о русском национальном поэте... В нём заключилось всё богатство, сила и гибкость нашего языка... В нём русская природа, русская душа, русский характер...» — писал о великом русском поэте Николай Васильевич Гоголь.[2]

«Гигант Пушкин, величайшая гордость наша...» — писал о Пушкине Алексей Максимович Горький.

«Солнце нашей поэзии», — писали о Пушкине его современники.

Поэт, писатель, драматург — Александр Сергеевич Пушкин прожил короткую жизнь: он родился в 1799 году, а в 1837 году был убит на дуэли. Всего 37 лет жил Пушкин, но оставил нам так много! Стихи, поэмы, повести, драмы Пушкина перевели и переводят на многие языки мира.

В центре Москвы, на площади, которая теперь называется площадью Пушкина, стоит памятник великому поэту. Создатель памятника — замечательный русский архитектор Александр Михайлович Опекушин. Памятник этот построили на народные деньги в конце прошлого века.

Здесь, у памятника Пушкину, каждый год 6-го июня в день рождения поэта собираются москвичи и гости Москвы. Люди идут к памятнику, несут цветы любимому поэту, и кто-нибудь из них обязательно вспомнит пушкинские строчки:

---

1. Тютчев Фёдор Иванович (1803~1873) : 저명한 러시아 시인
2. Гоголь Николай Васильевич (1809~1852) : 저명한 러시아 소설가이자 극작가. 「죽은 혼」 「검찰관」 등의 작품이 있다.

«Я па́мятник себе́ воздви́г нерукотво́рный.
К нему́ не зарастёт наро́дная тропа́...»

Весь день у па́мятника продолжа́ется Пу́шкинский пра́здник — пра́здник поэ́зии. Выступа́ют поэ́ты, писа́тели, актёры, рабо́чие, студе́нты и шко́льники. Они́ чита́ют стихи́ Пу́шкина и стихи́ о Пу́шкине. Зарубе́жные поэ́ты и писа́тели чита́ют свои́ перево́ды, сло́во Пу́шкина звучи́т по-англи́йски, по-францу́зски по-неме́цки и по-испа́нски, на языке́ хи́нди и бенга́ли.

Уже́ темно́, конча́ется дли́нный ле́тний день, а лю́ди у па́мятника продолжа́ют чита́ть стихи́ вели́кого поэ́та, любо́вь к нему́ объедини́ла их.

осеня́ет мысль 생각이 문득 떠오르다
велича́йший 가장 위대한
со́лнце на́шей поэ́зии 우리 시의 태양
воздви́гнуть па́мятник кому́-либо 누구의 기념비를 세우다
нерукотво́рный 인간의 손으로 만들어지지 않은

к нему́ не зарастёт наро́дная тропа́ 그 길은 절대로 잡초가 우거지지 않을 것이다.
При и́мени Пу́шкина то́тчас осеня́ет мысль о ру́сском национа́льном поэ́те... 뿌쉬낀의 이름은 러시아 국민시인에 대한 생각을 떠오르게 한다.

> Стихи́ Пу́шкина перевели́ и перево́дят на мно́гие языки́ ми́ра.
> 뿌쉬낀의 시들은 여러 언어로 이미 번역되었고, 또 번역되고 있다.

▶ **Зада́ние к те́ксту**

1. Расскажи́те, что вы зна́ете о ру́сском поэ́те А. С. Пу́шкине. Каки́е стихи́ Пу́шкина вы чита́ли?
2. Как вы понима́ете выраже́ние: «Пу́шкин-со́лнце на́шей поэ́зии»?
3. Прочита́йте стихотворе́ние Пу́шкина «Я вас люби́л...»

   Я вас люби́л: любо́вь ещё, быть мо́жет,
   В душе́ мое́й уга́сла не совсе́м;
   Но пусть она́ вас бо́льше не трево́жит;
   Я не хочу́ печа́лить вас ниче́м.

   Я вас люби́л безмо́лвно, безнадёжно,
   То ро́бостью, то ре́вностью томи́м;
   Я вас люби́л так и́скренно, так не́жно,
   Как дай вам бог люби́мой быть други́м.

4. Прочита́йте отры́вки из стихотворе́ний А. С. Пу́шкина.

Зи́мняя доро́га

Сквозь волни́стые тума́ны
Пробира́ется луна́,
На печа́льные поля́ны
Льёт печа́льный свет она́.

По доро́ге зи́мней, ску́чной
Тро́йка бо́рзая бежи́т,
Колоко́льчик однозву́чный
Утоми́тельно греми́т.

Что́-то слы́шится родно́е
В до́лгих пе́снях ямщика́:
То разгу́лье удало́е,
То серде́чная тоска́...

К Чада́еву

...Пока́ свобо́дою гори́м,
Пока́ сердца́ для че́сти жи́вы,
Мой друг, отчи́зне посвяти́м
Души́ прекра́сные поры́вы!..

урок 23

ТЕКСТ

Второго мая

На майские праздники ко мне приехал из Киева Андрей, мой старый товарищ. Андрей, как и я, студент. Он учится в медицинском институте, а я в университете.

Вечером первого мая мы погуляли по праздничной Москве, а второго поехали к Татьяне Ивановне, нашей школьной учительнице.

Каждый год второго мая ученики Татьяны Ивановны собирались у неё дома. Приходили и её бывшие ученики, которые уже кончили школу. Начались эти встречи, которые стали традицией, давно. Мы учились тогда в восьмом классе. Класс у нас был дружный. Мы часто вместе ходили в кино, в театр, в походы. На праздники собирались у меня или у Андрея, он тогда жил в Москве. Однажды второго мая мы решили вместе поехать в центр, погулять, посмотреть иллюминацию, а потом пойти ко мне или к Андрею.

Когда мы вышли из метро, мы увидели Татьяну Ивановну, нашу учительницу по биологии. Мы поздоровались и поздравили Татьяну Ивановну с праздником. Татьяна Ивановна жила в центре, и мы решили проводить её. Когда мы дошли до её дома, Татьяна Ивановна пригласила нас к себе. Она сказала, что сегодня у неё собираются её бывшие ученики и нам, наверное, будет интересно познакомиться с ними.

Мы поднялись на третий этаж. В небольшой уютной

квартире Татьяны Ивановны собрались её ученики. Было весело и интересно. Бывшие ученики Татьяны Ивановны рассказывали о своей работе, вспоминали старые школьные истории. Спрашивали нас, как учимся, как живём, кем хотим стать. Потом пели, танцевали, пили чай с домашним пирогом.

Когда прощались, мы сфотографировались на память.

Так родилась наша школьная традиция. Теперь каждый год второго мая мы приходим в гостеприимный дом нашей старой учительницы.

▶ **Задание к тексту**
1. О какой школьной традиции рассказал студент?
2. Как родилась эта традиция?

ДИАЛОГ

Олег : Привет, Минхо!
Минхо : Добрый день, Олег!
Олег : Ты не хочешь пойти с нами на хоккей?
Минхо : Не могу, мне нужно заниматься. В следующую среду сдаю экзамен по русскому языку.
Олег : Сегодня среда, значит, через неделю.
Минхо : Да. У моего друга в этот понедельник был письменный экзамен. Говорит, трудный.
Олег : Но, ты хорошо говоришь по-русски.
Минхо : Может быть, но пишу, по-моему, плохо.
Олег : Хочешь, помогу тебе подготовиться к экзамену?
Минхо : Конечно, если у тебя есть время.
Олег : Сегодня, к сожалению, не могу, а завтра после лекции встретимся. Я кончаю в 4. Жди меня в 4 часа в читальном зале. Будем заниматься вместе всю неделю. Сдашь на пять.
Минхо : Если получу 4, буду рад. Ну, до завтра, Олег, спасибо тебе.

Оле́г : Пока́ не́ за что, до за́втра.

Отцы́ и де́ти

Одна́жды профе́ссор матема́тики принима́л экза́мены в го́рном институ́те. На экза́мен к профе́ссору пришёл студе́нт Эйлер, внук знамени́того матема́тика, фи́зика и астроно́ма Леона́рда Эйлера.

Студе́нт отвеча́л о́чень пло́хо. Профе́ссор дал ему́ друго́й биле́т - результа́т был тот же. Тогда́ профе́ссор дал студе́нту экзаменацио́нную ве́домость и сказа́л:«Поста́вьте себе́, пожа́луйста, дво́йку свое́й руко́й. Я не могу́ поста́вить "два" челове́ку с тако́й знамени́той фами́лией».

▶ **Зада́ние к те́ксту**

а) 1. Како́й экза́мен сдаёт Ми́нхо? Когда́ Ми́нхо сдаёт экза́мен? Ско́лько вре́мени он бу́дет гото́виться к экза́мену?

2. Каки́е экза́мены и зачёты вы бу́дете сдава́ть зимо́й? Когда́ вы сдаёте экза́мен по ру́сскому языку́? У вас бу́дет у́стный и́ли пи́сьменный экза́мен? Ско́лько вре́мени вы бу́дете гото́виться к экза́мену?

б) 1. Расскажи́те исто́рию, кото́рая произошла́ одна́жды на экза́мене профе́ссора матема́тики.

2. Найди́те на ва́шем языке́ посло́вицы и афори́змы об уче́нии, о зна́нии. Переведи́те их на ру́сский язы́к.

3. Расскажи́те, как вы учи́лись в шко́ле (в колле́дже). Каки́е экза́мены сдава́ли? Бы́ли ли у вас интере́сные слу́чаи? Расскажи́те о них.

ВЫРАЖЕ́НИЯ

Спаси́бо!	감사합니다!
Не́ за что.	천만에요.
Не сто́ит.	천만에.

Сдать экза́мен на четы́ре(на пять).	4점(5점)으로 시험에 합격하다.
Получи́ть четы́ре(пять).	4점(5점)을 받다.
Поста́вить кому́-либо четы́ре(пять).	누구에게 4점(5점)을 주다.

СЛОВАРЬ

пра́здник 공휴일
иллюмина́ция 전광장식
медици́на 의학
медици́нский 의학의
биоло́гия 생물학
собира́ться / **собра́ться** } *где? у кого?* 함께 모이다
бы́вший 이전의
встре́ча 만남, 모임
тради́ция 전통
дру́жный 친한, 사이가 좋은
здоро́ваться / **поздоро́ваться** } *с кем?* 인사하다
проща́ться / **попроща́ться** } *с кем?* 헤어지다
поздравля́ть / **поздра́вить** } *кого? с чем?* 축하하다
ую́тный 아늑한, 쾌적한
поднима́ться / **подня́ться** } *куда?* 올라가다
дома́шний 집에서 만든
пиро́г 파이
фотографи́роваться / **сфотографи́роваться** } 사진을 찍다(촬영하다)
па́мять (여) 기억
тради́ция 전통
гостеприи́мный 손님을 좋아하는

* * *

ма́йские пра́здники 5월 축제일
учи́тель (учи́тельница) по биоло́гии (по фи́зике и т. д.) 생물학(물리학 등) 선생님
на па́мять 기념으로

* * *

хокке́й 하키
сдава́ть *что?* 시험을 치르다
сдать 합격하다
зачёт 작은 시험
че́рез 후에, 지나서
пи́сьменный 필기의
у́стный 구두의, 구술의
по-мо́ему 내 생각으로는
гото́виться / **подгото́виться** } *к чему?* 준비하다
пока́ 아직은, 당장은

* * *

принима́ть / **приня́ть** } *что?* (시험을) 부과하다
го́рный 광산의, 산지의
знамени́тый 유명한
астроно́м 천문학자
фи́зика 물리학
фи́зик 물리학자
биле́т 시험카드
результа́т 결과
себя́ 자신
дво́йка 두 번째로 낮은 점수. 5점 만점에 2점
тро́йка 세 번째로 낮은 점수. 3점
четвёрка 두 번째로 높은 점수. 4점
пятёрка 제일 높은 점수. 만점. 5점

* * *

сдава́ть экза́мен (зачёт) 시험(테스트)을 치르다
сдать 시험에 합격하다
экза́мен по ру́сскому языку́ (по фи́зике и т. д.) 러시아어(물리학 등) 시험
у́стный (пи́сьменный) экза́мен 구술(필기)시험
принима́ть экза́мен / **приня́ть** 시험을 부과하다

получа́ть
получи́ть } отме́тку 점수를 받다

ста́вить
поста́вить } отме́тку 점수를 주다

экзаменаци́онная ве́домость 시험 성적표

ГРАММАТИКА

— Когда́ он прие́дет?   그는 언제 옵니까?
— В э́ту сре́ду.   이번 주 수요일에.
— Ско́лько вре́мени он бу́дет в Москве́?   그는 모스크바에 얼마나 머뭅니까?
— Неде́лю.   일주일 동안.

1. 시간의 표현

Когда́? 언제?

전치사 + 대격			
в			
в э́тот в про́шлый в бу́дущий в сле́дующий	понеде́льник вто́рник четве́рг	이번 지난 다음 다음	월요일 화요일 목요일
в э́тот	день	그	날
в э́ту в про́шлую в бу́дущую в сле́дующую	пя́тницу сре́ду суббо́ту	이번 지난 다음 다음	금요일 수요일 토요일
в э́то в про́шлое в бу́дущее в сле́дующее	воскресе́нье	이번 지난 다음 다음	일요일
на			
на друго́й (на сле́дующий) день		다음 날	

Как ча́сто? 얼마나 자주?

				전치사 없는 대격	
ка́ждый		час		매	시간
		ве́чер		매일	저녁
		день		매	일
		понеде́льник		매주	월요일
		вто́рник			화요일
		четве́рг			목요일
		янва́рь		매년	1월
		февра́ль и т. д.			2월 등
		год		매	년
ка́ждую		мину́ту		매	분
		ночь		매일	밤
		сре́ду		매주	수요일
		пя́тницу			금요일
		суббо́ту			토요일
		неде́лю		매	주
		зи́му		매년	겨울
		о́сень			가을
		весну́			봄
ка́ждое		у́тро		매일	아침
		воскресе́нье		매주	일요일
		ле́то		매년	여름
(оди́н) раз, два, три, четы́ре ра́за, пять и т. д. раз	в	час день ме́сяц год мину́ту неде́лю	한 시간 하루 한 달 1년 1분 1주일	에	한 번, 두 번, 세 번, 네 번, 다섯 번 등

Ско́лько вре́мени, как до́лго? 얼마나 오랫동안?

전치사 없는 대격			
весь	понеде́льник, вто́рник, четве́рг	월요일, 화요일, 목요일	내내
	год	일년	
	ме́сяц	한달	
	янва́рь, февра́ль и т. д.	1월, 2월 등	
	ве́чер	저녁	
	день	하루	
всю	сре́ду, пя́тницу, суббо́ту	수요일, 금요일, 토요일	내내
	неде́лю	일주일	
	зи́му, весну́, о́сень	겨울, 봄, 가을	
	ночь	밤	
всё	воскресе́нье	일요일	내내
	вре́мя	늘, 항상	
	ле́то	여름	
	у́тро	아침	

전치사 없는 대격			
(Оди́н) час, день, ме́сяц, год		Одну́ мину́ту, неде́лю	
два три четы́ре	часа́ дня ме́сяца го́да	две три четы́ре	мину́ты неде́ли
пять	часо́в дней ме́сяцев лет	пять	мину́т неде́ль

(1) 날짜의 생격

— Какóе сегóдня числó?
오늘은 며칠입니까?
— Двáдцать шестóе ию́ня.
6월 26일입니다.

— Когдá он роди́лся?
그는 언제 태어났습니까?
— Двáдцать шестóго ию́ня.
6월 26일에.

【해 설】

1. 물음 **какóе сегóдня числó? какóе числó бы́ло вчерá? какóе числó бу́дет зáвтра?**에 대한 대답에서는 주격이 사용된다:
   Вчерá бы́ло двáдцать шестóе ию́ня.
   Зáвтра бу́дет двáдцать восьмóе ию́ня.

2. 물음 **когдá?**에 대한 대답에서는 전치격 없는 생격이 사용된다:
   Он роди́лся двáдцать шестóго ию́ня ты́сяча девятьсóт шестьдеся́т вторóго гóда.

(2) 생격지배 전치사 **до, пóсле, с ... до.**

Когдá? 언제?

Он приéдет	прáздника.
	пóсле прáздника.

Скóлько врéмени? 얼마나 오랫동안?

Он рабóтает **с** утрá **до** вéчера.

2. 이중부정

никтó не...	아무도 …하지 않다
ничтó не...	아무 것도 …하지 않다
(ничегó) не...	아무 것도 …하지 않다
нигдé не...	어디에도 …하지 않다
никудá не...	어디로도 …하지 않다
никогдá не...	결코 …하지 않다

단어 **никто́, ничего́, нигде́, никуда́, никогда́** 다음에서 불변화사 **не**는 동사 앞에 온다:

Мне никто́ не пи́шет.	아무도 내게 편지를 쓰지 않는다.
Он ничего́ не зна́ет.	그는 아무 것도 모른다.
Ле́том мы нигде́ не́ были.	우리는 여름에 어디에도 가지 않았다.
За́втра я никуда́ не пойду́.	내일 나는 아무 데도 가지 않는다.
Я никогда́ не ви́дел его́.	나는 결코 그를 보지 못했다.

3. 동사 **подня́ться**의 변화

подня́ться I (*c*)

я	подниму́сь	мы	подни́мемся
ты	подни́мешься	вы	подни́метесь
он, она́	подни́мется	они́	подни́мутся

прииня́ть I (*c*)

я	приму́	мы	при́мем
ты	при́мешь	вы	при́мете
он, она́	при́мет	они́	при́мут

сдать

я	сдам	мы	сдади́м
ты	сдашь	вы	сдади́те
он, она́	сдаст	они́	сдаду́т

ошиби́ться I (*b*)

미래시제				과거시제	
я	ошибу́сь	мы	ошибёмся	он	оши́бся
ты	ошибёшься	вы	ошибётесь	она́	оши́блась
он, она́	ошибётся	они́	ошибу́тся	они́	оши́блись

4. 동사 그룹

читáть I (*a*)
здорóваться
поздорóваться
ошибáться
поздравля́ть
прощáться
попрощáться
принимáть
поднимáться
собирáться

говори́ть II	자음 교체
поздрáвить	в → вл

танцевáть I (*b*)
фотографи́роваться
сфотографи́роваться

давáть I (*b*)
сдавáть

брать I (*b*)
собрáться

УПРАЖНЕНИЯ

1. 오른쪽에 주어진 표현을 사용하여 다음 물음에 답하시오.

> 보기 — *Когда́ он вернётся?*
> — *В э́ту пя́тницу.*

1. Когда́ Джон сдаёт экза́мен по ру́сскому языку́?   *сле́дующая среда́*
2. Когда́ у вас был пи́сьменный экза́мен?   *про́шлый вто́рник*
3. Когда́ бу́дет у́стный экза́мен?   *э́та среда́*
4. Когда́ был экза́мен по фи́зике?   *э́тот понеде́льник*
5. Когда́ вы занима́лись с ним вме́сте?   *про́шлая пя́тница*
6. Когда́ конча́ются экза́мены?   *сле́дующая суббо́та*
7. Когда́ Джон был у вас?   *про́шлое воскресе́нье*
8. Когда́ мы встре́тимся с Оле́гом?   *сле́дующий день*

2. 보기처럼 물음에 답하시오.

(а) 보기 — *Ты е́здил к ним в сре́ду?*
— *Да, но не в э́ту, а в про́шлую.*

1. Ты был у бра́та во вто́рник?
2. Он звони́л сестре́ в четве́рг?
3. Она́ была́ у отца́ в воскресе́нье?
4. Он получи́л письмо́ в пя́тницу?
5. Ната́ша прие́хала в суббо́ту?

(б) 보기 — *Он де́лает докла́д в пя́тницу?*
— *Да, но не в э́ту, а в сле́дующую.*

1. Экза́мены начина́ются в понеде́льник?
2. Он сдаёт экза́мены в сре́ду?
3. Ты пригласи́шь его́ в суббо́ту?
4. Ты идёшь к ним в четве́рг?
5. Андре́й вернётся в Москву́ в воскресе́нье?

3. 보기처럼 문장을 바꾸시오.

(а) *Ве́чером, он идёт на стадио́н.*
Ка́ждый ве́чер он хо́дит на стадио́н.

1. Утром она́ идёт в шко́лу.
2. Ве́чером он идёт в чита́льный зал.
3. В суббо́ту они́ иду́т в кино́.
4. В воскресе́нье мы идём в бассе́йн.

(б) 보기 *Осенью он е́дет в Крым.*
Ка́ждую о́сень он е́здит в Крым.

1. Ле́том мы е́дем на се́вер.
2. О́сенью она́ е́дет на Украи́ну.
3. Зимо́й он е́дет в дере́вню.
4. Весно́й они́ е́дут на юг.

4. 단어 **день, ве́чер, неде́ля, ле́то, ме́сяц, год**와 **весь**를 사용하여 물음에 답하시오.

보기 — *Вы до́лго е́хали туда́?*
— *Всю ночь.*

1. Ско́лько вре́мени ты переводи́л э́тот расска́з?
2. Вы до́лго бы́ли у Ната́ши?
3. Ты до́лго чита́л э́тот рома́н?
4. Оле́г до́лго рабо́тал в Сиби́ри?
5. Вы до́лго жи́ли в дере́вне?
6. Ско́лько вре́мени он изуча́ет язы́к?

5. 표현 **раз(два, три, четы́ре ра́за) в день(в неде́лю, в ме́сяц, в год), не́сколько раз в неде́лю(в ме́сяц, в год)**를 사용하여 물음에 답하시오.

보기 — *Как ча́сто ты слу́шаешь э́ти ле́кции?*
— *Два ра́за в неде́лю.*

1. Как ча́сто вы занима́етесь ру́сским языко́м?
2. Как ча́сто вы занима́етесь спо́ртом?
3. Вы ча́сто получа́ете пи́сьма?
4. Как ча́сто вы пи́шете домо́й?
5. Вы ча́сто е́здите на ро́дину?
6. Вы ча́сто быва́ете в теа́тре и́ли кино́?
7. Как ча́сто у вас быва́ют экску́рсии?

6. 다음 대화들을 완성하시오.

1. — _____?
   — (Я провёл в Москве) всю зиму.
2. — _____?
   — (Я занимался русским языком) три раза в неделю.
3. — _____?
   — (Я ходил в театр) каждую неделю.
4. — _____?
   — (Вечерние спектакли в Москве начинаются) в семь часов.
5. — _____?
   — (Спектакли идут) три-четыре часа.
6. — _____?
   — (Я катался на лыжах) почти каждое воскресенье.
7. — _____?
   — Теперь я поеду в Москву осенью или летом.

7. (а) 가능한 모든 문장들을 만드시오.

보기 *Встретимся после праздника.*

Встретимся		работа
Поговорим	после	лекция
Позвони мне		концерт
Подойди ко мне		его доклад

(б) 단어 **работа, лекция, концерт, его доклад**를 전치사 **до**와 함께 사용하여 다음 물음에 답하시오.

보기 — *Когда ты видел Джона?*
     — *До праздника.*

1. Когда он даст тебе этот журнал?
2. Когда ты скажешь ему об экзамене?
3. Когда ты возьмёшь у него билеты?
4. Когда ты попросишь у него новый учебник?

8. (а) 주어진 표현들을 사용하여 물음에 답하시오.

보기 — *Какое сегодня число?*
     — *Третье июля.*

— Когда́ начали́сь ле́тние кани́кулы?
— Тре́тьего июля.

1. Како́е сего́дня число́? *пе́рвое сентября́*
   Когда́ начина́ются заня́тия в университе́те?
2. Како́е число́ бы́ло вчера́? *двена́дцатое января́*
   Когда́ начали́сь экза́мены?
3. Како́е число́ бу́дет за́втра? *два́дцать четвёртое января́*
   Когда́ конча́ются экза́мены?
4. Како́е сего́дня число́? *седьмо́е февраля́*
   Когда́ конча́ются зи́мние кани́кулы?

(б) 날짜의 생격을 사용하여 물음에 답하시오.

1. Когда́ ваш день рожде́ния?
2. Когда́ день рожде́ния ва́шего отца́ и ва́шей ма́мы?
3. Когда́ день рожде́ния ва́шего бра́та (ва́шей сестры́)?
4. Когда́ день рожде́ния ва́шего дру́га (ва́шей подру́ги)?

9. 단어 **никто́, ничего́, нигде́, никуда́, никогда́**를 넣어 다음 문장을 완성하시오.

1. Помоги́ мне перевести́ э́тот текст, я _____ не понима́ю.
2. Вчера́ мне _____ не звони́л.
3. Я _____ не мог купи́ть э́ту кни́гу.
4. Ве́чером мы _____ не пойдём.
5. Она́ _____ не слы́шала э́ту пе́сню.

ЧИТАЙТЕ И СЛУШАЙТЕ

Максим Горький

А. М. Горький

Русский советский писатель Максим Горький (Алексей Максимович Пешков) родился 28 марта 1868 года в городе Нижний Новгород. Теперь этот город называется Горький.

Алёше было четыре года, когда умер его отец. После смерти отца маленький Алёша стал жить в семье деда Василия Каширина. Нелегко было мальчику привыкнуть к жизни в доме деда. Дед Алёши был жестокий человек, все в доме боялись его. Но был в этом доме у Алёши большой друг - бабушка Акулина Ивановна. Позднее, в автобиографической повести «Детство», Горький писал, что бабушка «сразу стала на всю жизнь другом, самым близким сердцу моему, самым понятным и дорогим человеком». Её бескорыстная любовь к миру обогатила Алёшу, дала силы для трудной жизни.

В школе Алёша учился всего два года. В десять лет он начал работать. Сначала он работал в обувном магазине, потом учеником чертёжника, потом на пароходе помощником повара. Повар Михаил Акимович Смурый научил Алёшу любить книги. Книги открыли Алёше новый мир, показали, как богата и многообразна жизнь, а главное, дали ему уверенность в том, что в жизни он не одинок.

В 1884 году Горький уехал в Казань, он мечтал поступить в университет. Но получить образование Горький не мог: два класса начальной школы не давали ему права поступить в университет. Университетом для него стала жизнь.

Горький много путешествовал, он прошёл пешком всю Россию с севера на юг, был на Украине, в Крыму, на Кавказе. В ноябре 1891 года Горький пришёл в Тифлис[1]. Именно здесь в 1892 году он написал свой первый рассказ, который опубликовал под псевдонимом Максим Горький.

Очень быстро имя молодого писателя стало широко известным.

Популя́рность Го́рького в Росси́и, осо́бенно среди́ молодёжи, была́ огро́мна.

По́вести и расска́зы Го́рького, его́ пье́сы, автобиографи́ческая трило́гия «Де́тство», «В лю́дях», «Мои́ университе́ты» отрази́ли тяжёлую жи́знь наро́да. Пье́сы Го́рького с успе́хом ста́вили мно́гие теа́тры как в Росси́и, так и за рубежо́м.

По́сле Октя́брьской социалисти́ческой револю́ции Го́рький мно́го сде́лал для разви́тия молодо́й сове́тской литерату́ры. Молоды́е а́вторы, кото́рые обраща́лись к Го́рькому, всегда́ получа́ли по́мощь, сове́т и подде́ржку. Мно́гие сове́тские писа́тели и поэ́ты писа́ли о том, каку́ю большу́ю роль в их жи́зни сыгра́ла по́мощь и подде́ржка Го́рького.

Выдаю́щийся сове́тский педаго́г Анто́н Семёнович Мака́ренко говори́л, что Го́рький был для него́ «не то́лько писа́телем, но и учи́телем жи́зни».

Умер Го́рький 18 ию́ня 1936 го́да. Но кни́ги писа́теля живу́т. Они́ переведены́ на мно́гие языки́ ми́ра.

■

дава́ть уве́ренность *кому́? в чём?*
누구에게 확신을 주다
дать пра́во *кому́?* 누구에게 자격(권한)을 주다
под псевдони́мом 익명으로
автобиографи́ческая трило́гия 자전적 삼부작
получа́ть ⎱
получи́ть ⎰ **по́мощь, сове́т, подде́ржку**
도움, 충고, 지지를 받다

игра́ть ⎱
сыгра́ть ⎰ **роль** *в чём?*
~에서 역할을 하다
выдаю́щийся 뛰어난, 훌륭한

▶ **Зада́ние к те́ксту**

1. Расскажи́те биогра́фию Макси́ма Го́рького.
2. Зна́ли ли вы о Го́рьком ра́ньше? Каки́е кни́ги Го́рького вы чита́ли? Нра́вится ли вам э́тот писа́тель?

---

1. **Тифли́с:** 현재의 뜨빌리시로서 그루지아의 수도.

урок 24

Остров Кижи

ТЕКСТ

Остров Кижи

Удивительно красива природа русского севера. Каждый год тысячи русских и иностранных туристов едут на север. Особенно много туристов бывает на острове Кижи, одном из многочисленных островов Онежского озера.

Здесь туристы могут увидеть не только красоту северной природы. На этом острове находятся уникальные памятники русской деревянной архитектуры. Русские мастера здесь создали прекрасный архитектурный ансамбль, которому более двухсот лет.

Существует легенда о создании Преображенской церкви —

са́мой большо́й и краси́вой це́ркви на о́строве. Леге́нда расска́зывает о ста́ром ма́стере, кото́рый постро́ил э́ту прекра́сную це́рковь из де́рева. Еди́нственным инструме́нтом ма́стера был топо́р. Когда́ ма́стер зако́нчил рабо́ту и посмотре́л на краса́вицу-це́рковь, де́ло рук свои́х, он по́нял, что ничего́ лу́чше созда́ть не смо́жет, да́же е́сли бу́дет стро́ить всю жизнь. И тогда́ ма́стер бро́сил свой топо́р в Оне́жское о́зеро и уе́хал с о́строва. Бо́льше лю́ди не слы́шали о ста́ром ма́стере. Но его́ це́рковь стои́т на о́строве. И все, кто ви́дит э́ту це́рковь, вспомина́ют леге́нду о тала́нтливом ру́сском ма́стере.

▶ **Зада́ние к те́ксту**

а) 1. Что вы узна́ли об о́строве-музе́е Ки́жи? Расскажи́те леге́нду о ста́ром ма́стере.

2. В каки́е стра́ны и города́ вы е́здили? Каки́е архитекту́рные па́мятники ви́дели? Что вам осо́бенно понра́вилось?

3. Вы быва́ли в Москве́? Каки́е архитекту́рные па́мятники Моско́вского Кремля́, Кра́сная пло́щадь? Что вы зна́ете о них?

4. Зна́ете ли вы, где нахо́дятся сле́дующие па́мятники: па́мятник А. С. Пу́шкину, па́мятник М. Го́рькому, па́мятник В. Маяко́вскому, па́мятник М. В. Ломоно́сову?

б) 1. Прочита́йте посло́вицы и афори́змы о труде́, переведи́те их.

2. Зна́ете ли вы аналоги́чные посло́вицы ва́шего наро́да? Переведи́те их на ру́сский язы́к.

Посло́вицы и афори́змы о труде́

«Де́ло ма́стера бои́тся.»

«Ко́нчил де́ло - гуля́й сме́ло.»

«Труд челове́ка ко́рмит, а лень по́ртит.»

«Рабо́чие ру́ки не зна́ют ску́ки.»

«Для меня́ жить - зна́чит рабо́тать». *И. К. Айвазо́вский*

«Нет сча́стья в безде́йствии». *Ф. Достое́вский*

«Вся́кое де́ло на́до люби́ть, что́бы хорошо́ его́ де́лать». *М. Го́рький*

ДИАЛОГ

Олег : Минхо, добрый день! Где ты был вчера? Я хотел пригласить тебя к себе, звонил тебе весь вечер.
Минхо : Я вернулся поздно, был у своего товарища.
Олег : У кого?
Минхо : У одного студента с подготовительного факультета, ты его не знаешь.
Олег : И давно он в Москве?
Минхо : Несколько месяцев, но уже успел многое увидеть. Он интересуется архитектурой, это его будущая специальность. Вчера он показывал нам видеофильм и слайды: памятники русской архитектуры.
Олег : Слайды он сам делал?
Минхо : Нет, часть купил, часть подарил ему русский друг, тоже будущий архитектор. Ещё мы смотрели очень хорошие фотоальбомы: «Москва», «Петербург», «Киев», «Кижи». Мне очень понравились Кижи. Ты там был?
Олег : Да, один раз. Хочу поехать ещё, тем более, что Таня не была там. У меня тоже есть слайды и фотографии, которые я делал сам. Приходи, посмотришь.
Минхо : Спасибо. Приду обязательно!

▶ **Задание к тексту**
Где был Минхо? Чем интересуется Минхо, какая его будущая специальность?

СЛОВАРЬ

тысяча 1,000(천)
многочисленный 수많은
уникальный 독특한

деревянный 나무의, 나무로 된
мастер 장인, 전문가, 거장
архитектурный 건축의

бо́лее ~보다 더
существова́ть 존재하다
леге́нда 전설
созда́ние 창조
це́рковь (여) 교회
са́мый 가장 ~한
еди́нственный 유일한
инструме́нт 도구
топо́р 도끼
зака́нчивать } что? 끝내다
зако́нчить
рабо́та 일
труд 노동
де́ло 직업, 일
создава́ть } что? 창조하다, 만들어내다
созда́ть
тогда́ 그때
броса́ть } что?
бро́сить } куда? 던지다
бо́льше 더 많이
тала́нт 재능

тала́нтливый 재능있는

* * *

оди́н из многочи́сленных 그 많은 것 중의 하나
архитекту́рный анса́мбль 종합 건축물
де́ло рук свои́х 스스로 만들어낸 작품

* * *

подготови́тельный 준비의
факульте́т 학부
успева́ть } что сде́лать? 늦지 않게 ~하다
успе́ть
мно́гое 많은
архитекту́ра 건축학
архите́ктор 건축가
видеофи́льм 비디오 필름
сла́йды 슬라이드
часть (여) 부분

* * *

тем бо́лее, что 게다가, 특히
па́мятник архитекту́ры 건축기념물

ГРАММАТИКА

> — **От кого́** он получи́л письмо́?
> 그는 누구로부터 편지를 받았습니까?
> — **От ру́сских друзе́й.**
> 그의 러시아 친구들로부터.

1. 복수 생격

(1) 명사의 복수 생격

복수 생격에서 명사들의 어미 선택은 지금까지 배운 다른 격들과는 달리 일반적으로 성(род)에 의해서 결정되지 않는다.

주격 кто? что?	생격 кого? чего?	어미
студе́нт оте́ц дом	студе́нт**ов** отц**о́в** дом**о́в**	**-ов**
ме́сяц музе́й санато́рий брат - бра́тья де́рево - дере́вья	ме́сяц**ев** музе́**ев** санато́ри**ев** бра́ть**ев** дере́вь**ев**	**-ев**
гость слова́рь врач това́рищ по́ле мать тетра́дь друг - друзья́ сын - сыновья́ де́ти лю́ди роди́тели	гост**е́й** слова́р**е́й** врач**е́й** товарищ**е́й** пол**е́й** матер**е́й** тетра́д**ей** друз**е́й** сынов**е́й** дет**е́й** люд**е́й** роди́тел**ей**	**-ей**
зда́ние аудито́рия	зда́ни**й** аудито́ри**й**	**-й**
студе́нтка сестра́ же́нщина мужчи́на кни́га пе́сня окно́	студе́нток сестёр же́нщин мужчи́н книг пе́сен о́кон	-∅

【해 설】

1. 어간이 경자음으로 끝나는 남성명사들은 어미 **-ов**를 취한다.

2. -ец로 끝나는 남성명사들은
   а) 어미에 역점이 오면 어미 -ов를 취하고(отцо́в),
   б) 어간에 역점이 오면 어미 -ев를 취한다(ме́сяцев).
3. -й로 끝나는 남성명사와 -ье로 끝나는 중성명사는 어미 -ев를 취한다
   (пла́тье — пла́тьев).
4. 단수에서 경자음으로 끝나고, 복수에서 연자음으로 끝나는 남성 및 중성명사들은
   а) 어간에 역점이 오면 어미 -ев를 취하고(брат — бра́тья — бра́тьев, де́рево — дере́вья — дере́вьев),
   б) 어미에 역점이 오면 어미 -ей를 취한다(друг — друзья́ — друзе́й).
5. 어간이 ж, щ, ч, ш로 끝나는 남성명사와 -ь로 끝나는 남성 및 여성명사, 그리고 -е로 끝나는 중성명사는 어미 -ей를 취한다:
   нож — ноже́й, врач — враче́й, ночь — ноче́й,
   мо́ре — море́й, по́ле — поле́й.
6. -ие와 -ия로 끝나는 중성 및 여성명사는 어미 -й를 취한다:
   зада́ние — зада́ний, аудито́рия — аудито́рий.
7. 어미가 -а, -я로 끝나는 남성 및 여성명사와 -о로 끝나는 중성명사는 복수 생격에서 어떠한 어미도 취하지 않는다. 즉 영어미(Zero ending)로 끝난다:
   же́нщина — же́нщин, мужчи́на — мужчи́н,
   зе́ркало — зе́ркал, кре́сло — кре́сел.
8. 어미가 -а, -я, -ка로 끝나는 여성명사와 -о로 끝나는 중성명사 및 어떤 명사들은 마지막 두 자음 사이에 삽입모음 -о-와 -е-를 취한다. 이 경우 경자음 뒤에서는 о가, 그리고 연자음 및 자음 ж, ш 다음에는 е가 온다:
   де́вушка — де́вушек, сестра́ — сестёр, студе́нтка — студе́нток,
   копе́йка — копе́ек, пе́сня — пе́сен, окно́ — о́кон,
   письмо́ — пи́сем, де́ньги — де́нег, ло́жка — ло́жек.

(2) 형용사의 복수 생격

주 격 какие? 어떤(종류의)	생 격 каких? 어떤(종류의)	어 미
но́вые	но́в**ых**	-ых
хоро́шие друзья́	хоро́ш**их** друзе́й	-их
ру́сские	ру́сск**их**	
си́ние тетра́ди	си́н**их** тетра́дей	

(3) 소유대명사의 복수 생격

주격		생격		어미
чьи? 누구의		**чьих?** 누구의		
мои́ наши	бра́тья	мои́х наших	бра́тьев	-их

(4) 지시대명사의 복수 생격

주격		생격	
каки́е? 어떤		**каки́х?** 어떤	
э́ти те	студе́нты	э́тих тех	студе́нтов

2. 대명사 себя́

재귀대명사 **себя́**는 주격을 가지지 않으며 그 밖의 격에서는 대명사 **тебя́**처럼 격변화한다. 또한 **себя́**는 성, 수에 관계없이 동일한 형태를 취하며, 우리말로 번역할 필요가 없거나, 또는 재귀나 소유대명사로 번역하면 된다.

생격	**себя́**	Она́ у себя́ в ко́мнате?
		그녀는 자기 방에 있습니까?
여격	**себе́**	Он пригласи́л нас к себе́.
		그는 우리를 초대했다.
대격	**себя́**	Как вы себя́ чу́вствуете?
		건강은 어떻습니까?
조격	**собо́й**	Возьми́те его́ с собо́й.
		그를 데리고 가세요.
전치격	**о себе́**	Он мно́го расска́зывал о себе́.
		그는 자신에 대해 많이 이야기했다.

(1) **себя́**를 포함하는 몇 가지 표현

Быть сами́м собо́й.	독자적으로, 자립적으로.
Вы́йти из себя́.	화를 내다.
Взять себя́ в ру́ки.	자제하다.

Дать себе слово.	결심하다, 맹세하다.
Не думать о себе.	자신에 대해 생각하지 않다.
Сам по себе.	혼자 힘으로.
Уметь (не уметь) вести себя.	어떻게 행동해야 할지 알다(모르다).
Читать про себя.	속으로 읽다.

3. 동사 그룹

читать I (a)
бросать
заканчивать
успевать

говорить II	자음 교체
бросать (a)	с → ш
закончить (a)	

танцевать I (a)
существовать

давать I (b)
создавать

дать
создать

【해　설】동사 **создать**는 불규칙동사 **дать**와 동일하게 변화한다.

УПРАЖНЕНИЯ

1. 다음 물음에 대하여 부정문으로 대답하시오.

(а) 보기 — *В этом городе есть заводы?*
— *Нет, там нет заводов.*

1. На этой улице есть гостиницы?
2. Там есть музеи?
3. В центре города есть фабрики?
4. На этом этаже есть лаборатории?
5. Там есть общежития?

(б) 보기 — *Здесь будут библиотеки?*
— *Нет, здесь не будет библиотек.*

1. Здесь будут стадионы?
2. Здесь будут школы?
3. Там будут санатории?
4. Здесь будут лаборатории?

5. Там бу́дут поликли́ники?

2. 보기와 같이 문장을 바꾸시오.

   보기 Он был у своего́ дру́га.
   Он был у свои́х друзе́й.

   1. Это кни́ги на́шего преподава́теля.
   2. Я взял слова́рь у э́того студе́нта.
   3. Они́ бы́ли у на́шей студе́нтки.
   4. Нале́во ко́мната э́той де́вушки.
   5. Она́ получи́ла пода́рки от свое́й подру́ги.
   6. Это фотогра́фии моего́ това́рища.
   7. Мы бы́ли на конце́рте изве́стного компози́тора.

3. 보기처럼 다음 문장을 완성하시오.

   보기 На ве́чере вы́ступили <u>молоды́е поэ́ты</u>.
   Он чита́л стихи́ <u>молоды́х поэ́тов</u>.

   1. Здесь живу́т **мои́ роди́тели**. Это ко́мната _____
   2. Её **сыновья́** у́чатся в институ́те. На стене́ виси́т фотогра́фия _____
   3. Его́ **до́чери** живу́т в Петербу́рге, он ча́сто получа́ет пи́сьма _____
   4. **Мои́ бра́тья** живу́т в Ки́еве. Ле́том я был _____
   5. За́втра к нему́ прие́дут **его́ сёстры**. Он купи́л пода́рки для _____
   6. Её **де́ти** отдыха́ют в санато́рии. Вчера́ она́ получи́ла письмо́ _____

4. 오른쪽에 주어진 형용사를 사용하여 다음 문장을 완성하시오.

   보기 Там нет озёр.
   Там нет больши́х озёр.

1. Прости́те, здесь нет **магази́нов**?	*кни́жные*
2. Прости́те, у вас нет **газе́т**?	*вече́рние*
3. У тебя́ нет **журна́лов**?	*англи́йские*
4. Как фами́лия а́втора э́тих **расска́зов**?	*интере́сные*
5. Изве́стны ли имена́ **мастеро́в**, кото́рые постро́или це́ркви в Ки́жах?	*тала́нтливые*
6. Неда́вно откры́лась вы́ставка рабо́т э́тих **архите́кторов**.	*молоды́е*

5. 보기와 같이 물음에 답하시오.

> 보기 — *Он получи́л письмо́ от друзе́й.*
> — *От каки́х?*

1. Наш дом о́коло **магази́нов**.
2. Э́то цветы́ для **госте́й**.
3. Я ви́дел его́ до **кани́кул**.
4. Мы встре́тились по́сле **ле́кций**.
5. Он написа́л мне слова́ **пе́сен**.
6. У него́ прекра́сный альбо́м **фотогра́фий**.
7. Он учи́лся у изве́стных **мастеро́в**.
8. Он рассказа́л об исто́рии э́тих **па́мятников**.

6. 다음 대화를 완성하시오.

(а) 보기 — *Прости́те, пожа́луйста, у вас нет си́них карандаше́й?*
— *Си́них нет, мо́жет быть, возьмёте чёрные?*

Больши́е — ма́ленькие тетра́ди, чёрные — си́ние ру́чки.

(б) 보기 — *У вас есть тёплые ша́пки?*
— *Тёплых нет.*

Тёмные костю́мы, бе́лые пла́тья, све́тлые плащи́, чёрные шля́пы, се́рые руба́шки, кра́сные га́лстуки.

7. 보기와 같이 물음에 답하시오.

(а) 보기 — *Они́ пошли́ в теа́тр.*
— *А когда́ они́ верну́тся из теа́тра?*

1. Они́ пошли́ на стадио́н. 2. Он пое́хал в санато́рий.
3. Мы пойдём в библиоте́ку.

(б) 보기 — *Ве́чером у неё уро́ки.*
— *А когда́ она́ возвраща́ется с уро́ков?*

1. Днём он хо́дит на заня́тия.
2. Ка́ждую суббо́ту они́ е́здят на экску́рсии.
3. Ка́ждое воскресе́нье мы хо́дим в похо́ды.

8. 대명사 **себя**의 용법에 주의하여 다음 문장을 읽으시오.

1. Наташа пригласила нас **к себе** на новосéлье.
2. Пойдёшь ко мне, возьми **с собой** эти журналы.
3. Расскажите нам **о себе**: где вы жили, где учились.
4. Почему Миша не идёт с нами? А он, как всегда, сам **по себе**.
5. — Я так боюсь этого экзамена, что, кажется, забыла даже то, что знала. — Так нельзя, возьми **себя** в руки.
6. Мне кажется, не так это легко быть всегда **самим собой**.
7. Я дал **себе** слово обязательно побывать на севере ещё раз.

9. 필요한 곳에 대명사 **себя**를 알맞게 써 넣으시오.

1. Врач спросил его: «Как вы _____ чувствуете?»
2. — Вы не скажете, профессор _____ в кабинете? — Да.
3. Олег пригласил меня _____ на день рождения.
4. Он ничего не рассказывал вам _____?
5. Нина поехала за город и взяла _____ сына.
6. — Ты не видела Олю? — Она пошла _____ в комнату.

10. 다음의 형용사들과 함께 사용될 수 있는 명사들을 열거하시오.

> 보기 *Прекрасная музыка, книга, песня, природа, и т.д.*
> *Прекрасный человек, писатель, музыкант, и т.д.*

1. Русская архитектура _____   2. Талантливый архитектор _____
3. Известный поэт _____   4. Знаменитый учёный _____
5. Молодой инженер _____   6. Старый друг _____
7. Знакомая _____   8. Интересный фильм _____
9. Трудный вопрос _____

11. 동사 **идти — ехать**에 필요한 접두사를 붙여 다음 문장을 완성하시오.

В воскресенье я решил _____ в центр. Когда я _____ из дома, я встретил товарища. Мы вместе _____ к остановке. Когда мы _____ к остановке, наш автобус уже _____. Мы сели в следующий автобус и _____ до центра. В центре мы _____ из автобуса и _____ в ГУМ. Тогда мы решили погулять по центру. В шесть часов вечера мы _____ домой. Сначала мы _____ на автобусе, потом на метро. Мы _____ домой в семь часов.

12. 동사의 상과 명사의 격을 고려하여 다음 문장을 연결하시오.

> 보기: *Товарищ дал мне словарь.*
> *Завтра он даст мне эту книгу.*
> *Он часто даёт мне книги.*

1. Вчера я встретил _____
   Завтра я _____
   Я часто _____
2. Товарищ спросил _____
   Он часто _____
3. Он попросил _____
4. Мы слушаем _____
5. Я уже слышал _____
6. Она получила _____
   Она часто _____
7. Я взял _____
   Завтра я _____
8. Он часто помогает _____
   Вчера он _____
9. Я начал _____
   Завтра я _____
   Обычно я _____
10. Он кончил _____
    Обычно он _____
11. Когда начинается _____
    Лекция уже _____
12. Когда кончается _____
    Концерт уже _____
13. Он стал _____
14. Она позвонила _____
    Каждый вечер она _____
15. Я интересуюсь _____
16. Мы занимаемся _____
17. Я не знаю, как зовут _____
18. Я не знаю, сколько лет _____
19. Вчера не было _____
20. Завтра не будет _____
21. Я думаю, что эта книга есть _____

ЧИТАЙТЕ И СЛУШАЙТЕ

Дом Хемингуэя

Нет человека, который был бы, как Остров, сам по себе: каждый человек есть часть Материка, часть Суши... смерть каждого человека умаляет и меня, ибо я един со всем человечеством, а поэтому не спрашивай никогда, по ком звонит колокол: он звонит по Тебе.

Джон Донн
(эпиграф к роману Э. Хемингуэя
«По ком звонит колокол»)

Первый раз я увидел дом Хемингуэя на Кубе в 1964 году в документальном фильме «Там, где жил Хемингуэй». Фильм этот, его создал Константин Симонов[1], я запомнил надолго. С того времени мечта увидеть дом любимого писателя не покидала меня.

И вот я на Кубе. Мы, группа русских писателей и журналистов, будем на Кубе две недели, и уже сегодня мы будем там, где жил Хемингуэй.

Дом Хемингуэя на Кубе – знаменитый дом, здесь он написал «По ком звонит колокол», «Старик и море», «Острова в океане» и многое другое.

В просторном белом доме на холме нас встречает Рене Вильяренналь. Он много лет служил у Хемингуэя, теперь он смотритель музея. Хемингуэя, к которому он пришёл ещё мальчиком, он называет «папа Хемингуэй».

Большую часть дома занимает прекрасная библиотека, в которой около восьми тысяч книг. Хемингуэй собирал книги всю жизнь. Он хорошо владел испанским языком, итальянским, французским, немецким и даже одним из африканских языков. В его библиотеке книги английских, французских, итальянских, испанских, немецких авторов. Все эти книги Хемингуэй свободно читал в оригинале.

Но книги не только в библиотеке, они в каждой комнате дома, кроме столовой. Даже в ванной висит небольшая книжная полка.

Мы входим в кабинет писателя, это его рабочая комната. У стены большой белый шкаф, в нём писатель хранил рукописи и черновики. Небольшой письменный стол, рядом кресло. Хемингуэй не работал за письменным столом. Здесь, за этим столом, проходили его официальные встречи и беседы. У окна стоит невысокое белое бюро – рабочее место писателя. На нём пишущая машинка. Здесь, за этим бюро, Хемингуэй писал свои книги.

В кабинете, как и в каждой комнате этого дома, книжные полки и книги, книги, книги...

В гостиной, в библиотеке, в кабинете много сувениров и охотничьих трофеев писателя, которые он привозил из разных стран мира, из каждого своего путешествия. Здесь маски, деревянные фигурки, фигурки из кости, головы львов и антилоп, голова буйвола, шкуры льва и леопарда. В библиотеке мы увидели скульптурную работу Пикассо, с которым дружил Хемингуэй.

Экскурсия по дому-музею Хемингуэя заканчивается. Мы прощаемся с Рене, благодарим его за рассказ о жизни писателя.

---

1. **Симонов Константин Михайлович**(1915~1979): 저명한 러시아 작가이자 시인.

— Пока я жив, я буду смотреть за тем, чтобы всё здесь оставалось так, как было при папе Хемингуэе, — говорит Рене. — Я хочу, чтобы как можно больше людей со всего света узнали и полюбили Хемингуэя.

Мы уходим, я смотрю в последний раз на белый дом на холме. Надеюсь, что я ещё вернусь сюда, поэтому я не говорю дому: «Прощай!» — я говорю: «До свидания! До новой встречи!»

По А. Нинову

смотритель музея 박물관의 감시인
в оригинале 원서로
пишущая машинка 타자기
охотничий трофей 사냥 트로피
голова льва (антилопы, буйвола) 사자(영양, 물소)의 머리
шкура льва (леопарда) 사자의 가죽
как можно больше 가능한 한 많이
работать (писать) за столом (за бюро) 테이블(사무실)에서 일하다(쓰다)

▶ **Задание к тексту**

1. Когда и где автор впервые увидел дом Хемингуэя? Что рассказал русский журналист о доме писателя?
2. Какие книги Хемингуэя вы читали? Любите ли вы этого писателя? Расскажите, что вы знаете о нём. Назовите вашу любимую книгу Хемингуэя.

УРОК 25

ТЕКСТ

Доктор Елена

Много лет работает на Севере главным врачом детского санатория Елена Сагандукова, Доктор Елена, как называют её маленькие пациенты.

Больницы, поликлиники, санатории — теперь явление обычное на Крайнем Севере, а раньше ни в одном языке народов Севера не было слов «больница», «врач». Лечили людей только шаманы.

Дочь рыбака и охотника Елена Сакандукова стала первым врачом ханты — одной из северных народностей.

Елена с детства хотела учиться. Тогда в северных посёлках уже открыли первые школы. Лена знала, кто окончит школу, может продолжать учиться в большом городе. Сначала Лена хотела стать агрономом, но планы её неожиданно изменились. Она серьёзно заболела и лечил её русский хирург Михаил Иванович, который приехал в их посёлок. Знакомство с врачом изменило судьбу Елены, она решила стать медиком.

Нелегко работать на Севере. Суровый климат, большие расстояния делают особенно трудной работу врача, ведь врач должен быть готов отправиться к больному в любое время, в любую погоду.

Но нелёгкий труд врачей и создание новых условий жизни дали свой результат — за последние годы на Севере продолжительность жизни человека удвоилась.

▶ **Задание к тексту**

1. Расскажи́те исто́рию «до́ктора Еле́ны».
2. Почему́ в языке́ се́верных наро́дов не́ было слов «больни́ца», «врач»? Как измени́лась жизнь на Се́вере сейча́с?

Языки́ наро́дов Се́вера

В 1930 году́ в Ленингра́де (так тогда́ называ́лся Санкт Петербу́рг) откры́лся Институ́т Наро́дов Се́вера для наро́дностей, кото́рые населя́ют огро́мную часть се́верной террито́рии на́шей страны́. Два́дцать шесть наро́дностей Се́вера не име́ли свое́й пи́сьменности. Для э́тих наро́дностей учёные ста́ли создава́ть алфави́ты. Втора́я мирова́я война́ помеша́ла их рабо́те. По́сле войны́ учёные продолжа́ли э́ту рабо́ту. В ней при́нял уча́стие и писа́тель-нивх Влади́мир Санги́.

Ни́вхи — одна́ из наро́дностей Се́вера. Алфави́т, кото́рый со́здали для ни́вхов до войны́, был не о́чень уда́чен. И вот писа́тель В. Санги́ и учёный-фило́лог Гали́на Ота́ина со́здали но́вый алфави́т, а зате́м и но́вые уче́бники. Тепе́рь де́ти ни́вхов у́чат родно́й язы́к по уче́бнику В. Санги́ и Г. Ота́иной.

Языки́ наро́дов Се́вера, как и языки́ други́х наро́дов Росси́и — э́то бога́тство страны́. Е́сли язы́к не име́ет пи́сьменности, он исчеза́ет, а э́то серьёзная поте́ря для культу́ры страны́ и культу́ры всего́ челове́чества. Вот почему́ Росси́я забо́тится о том, что́бы ка́ждая наро́дность име́ла свою́ пи́сьменность, сохраня́ла и развива́ла свою́ культу́ру.

▶ **Задание к тексту**

1. Что вы узна́ли о рабо́те Институ́та наро́дов Се́вера? Почему́ госуда́рство забо́тится о сохране́нии и разви́тии всех национа́льных языко́в?
2. Явля́ется ли ва́ша страна́ многонациона́льной? Ско́лько наро́дностей в ва́шей стране́? Как реша́ется пробле́ма национа́льных языко́в?

ДИАЛОГ

Олег : Минхо, ты уже привык к московской погоде?
Минхо : Конечно, это было не так уж трудно. А почему ты спрашиваешь?
Олег : Хочу пригласить тебя на ВДНХ[1] на праздник «Проводы русской зимы»[2]. Ты слышал об этом празднике?
Минхо : Слышал и с удовольствием пойду с тобой.
Олег : Думаю, тебе понравится. Будут выступать артисты, увидишь народные танцы, услышишь русские песни. Можем покататься на русской тройке, попить чаю из самовара и, конечно, поесть блинов.
Минхо : А когда мы пойдём?
Олег : Завтра. Встретимся в 10 часов у входа на ВДНХ.
Минхо : Таня тоже пойдёт?
Олег : Да, и Наташа.
Минхо : Очень хорошо! До завтра!
Олег : До завтра!

▶ **Задание к тексту**

Куда приглашает Олег Минхо? О каком празднике он рассказывает? Когда бывает этот праздник?

СЛОВАРЬ

детский 아이들의
называть *кого? как?* 부르다
пациент 환자

явление 현상
лечить *кого? что?* 치료하다
шаман 마법사, 주술사

---

1. **ВДНХ**: **Выставка достижений народного хозяйства**(국민경제 업적 전시장)의 약어. 국가의 경제, 과학, 문화, 교육 등의 모든 분야에서 최근의 업적들을 보여주는 국민전시장.
2. **«Проводы русской зимы»**: 러시아 겨울의 송별. 겨울을 보내고 봄을 맞이하는 옛 전통에서 유래하는 축제로서, 2월말에서 3월초에 행해진다. 팬케이크를 만드는 관습은 오래된 상징과 관련이 있다; 팬케이크의 둥근 모양은 태양을 상징한다.

охо́тник 사냥꾼
наро́д 민중
наро́дность 민족, 국민성
посёлок 마을
агроно́м 농학자
план 계획
неожи́данно 갑자기
изменя́ться ⎫
измени́ться ⎭ 변화하다
хиру́рг 외과의사
изменя́ть ⎫
измени́ть ⎭ что? 변화시키다
судьба́ 운명
ме́дик 의사
суро́вый 지독한, 심한, 엄격한
кли́мат 기후
расстоя́ние 거리
отправля́ться ⎫
отпра́виться ⎭ куда? 출발하다
любо́й 임의의
гото́в 준비하다
усло́вие 조건
результа́т 결과
удво́иться 두 배로 되다

* * *

Кра́йний Се́вер 최북단지방
гла́вный врач 주임 의사
в любо́е вре́мя 언제든지
усло́вия жи́зни 생활조건
продолжи́тельность жи́зни 수명

* * *

госуда́рство 정부
госуда́рственный 정부의, 국립의
насели́ть что? 거주하다
террито́рия 영토
име́ть 가지다
пи́сьменность 문헌

алфави́т 문자
мирово́й 세계의
уда́чен 성공적이다
фило́лог 문헌학자
зате́м 그 다음에는
национа́льный 국민적인, 민족적인
многонациона́льный 다인종의, 다민족으로 이루어진
бога́тство 부
исчеза́ть ⎫
исче́знуть ⎭ 사라지다
серьёзный 심각한, 진지한
поте́ря 손실
культу́ра 문화
челове́чество 인류
забо́титься о ком? о чём? 보살피다
сохраня́ть ⎫
сохрани́ть ⎭ что? 보존하다
развива́ть что? 발전시키다

* * *

принима́ть ⎫
приня́ть ⎭ участие в чём?
참가하다
родно́й язы́к 모국어
языкова́я поли́тика 언어정책
привыка́ть ⎫
привы́кнуть ⎭ к чему? 익숙하다
так 그래서
арти́ст (남) 가수, 배우
самова́р 싸모바르(물 끓이는 주전자)
блины́ 블린(팬케이크)

* * *

ру́сская тро́йка 러시아 삼두마차
арти́стка (여) 가수, 배우
наро́дный 민중의
та́нец 춤
не так уж... 그렇게 …하지 않은

ГРАММАТИКА

1. 수량 생격

> — **Сколько у него братьев и сестёр?**
> 그에게는 얼마나 많은 형들과 누나들이 있습니까?
> — **У него два брата и три сестры.**
> 그에게는 두 명의 형과 세 명의 여동생들이 있습니다.

один брат		одна сестра	
два		две	
три	брата	три	сестры
четыре		четыре	
пять	братьев	пять	сестёр

один час, день, месяц, год		одна минута, неделя	
два	часа	две	минуты
три	дня	три	недели
четыре	месяца	четыре	
	года		
пять	часов	пять	минут
	дней		недель
	месяцев		
	лет		

один рубль		одна копейка	
два		две	
три	рубля	три	копейки
четыре		четыре	
пять	рублей	пять	копеек

【해 설】

1. 수사 **один**(21, 31, 41 등)과 함께 쓰이는 명사는 단수 주격이 된다.
2. 수사 **два, три, четыре**(22, 23, 24 등)와 함께 쓰이는 명사는 단수 생격이 된다.

3. 수사 **пять** 이상 **двáдцать**, 그리고 **двáдцать пять**, **двáдцать шесть** 및 **мнóго, мáло, скóлько, нéсколько**와 함께 쓰이는 명사는 복수 생격 이 된다: В гóроде мнóго гостúниц и нéсколько библиотéк.

4. 만약 문장의 주어가 **мнóго, мáло, скóлько, нéсколько**와 명사의 복수 생격으로 이루어진 경우에 술어는 현재시제에서 단수가 되며, 과거시제에서는 중성이 된다.

В аудитóрии **сидя́т** студéнты.	В аудитóрии **сидúт** нéсколько студéнтов.
В аудитóрии **сидéли** студéнты.	В аудитóрии **сидéло** нéсколько студéнтов.
На вéчере **бы́ли** дéвушки.	На вéчере **бы́ло** мнóго дéвушек.

2. 상호대명사 **друг дрýга**

이 대명사는 "서로서로"의 의미를 갖는데, 첫 단어는 변화하지 않고, 두 번째 단어만 명사처럼 변화한다. 그러나 성의 구별은 없으며, 격은 동사나 전치사에 의해 결정된다.

전치사와 함께 쓰일 때에는 전치사가 두 단어 사이에 위치하게 된다: **друг к дрýгу, друг с дрýгом**.

Онú хорошó знáют **друг дрýга**.
그들은 서로서로를 잘 안다.
Онú не забывáют **друг о дрýге** и чáсто пúшут **друг дрýгу**.
그들은 서로서로를 잊지 않고, 자주 서로에게 편지를 쓴다.
Онú давнó знакóмы **друг с дрýгом**.
그들은 오랫동안 서로서로 알고 지낸다.

3. 동사 **привы́кнуть**의 변화

привы́кнуть I (а)		과거시제	
я привы́кну	мы привы́кнем	он привы́к	
ты привы́кнешь	вы привы́кнете	онá привы́кла	
он, онá привы́кнет	онú привы́кнут	онú привы́кли	

исчéзнуть I (*a*)	과거시제
исчéзнуть	он исчéз онá исчéзла они исчéзли

4. 동사 그룹

читáть I (*a*)
исчезáть изменя́ть(ся) имéть называ́ть населя́ть отправля́ться развива́ть сохраня́ть

говори́ть II	자음 교체
забóтиться (*a*) измени́ть(ся) (*a*) лечи́ть (*c*) отпра́виться (*a*)	т → ч в → вл

УПРАЖНЕНИЯ

1. 수사 다음에 오는 생격의 용법에 주의하여 다음 문장을 읽으시오.

Ци́фры и фа́кты
(настоя́щее и про́шлое)

До револю́ции 88 проце́нтов же́нщин в Росси́и не уме́ли да́же написа́ть свою́ фами́лию. Очень немно́гие из же́нщин могли́ получи́ть вы́сшее образова́ние. В 1916 году́ в одно́м из ру́сских журна́лов писа́ли: «В Моско́вский Университе́т при́няли 7 студе́нток». «В Петербу́ргский Университе́т на исто́рико-филологи́ческий факульте́т поступи́ло три же́нщины».

В бы́вшем Сове́тском Сою́зе 60 проце́нтов специали́стов с вы́сшим и сре́дним образова́нием — же́нщины.

585 тысяч женщин — научные работники, из них 3400 женщин академиков и профессоров.

Более пятнадцати тысяч женщин — писатели, поэты, композиторы, архитекторы, журналисты.

Но самые «женские» профессии в россии — это профессии врача и учителя.

2. (а) 수사 다음의 생격 용법에 주의하여 다음 문장을 읽으시오.

Мой город

Мой город небольшой. В нём две новые гостиницы, пять библиотек, два музея, десять кинотеатров, два театра: музыкальный и драматический, восемь рабочих клубов и большой стадион.

(б) 물음에 답하시오.

1. Много ли в вашем городе библиотек, музеев, кинотеатров, стадионов?
2. Сколько в городе театров и как они называются?
3. Есть ли в городе институты? Если есть, скольло их и какие это институты?

3. 단어 **много, мало, несколько**를 사용하여 다음 문장을 바꾸시오. 술어동사의 용법에도 주의하시오.

보기 *На вечере были студенты. На вечере было много студентов.*

(а) Много

1. В этом клубе выступали поэты и писатели.
2. На вечере были девушки.
3. У нас были друзья.
4. У них были дети.

(б) Мало

1. В городе были гостиницы, магазины, парки, музеи.
2. Там были больницы и поликлиники.
3. Туда идут автобусы и троллейбусы.
4. На втором этаже были аудитории и лаборатории.

(в) Нескольло

1. Здесь бу́дут общежи́тия.
2. Я взял газе́ты и журна́лы.
3. Он получи́л пода́рки.
4. Она́ получи́ла пи́сьма из до́ма.

4. 보기와 같이 다음 문장을 완성하시오.

   보기 *В э́той ко́мнате* <u>одно́ окно́.</u> *В э́той ко́мнате* <u>три окна́.</u>
   В э́той ко́мнате <u>мно́го о́кон.</u>

   1. На ку́хне стои́т **оди́н стул.** На ку́хне **четы́ре** _____. На ку́хне **мно́го** _____.
   2. В ко́мнате **одно́ кре́сло.** В ко́мнате **два** _____.
   3. На столе́ лежи́т **оди́н нож.** На столе́ лежи́т **три** _____. На столе́ **пять** _____.
   4. Я положи́л на стол **ло́жку.** Я положи́л на стол **две** _____. Я положи́л на стол **не́сколько** _____.
   5. Дай мне, пожа́луйста, **ви́лку.** Дай мне, пожа́луйста, **три** _____. Дай мне, пожа́луйста, **не́сколько** _____.
   6. Да́йте, пожа́луйста, **ча́шку ко́фе.** Да́йте, пожа́луйста, **две** _____.
   7. Да́йте, пожа́луйста, **стака́н со́ка.** Да́йте, пожа́луйста, **три** _____. Да́йте, пожа́луйста, **пять** _____.

5. 단어 **рубль**과 **копе́йка**를 알맞게 써 넣으시오.

   보기 — *Ско́лько сто́ит э́та руба́шка?*   5 руб_____
   — *Пять рубле́й.*

   1. Ско́лько сто́ит э́та ша́пка?   11 руб_____
   2. Ско́лько сто́ит э́тот плащ?   30 руб_____
   3. Ско́лько сто́ит э́то пла́тье?   23 руб_____
   4. Ско́лько сто́ит э́то полоте́нце?   2 руб_____
   5. Ско́лько сто́ит э́тот уче́бник?   1 руб_____ 24 коп_____
   6. Ско́лько сто́ит а́нгло-ру́сский слова́рь? 73 коп_____
   7. Ско́лько сто́ит э́та тетра́дь?   12 коп_____
   8. Ско́лько сто́ит э́та ру́чка?   35 коп_____
   9. Ско́лько сто́ит э́тот каранда́ш?   2 коп_____

6. 다음 물음에 답하시오.

> 보기 — Скóлько лет вáшей подрýге?
> — Ей двáдцать три гóда.

1. Скóлько лет вáшей мáме?
2. Скóлько лет отцý?
3. Скóлько лет сестрé?
4. Скóлько лет вáшему брáту?
5. Скóлько лет вáшему дрýгу?
6. Скóлько лет егó сестрé (егó брáту)?

7. 다음 물음에 답하시오.

> 보기 — Когдá он начинáет рабóтать? — В дéвять часóв.

1. Когдá начинáются занятия в университéте?
2. Когдá кончáются занятия?
3. Когдá вы обычно зáвтракаете, обéдаете и ýжинаете?
4. Когдá открывáется и когдá закрывáется библиотéка?
5. Когдá открывáется и когдá закрывáется поликлиника?

8. 다음의 단어나 표현을 사용하여 물음에 답하시오.

плюс (минус)…грáдусов, свéтит сóлнце, ясное нéбо, жáркий, жáрко, тёплый, теплó, хóлодный, хóлодно, сильный (слáбый) вéтер, идёт дождь, снег.

1. 겨울 날씨에 대해 말하시오.
2. 더운 여름에 대해 말하시오.
3. 비오는 가을에 대해 말하시오.

9. 표현 **друг дрýга**를 알맞게 써 넣으시오.

1. Минхо и Олéг давнó знакóмы _____. Они чáсто видят _____ в университéте. Лéтом, когдá Минхо уезжáет на рóдину, они обычно пишут _____. Они всегдá дýмают _____ и чáсто приглашáют _____ в теáтр, в кинó, на стадиóн.
2. Эмма и Нина подрýги, они познакóмились _____ давнó. Они чáсто видят _____ в институтé, чáсто встречáются _____ и всегдá помогáют _____.

10. Текст «Дóктор Елéна» нá 나오는 적절한 동사를 사용하여 다음 문장을 완성하시오.

Дóктор Елéна _____ в санатóрии на Сéвере. Дочь рыбакá Елéна _____ пéрвым врачóм нарóдности хáнты. Когдá Елéна _____ в шкóле, онá хотéла _____ агронóмом. Но плáны её _____, онá решúла _____ мéдиком. Елéна _____ шкóлу и _____ учúться в гóроде. Сейчáс Елéна — дéтский врач санатóрия. Онá _____ детéй.

ЧИТАЙТЕ И СЛУШАЙТЕ

Фёдор Михáйлович Достоéвский

Ф. М. Достоéвский

Вы́сшая и сáмая харакáтерная чертá нáшего нарóда — это чýвство справедлúвости и жáжда её.

Ф. М. Достоéвский

Фёдор Михáйлович Достоéвский — одúн из сáмых извéстных писáтелей мúра. Кнúги егó переведены́ бóлее чем на 50 языкóв, их читáли и читáют миллиóны читáтелей рáзных стран.

Фёдор Михáйлович родúлся в 1821 годý в Москвé в семьé врачá. У Фёдора Михáйловича бы́ло шесть брáтьев. В семьé Достоéвского любúли кнúги. Чáсто вéчером собирáлась вся семья́, и Фёдор úли егó брáтья читáли вслух. Фёдор Михáйлович с дéтства полюбúл литератýру, он мнóго читáл, хорошó знал Пýшкина, Лéрмонтова, Гёте, Бальзáка.

В 1838 годý Фёдор Михáйлович поступúл в Петербýргское военно-инженéрное учúлище. Здесь, в учúлище, он нáчал писáть свою пéрвую дрáму. В 1843 годý Достоéвский окóнчил учúлище, но специáльность инженéра не интересовáла егó, и он стал занимáться литератýрной рабóтой.

В 1846 годý Достоéвский опубликовáл свой пéрвый ромáн «Бéдные лю́ди» — рома́н о тяжёлой жи́зни просты́х люде́й. Бе́дность не уби́ла в них ду́шу, доброту́, челове́чность.

Имя молодо́го писа́теля сра́зу ста́ло изве́стным. Поэ́т Н. А. Некра́сов, литерату́рный кри́тик В. Г. Бели́нский и мно́гие други́е высоко́ оцени́ли пе́рвую кни́гу Достое́вского. В ру́сскую литерату́ру вошёл но́вый большо́й тала́нт. Бели́нский писа́л Достое́вскому: «Вам пра́вда откры́та как худо́жнику ... Цени́те же ваш дар и остава́йтесь ве́рным и бу́дете вели́ким писа́телем».

В 1847 году́ Достое́вский стал чле́ном революцио́нного кружка́ М. В. Петраше́вского. Вско́ре Достое́вского и други́х уча́стников кружка́ арестова́ли. Достое́вского приговори́ли к сме́ртной ка́зни. Его́ привезли́ на ме́сто ка́зни, но в после́днюю мину́ту пригово́р замени́ли други́м: четы́ре го́да ка́торги.

Четы́ре го́да Достое́вский провёл на ка́торге и пять лет в ссы́лке. То́лько в 1859 году́ он верну́лся в Петербу́рг.

Страда́ния люде́й на ка́торгу, где погиба́ют «наро́дные си́лы, умы́, тала́нты», Достое́вский описа́л в кни́ге «Запи́ски из Мёртвого до́ма».

В 1866 году́ Достое́вский опубликова́л оди́н из лу́чших социа́льно-психологи́ческих рома́нов «Преступле́ние и наказа́ние», а в 1880 году́ рома́н «Бра́тья Карама́зовы».

Достое́вский выступа́ет про́тив ми́ра, где пла́чут де́ти, где лью́тся слёзы, где страда́ют лю́ди. Он мечта́ет измени́ть жизнь, сде́лать что́-то, что́бы не пла́кали де́ти и ма́тери, что́бы не́ было на земле́ страда́ний и слёз. По́иски добра́ и пра́вды Достое́вский хоте́л продо́лжить в сле́дующих кни́гах. Смерть помеша́ла писа́телю заверши́ть э́тот гига́нтский труд. Достое́вский у́мер 28 января́ 1881 го́да.

Но кни́ги Достое́вского живу́т. Достое́вский остаётся на́шим вели́ким совреме́нником. Чинги́з Айтма́тов[1] пи́шет, что и в на́ши дни «трево́жный наба́т Достое́вского» взыва́ет к челове́чности, гумани́зму.

Любо́вь к челове́ку, к своему́ наро́ду, жела́ние освободи́ть наро́д от страда́ний — гла́вная мысль всех книг вели́кого гумани́ста Достое́вского. Достое́вский, как никто́ друго́й, ви́дел всю глубину́ страда́ний ру́сского наро́да, но он ве́рил в све́тлое бу́дущее свое́й страны́.

Ру́сские и зарубе́жные писа́тели и кри́тики высоко́ цени́ли Достое́вского — генна́льного худо́жника, психо́лога и гумани́ста, защи́тника «уни́женных и оскорблённых». О нём писа́ли америка́нский писа́тель Теодо́р Дра́йзер, италья́нский писа́тель Альбе́рто Мора́виа, япо́нский

---

1. **Чинги́з Айтма́тов**(1928~): 끼르기즈의 국민작가로 끼르기즈어, 러시아어로 작품을 쓴다.

писа́тель Ко́бо Абе и мно́гие, мно́гие други́е. Алексе́й Макси́мович Го́рький так говори́л о Л.Толсто́м и Достое́вском: 《Толсто́й и Достое́вский — два велича́йших ге́ния, си́лою свои́х тала́нтов они́ потрясли́ мир, и о́ба вста́ли, как ра́вные, в вели́кие ряды́ люде́й, чьи имена́ — Шекспи́р, Да́нте, Серва́нтес, Руссо́ и Гёте》.

чу́вство (жа́жда) справедли́вости 정의의 감정 (정의에 대한 열망)
характе́рная черта́ 두드러진 특징
бо́лее чем ~ 이상
вое́нно-инжене́рное учи́лише 군사기술학교
просто́й челове́к (просты́е лю́ди) 보통사람
войти́ в литерату́ру 문학길에 들어서다
сме́ртная казнь 사형
приговори́ть к сме́ртной ка́зни 사형선고를 내리다
ка́торга 징역
ссы́лка 유형, 추방
непревзойдённое произведе́ние 더할 나위없이 훌륭한 작품
социа́льно-психологи́ческий 사회심리적

по́иски добра́ и пра́вды 선과 진리의 탐구
заверши́ть труд 작품을 완성하다
трево́жный наба́т 경종
взыва́ть к челове́чности (гумани́зму) 인간성(인정)에 호소하다
как никто́ друго́й 그밖의 다른 사람과는 달리
глубина́ страда́ний 고통의 깊이
све́тлое бу́дущее 밝은 미래
《Уни́женные и оскорблённые》 — назва́ние одного́ из рома́нов Достое́вского. "학대받은 사람들과 모욕받은 사람들" – 도스또예프스끼의 소설
встать в ряды́ люде́й 사람들의 대열에 들다

▶ **Зада́ние к те́ксту**

1. Расскажи́те, что вы узна́ли о ру́сском писа́теле Ф. М. Достое́вском?
2. Вы чита́ли кни́ги Достое́вского? Смотре́ли ли вы экраниза́ции его́ произведе́ний?
3. Нра́вится ли вам э́тот писа́тель?
4. Кого́ ещё из ру́сских писа́телей вы зна́ете?

УРОК 26

Р. Гамзатов

ТЕКСТ

Народный поэт Дагестана

Я счастлив: не безумен и не слеп.
Просить судьбу мне не́ о чем.
        И всё же
Пусть будет на земле дешевле хлеб.
А человеческая жизнь дороже.

Р. Гамзатов

В 1983 году миллионы советских людей смотрели по телевизору вечер-концерт. На этом концерте исполняли стихи Расула Гамзатова, песни на его стихи.

Народному поэту Дагестана Расулу Гамзатову в 1983 году исполнилось 60 лет. Вечер, который транслировали по телевизору, был итогом большой работы талантливого и любимого в нашей стране поэта.

Расул Гамзатов родился в маленькой горной деревне Цада в семье известного дагестанского поэта Гамзата Цадасы. С детства он полюбил родной край. Тема родины — главная тема Гамзатова. Одна из его книг так и называется «Мой Дагестан». В этой книге Расул Гамзатов пишет о своей родине: «Дагестан — ты мать для меня... Дагестан — моя любовь и моя клятва... Ты один — главная тема всех моих книг, всей моей жизни».

Учился Расул сначала в Дагестане. Здесь он окончил школу и педагогическое училище. Работал учителем, потом работал в газете. Расул рано начал писать стихи, первые свои стихи он опубликовал в 1937 году. Молодой поэт хотел продолжать учёбу, Он приехал в Москву, где поступил в Литературный институт. В литературном институте у Расула Гамзатова было много русских друзей-поэтов. Гамзатов любил русскую поэзию, переводил стихи русских поэтов на свой родной язык, а стихи Гамзатова начали переводить на русский язык. Так имя дагестанского поэта стало известно русскому читателю.

Родной язык Гамзатова — аварский, один из языков народов Дагестана. На этом языке Гамзатов пишет свои стихи, об этом языке с любовью говорит: «Первые слова, которые я услышал, были аварские. Первая песня, которую мне пропела мать... была аварская песня. Аварский язык стал моим родным языком. Это самое драгоценное, что у меня есть, да и не только у меня, но и у всего аварского народа».

Любовь к родному языку, родному краю — главная мысль прекрасного стихотворения «Родной язык».

Кого-то исцеляет от болезней
Другой язык, но мне на нём не петь,
И если завтра мой язык исчезнет,
То я готов сегодня умереть.

Стихи Расула Гамзатова, представителя богатой многонациональной советской литературы, известны не только русскому читателю. Его стихи переводят на многие языки мира.

▶ **Задание к тексту**

1. Расскажите о народном поэте Дагестана Расуле Гамзатове. Читали ли вы его стихи? Если читали, какие его стихи вам нравятся?
2. Расскажите об известном поэте вашего народа.
3. Кто ваш любимый поэт? Расскажите о нём.

ДИАЛОГ

Олег : Добрый день, Минхо! Вчера вечером ты был дома?
Минхо : Нет, вчера я был на вечере.
Олег : На каком?
Минхо : На вечере студентов подготовительного факультета. Был их концерт на русском языке. Я удивился, как хорошо они говорят по-русски, ведь они в Москве только три месяца.
Олег : Концерт был хороший?
Минхо : Да, было много стихов, песен и даже русские народные танцы. Я встретил там наших студентов, им тоже понравился концерт.
Олег : А кого ты ещё там видел?
Минхо : Своего соседа Андрея и девушек из нашей группы. Они тоже говорили, что вечер хороший.
Олег : Ты всё понимал?
Минхо : Почти всё. Мне очень понравилась песня «Журавли». Я не все слова понял, но те, что понял, красивые, грустные. И мелодия хорошая.
Олег : Я тоже люблю эту песню. Слова её написал дагестанский[1] поэт Расул Гамзатов. У него много

---

1. **Дагестан:** 다게스딴. 러시아의 남서부, 카스피해에 면한 자치공화국.

	хороших стихов. У меня есть две его книги. Если хочешь, возьми почитать.
Минхо :	С удовольствием!

▶ **Задание к тексту**

1. На каком вечере был Минхо? Кто выступал на этом вечере? Какая песня понравилась Минхо? Кто написал слова этой песни?
2. Прочитайте стихотворение Расула Гамзатова «Радость, помедли...» Нравится ли вам оно?

— Радость, помедли, куда ты летишь?
— В сердце, которое любит!
— Юность, куда ты вернуться спешишь?
— В сердце, которое любит!
— Сила и смелость, куда вы, куда?
— В сердце, которое любит!
— А вы-то куда, печаль да беда?
— В сердце, которое любит!

Р. Гамзатов

СЛОВАРЬ

безумный (безумен) 미친
слепой (слеп) 눈먼
дешевле 더 싸게
дороже 더 비싸게
человеческий 인간의
миллион 100만
исполнять / исполнить } что? 수행하다
транслировать что? 중계하다
итог 총계
тема 주제
любовь (여) 사랑
клятва 맹세
педагогический 교육학의
училище 학교
публиковать / опубликовать } что? 출판하다

транслировать что-либо по радио (по телевизору) 라디오로(텔레비전으로) 방송하다
не о чем 아무것에 대해서도 ~없다
всё же 그리고 아직도
учёба 공부, 연구
литературный 문학의
дагестанский 다게스딴의
читатель 독자
драгоценный 귀중한, 고가의
мысль (여) 생각, 아이디어
исцелять / исцелить } кого? от чего? 치료하다
умереть 죽다
представитель 대표자
богатый 부유한
бедный 가난한
многие 많은

* * *

наро́дный поэ́т 민중시인
родно́й край 고향, 고국
педагоги́ческое учи́лище 사범학교
мне на нём не петь 나는 그것으로 노래할 수 없다
удивля́ться } *чему́?* 놀라다
удиви́ться
гру́ппа 그룹
жура́вль (남) 학
гру́стный 슬픈
весёлый 명랑한
мело́дия 멜로디
дагеста́нский 다게스딴의
ра́дость 기쁨
поме́длить 지체하다
ю́ность 젊은
спеши́ть } *куда́?* 서두르다
поспеши́ть
си́ла 힘
сме́лость 용기
печа́ль (여) 슬픔
беда́ 재앙

ГРАММАТИКА

— **Кого́** он встре́тил на ве́чере?
저녁파티에서 그는 누구를 만났습니까?
— **Свои́х друзе́й** из МГУ.
МГУ에서 온 그의 친구들을 (만났습니다).

1. 복수 대격

(1) 명사의 복수 대격

1) 무생물을 지칭하는 명사의 복수 대격은 복수 주격과 동일한 어미를 갖는다.

	주격 **что?**		대격 **что?**
Э́то	дома́ музе́и санато́рии о́кна поля́ зда́ния дере́вни тетра́ди аудито́рии	Я ви́жу	дома́ музе́и санато́рии о́кна поля́ зда́ния дере́вни тетра́ди аудито́рии

2) 활성명사의 복수 대격

생물을 지칭하는 명사의 복수 대격은 복수 생격과 동일한 어미를 갖는다.

주격 кто?	생격 кого?	어미
студе́нт оте́ц	студе́нтов отцо́в	-ов
иностра́нец брат — бра́тья	иностра́нцев бра́тьев	-ев
гость врач това́рищ друг — друзья́ сын — сыновья́ мать де́ти лю́ди роди́тели	госте́й враче́й това́рищей друзе́й сынове́й матере́й дете́й люде́й роди́телей	-ей
студе́нтка сестра́ же́нщина мужчи́на	студе́нток сестёр же́нщин мужчи́н	ϕ

(2) 형용사, 소유대명사, 지시대명사의 복수 대격

비활성 명사를 수식하는 형용사, 소유대명사 및 지시대명사는 복수 대격에서 복수 주격과 동일한 어미를 갖는다.

— **Что** ты хо́чешь купи́ть?   무엇을 사고 싶니?
— **Эти англи́йские журна́лы.**   이 영어 잡지들을.

그러나 활성명사를 수식하는 형용사, 소유대명사, 지시대명사는 복수 대격에서 복수 생격과 동일한 어미를 갖는다.

1) 형용사의 복수 대격

주격 какие?	대격 каких?	어미
нóвые	нóв**ых**	-ых
хорóшие друзья́	хорóш**их** друзéй	
рýсские	рýсск**их**	-их

2) 소유대명사의 복수 대격

주격 чьи?	대격 чьих?	어미
мои́ бра́тья	мои́**х** бра́тьев	-их
на́ши	на́ш**их**	

3) 인칭대명사의 복수 대격

주격 какие?	대격 каких?
э́ти студéнты	э́тих студéнтов
те	тех

2. 3인칭 명령형

3인칭 명령형은 단어 **пусть**(~에게 …하게 하다, …하게 시키다)와 동사의 단수나 복수의 3인칭형을 현재 또는 단일 미래시제로 놓아서 만든다.

Пусть он **позвони́т** мне.   그에게 나한테 전화하도록 해요.
Пусть они́ **иду́т** домóй.   그들을 집으로 가라고 하세요.

3. 인칭문과 미정인칭문

러시아어에서는 동작의 행위자가 관심의 대상이 아니거나 분명치 않은 사람에 의해 이루어지는 동작의 경우에 **주어를 생략하고 동사의 3인칭 복수형**을 사용하여 나타내는데, 이러한 문장을 미정 인칭문(неопределённо-личное предложéние)이라고 한다.

(1) 불완료상

인칭문			미정 인칭문		
Рабóчие	стрóят бýдут стрóить стрóили	шкóлу.	Здесь	стрóят бýдут стрóить стрóили	шкóлу.
노동자들은 학교를	짓는다. 지을 것이다. 지었다.		여기에 학교가	지어진다. 지어질 것이다. 지어졌다.	

(2) 완료상

인칭문			미정 인칭문		
Рабóчие	пострóят пострóили	шкóлу.	Здесь	пострóят пострóили	шкóлу.
노동자들은 학교를	지을 것이다. 지었다.		여기에 학교가	지어질 것이다. 지어졌다.	

4. 동사 **умерéть**의 변화

умерéть I (*b*)

현재시제				미래시제	
я	умрý	мы	умрём	он	ýмер
ты	умрёшь	вы	умрёте	онá	умерлá
он, онá	умрёт	они́	умрýт	они	ýмерли

5. 동사 그룹

читáть I (*a*)	говори́ть II	자음 교체
исполня́ть	испо́лнить (*a*)	
удивля́ться	спеши́ть (*b*)	
умира́ть	поспеши́ть (*b*)	
	удиви́ться (*b*)	в → вл

танцевáть I (*a*)
публиковáть
опубликовáть
транслировать

УПРАЖНЕНИЯ

1. 명사의 복수 대격에 주의하여 다음 문장을 읽으시오.

Однáжды извéстного врачá, котóрый всегдá охóтно (기꺼이) и внимáтельно лечи́л ((병을) 고치다) **бéдных людéй,** пригласи́ли к королю́ (왕).

— Надéюсь, вы меня́ бу́дете лечи́ть не так, как **пациéнтов** вáшей больни́цы? — спроси́л корóль.

— К сожалéнию, это невозмóжно (불가능한). — отвéтил врач. — ведь говоря́т, что я лечу́ **свои́х** пациéнтов, как королéй (왕처럼).

2. 보기와 같이 물음에 답하시오.

> 보기 *К нему́ приéхали <u>роди́тели</u>.*
> *— Когó он встречáл вчерá? — <u>(Свои́х) роди́телей.</u>*

1. Её **дéти** ужé хóдят в шкóлу. Когó онá кáждое у́тро вóдит в шкóлу?
2. Его́ **сыновья́** встречáются с ним óколо стадиóна. Когó он ждёт?
3. **Его́ дóчери** давнó знакóмы с Тáней и Олéгом. Когó давнó знáют Тáня и Олéг?
4. В э́том институ́те у́чатся бу́дущие **врачи́.** Когó готóвит э́тот институ́т?
5. На э́том факультéте у́чатся бу́дущие **инженéры.** Когó готóвит э́тот факультéт?
6. На вéчере выступáли **арти́сты.** Когó пригласи́ли на вéчер?
7. Эти **дéвушки** бы́ли вчерá на вéчере. Когó Ми́нхо ви́дел на вéчере?

8. Сегóдня день рождéния Тáни, к ней придýт её **подрýги**. Когó Тáня пригласи́ла на день рождéния?

9. Недáвно он éздил в Петербýрг, где живýт егó **сёстры**. Когó он ви́дел в Петербýрге?

3. 보기처럼 다음 문장을 바꾸시오.

(a) 보기 *Он встрéтил своегó дрýга.*
       Он встрéтил свои́х друзéй.

1. Он чáсто вспоминáет **своегó брáта**.
2. На останóвке онá встрéтила **э́ту дéвочку**.
3. Я ещё не ви́дел **нóвую учи́тельницу**.
4. Они́ слýшали **э́того певцá** по рáдио.
5. Он хорошó знáет **э́того молодóго архитéктора**.
6. Я óчень люблю́ **э́того писáтеля**.

(б) 보기 *Онá испóлнила рýсскую нарóдную пéсню.*
       Онá испóлнила рýсские нарóдные пéсни.

1. Я перевожý егó **послéднюю статью́**.
2. Я не пóмню, когдá пострóили **э́ту шкóлу**.
3. Недáвно он опубликовáл **свою́ пéрвую кни́гу**.
4. Он смóтрит **сегóдняшнюю газéту**.
5. Я взял **твой учéбник**.
6. Я получи́л **вáше письмó**.

4. 다음 문장을 **нáши нóвые**를 알맞게 써 넣어 완성하시오.

보기 *Они́ пригласи́ли на концéрт учителéй.*
     Они́ пригласи́ли на концéрт нáших нóвых учителéй.

1. Мы ждём **товáрищей**.
2. Вчерá мы встрéтили **друзéй**.
3. На экскýрсии мы ви́дели **студéнтов**.
4. Они́ пригласи́ли в кинó **студéнток**.
5. Мы пригласи́ли на рýсский вéчер **преподавáтельниц**.
6. Они́ спроси́ли **преподавáтелей**, когдá бýдут экзáмены.

5. 보기처럼 다음 문장을 완성하시오.

> 보기 *Сегодня приезжают его <u>сёстры</u>.*
> *Он едет на вокзал встречать <u>своих сестёр</u>.*

1. К нам приехали **известные поэты и писатели.** Мы слушали _____
2. В его фильме играли **знаменитые актёры.** Я видел _____
3. По телевизору выступают **молодые певицы.** Мы слушаем _____
4. Вчера играли **эти футболисты.** Я видел _____
5. Новые дома построили **эти талантливые архитекторы.** Я хорошо знаю _____

6. 다음 형용사에 의해 수식될 수 있는 명사를 말하시오.

> 보기 *главная тема, мысль, главная улица, главный вход, и т.д.*

1. Народный поэт _____
2. Настоящий друг _____
3. Весёлый человек _____
4. Новая песня _____
5. Родной край _____

7. 다음에 주어진 단어나 구를 사용하여 좋아하는 시인이나 작가에 대해 말하시오.

талант, талантливый, народный, любимый, известный, опубликовать что? когда? его стихи (романы, рассказы); переводить (перевести) с какого языка? на какой язык?

8. 다음의 단어나 구를 사용하여 아는 사람의 전기에 대해 말하시오.

его (её) зовут...; ему (ей) сколько лет; родиться где?; поступить в школу где? когда?; окончить школу, поступить в институт (в университет) на какой факультет?; окончить институт(университет); стать кем? работать где? кем?

9. 보기처럼 다음 대화를 완성하시오.

(a) 보기 — *Минхо не принёс твой журнал.*
— *Пусть принесёт завтра.*

1. Таня не позвонила ему.
2. Он не написал сестре.

3. Они́ не пригласи́ли Оле́га.

4. Он ещё не поздра́вил их.

5. Они́ не пое́хали к Оле в больни́цу.

6. Он не дал мне твою́ кни́гу.

(б) 보기 *Мне ну́жно взять в библиоте́ке слова́рь.*

— *Попроси́ Ива́на, <u>пусть он возьмёт</u>, он идёт в библиоте́ку.*

1. — Мне ну́жно купи́ть хле́ба. (Андре́й идёт в магази́н).
2. — Я хочу́ купи́ть газе́ты. (Оле́г идёт в киоск).
3. — Мне ну́жно сказа́ть Минхо об экза́мене. (Ми́ша идёт к Минхо).
4. — Мне ну́жно взять в библиоте́ке э́тот уче́бник. (Ната́ша идёт в библиоте́ку).
5. — Мне ну́жно перевести́ текст на англи́йский язы́к (Ни́на зна́ет англи́йский).
6. — Я хочу́ откры́ть окно́. (Оле́г сиди́т у окна́).

10. 동사 **идти́, ходи́ть**나 **е́хать, е́здить**에 접두사를 붙여 알맞게 써 넣으시오.

В воскресе́нье мы _____ за́ город. Мы вста́ли ра́но, и в 8 часо́в мы уже́ _____ из до́ма. Когда́ мы _____ к остано́вке, там нас уже́ жда́ли на́ши друзья́. Мы се́ли в авто́бус и _____ на вокза́л. В 9 часо́в мы бы́ли в по́езде. Че́рез час мы _____ до на́шей ста́нции и _____ из ваго́на. Недалеко́ от ста́нции был лес. Мы _____ в лес. Мы до́лго гуля́ли в лесу́. В пять часо́в мы _____ на ста́нцию. Когда́ мы _____ на ста́нцию, бы́ло уже́ 6 часо́в. Домо́й мы _____ в 8 часо́в. Тепе́рь мы реши́ли ка́ждое воскресе́нье _____ за́ город, _____ в похо́ды.

11. 알맞은 동사의 상을 써 넣으시오.

1. Зда́ние но́вого ци́рка _____ три го́да.   *стро́ить*
   На́ше общежи́тие _____ неда́вно.   *постро́ить*
2. Ско́лько вре́мени вы _____ к экза́мену?   *гото́виться*
   Он получи́л пять, потому́ что хорошо́ _____ к экза́мену.   *подгото́виться*
3. Зимо́й мы бу́дем _____ три экза́мена.   *сдава́ть*
   Он уже́ _____ все экза́мены.   *сдать*

4. Стихи этого поэта часто _____ на русский язык. *переводить*
   перевести

   Недавно _____ последнюю книгу его стихов.

5. Обычно, если я выхожу из дома в 9 часов, я _____ на этот автобус. *успевать*

   Сейчас я вышел поздно и не _____ на него. *успеть*

12. 다음 문장을 완성하시오.

1. Кто создал _____?
2. Я не могу привыкнуть _____
3. Он посоветовал _____
4. Я не заметил _____
5. Мы решили _____
6. Мы поздравили _____
7. Ты можешь _____
8. Он умеет _____
9. Он знает _____
10. Я не боюсь _____
11. Мы хотим _____
12. Я встретил _____
13. Я встретился _____
14. Он взял _____
15. Он положил _____
16. Она поставила _____
17. Она повесила _____
18. Закройте, пожалуйста, _____
19. У вас есть _____?
20. Покажите, пожалуйста, _____
21. Дайте, пожалуйста, _____
22. Сколько стоит _____?

ЧИТА́ЙТЕ И СЛУ́ШАЙТЕ

Писа́тель, поэ́т, певе́ц

> Дава́йте понима́ть друг дру́га с полусло́ва.
> Чтоб, ошиби́вшись раз, не ошиби́ться сно́ва.
> Дава́йте жить, во всём друг дру́гу потака́я,
> Тем бо́лее что жизнь коро́ткая така́я.
>
> Б. Окуджа́ва

Невысо́кий ху́денький челове́к с немно́го гру́стным, немно́го насме́шливым взгля́дом тёмных глаз и де́тской улы́бкой. Имя его́ широко́ изве́стно — Була́т Окуджа́ва. Его́ му́дрый и до́брый тала́нт давно́ и про́чно завоева́л любо́вь и призна́тельность не то́лько ру́сских но и зарубе́жных чита́телей и слу́шателей. Була́т Окуджа́ва — писа́тель, поэ́т и певе́ц, исполни́тель пе́сен, кото́рые он пи́шет на свои́ стихи́. Его́ кни́ги перево́дят на мно́гие языки́ ми́ра, его́ пе́сни зна́ют и лю́бят лю́ди са́мых ра́зных профе́ссий и национа́льностей.

Роди́лся Була́т Окуджа́ва в Москве́ 9-го ма́я 1924 го́да. Семья́ Була́та жила́ на Арба́те[1], кото́рый стал пото́м те́мой мно́гих его́ стихо́в и пе́сен. Здесь, на Арба́те, Була́т рос, игра́л в арба́тских двора́х и на всю жизнь запо́мнил у́лицы и переу́лки своего́ де́тства.

Когда́ начала́сь Вели́кая Оте́чественная война́, Була́т ушёл из девя́того кла́сса доброво́льцем на фронт. На фро́нте он был тяжело́ ра́нен.

По́сле войны́ Була́т Окуджа́ва око́нчил филологи́ческий факульте́т университе́та, рабо́тал снача́ла учи́телем в шко́ле, пото́м реда́ктором.

Свою́ пе́рвую пе́сню Окуджа́ва написа́л, когда́ был ещё студе́нтом, в 1946 году́.

О чём пи́шет Окуджа́ва? Те́ма его́ стихо́в — вся жизнь челове́ка: го́ре и ра́дость, любо́вь и дру́жба, жизнь и смерть. Гла́вная те́ма поэ́зии Окуджа́вы — любо́вь к челове́ку, к жи́зни, любо́вь к добру́.

Оди́н из ру́сских писа́телей Михаи́л При́швин писа́л: «Та́йну тво́рчества на́до иска́ть в любви́». И пе́сни Окуджа́вы — э́то «орке́стрик наде́жды под управле́нием любви́». Слова́ э́ти (припе́в одно́й из его́ пе́сен) о́чень то́чно выража́ют смысл всей его́ поэ́зии.

Дава́йте говори́ть друг дру́гу комплиме́нты,

---

1. **Арба́т**: 모스크바 시내에 있는 거리.
2. **Сара́тов**: 볼가 강가에 있는 항구.

Ведь это всё любви счастливые моменты, —

поёт Окуджава в одной из песен.

Возьмёмся за руки, друзья,

Чтоб не пропасть поодиночке, —

поёт он в песне «Союз друзей». Эта песня прозвучала как гимн на первом всесоюзном конкурсе самодеятельной песни в Саратове[2] в 1986 году. Её вместе с автором пел весь зал.

Окуджава пишет песни для многих кинофильмов и спектаклей, и, как правило, они начинают жить самостоятельной жизнью.

Булат Окуджава не только поэт и певец, он писатель — автор интересных исторических романов.

И всё-таки широкую известность принесли ему прежде всего песни в его собственном исполнении. Люди, которые знают его песни наизусть, идут на его концерты ещё и ещё раз. И каждый раз встреча с удивительным талантом Окуджавы дарит им новую радость и запоминается надолго.

▮

понимать с полуслова кого-либо 단 한마디의 말을 통해 누구를 이해하다
тем более 더욱이, 특히
завоевать любовь (признательность) кого-либо 누구의 사랑(감사)을 받다
самодеятельная песня 아마추어 노래
как правило 보통

за рубежом 외국에서
доброволец 지원자
оркестрик надежды 희망의 작은 오케스트라
под управлением любви 사랑의 지배하에
жить самостоятельной жизнью 독립적으로 살다
прежде всего 우선, 무엇보다도 먼저

▶ **Задание к тексту**

1. Расскажите, что вы знаете о поэте и писателе Булате Окуджаве. Какие песни Окуджавы вы знаете? Нравятся ли вам его песни?
2. Прочитайте две песни Окуджавы. Знаете ли вы эти песни?

Давайте восклицать

Давайте восклицать, друг другом восхищаться,
Высокопарных слов не надо опасаться.
Давайте говорить друг другу комплименты,
Ведь это всё любви счастливые моменты.

Давайте горевать и плакать откровенно
то вместе, то поврозь, а то попеременно.
Не надо придавать значения злословью —

поско́льку грусть всегда́ сосе́дствует с любо́вью.

Дава́йте понима́ть друг дру́га с полусло́ва,
чтоб, ошиби́вшись раз, не ошиби́ться сно́ва.
Дава́йте жить, во всём друг дру́гу потака́я, —
тем бо́лее что жизнь коро́ткая така́я.

Пе́сенка об откры́той две́ри

Когда́ мете́ль кричи́т, как зверь —
протя́жно и серди́то,
не запира́йте ва́шу дверь, —
пусть бу́дет дверь откры́та.

А е́сли ля́жет да́льний путь,
Нелёгкий путь, предста́вьте,
Дверь не забу́дьте распахну́ть,
Откры́той дверь оста́вьте.

И, уходя́, в ночно́й тиши́
без до́лгих слов реша́йте:
ого́нь сосны́ с огнём души́
в печи́ перемеша́йте.

Пусть бу́дет тёплою стена́
И мя́гкою каме́йка...
Дверя́м закры́тым — грош цена́,
замку́ цена́ — копе́йка.

УРОК 27

Третьяковская галерея

ТЕКСТ

О русских музеях

В Москве, в Лаврушинском переулке, стоит невысокое здание из белого и красного кирпича. Это Государственная Третьяковская галерея — знаменитый музей русского и советского искусства.

Этот музей основал в 1856 году Павел Михайлович Третьяков. Почти сорок лет Павел Михайлович собирал картины. Он собрал богатую коллекцию произведений русской живописи. В его коллекции — памятники древнерусского искусства, русское искусство XVIII и XIX веков, произведения

115

известных художников своего времени.

В 1872 году Третьяков построил для своей коллекции специальную галерею, а в 1892 году подарил галерею городу Москве. Галерея носит имя своего основателя, замечательного русского человека Павла Михайловича Третьякова.

С каждым годом растёт коллекция Третьяковской галереи. После 1917 года её коллекцию дополнил отдел многонационального советского искусства.

Экспозиция Третьяковской галереи знакомит нас с тысячелетней историей русского искусства: здесь и русская икона, и портрет, картины русской природы и картины из жизни народа. В картинах русских и советских художников мы видим историю страны и её сегодняшний день.

Ещё один крупнейший музей русского и советского искусства — Русский музей в Петербурге. Он открылся в 1898 году в здании Михайловского дворца. В залах этого музея — произведения русского искусства с XI века до нашего времени. Без этой коллекции наше представление о русских талантах будет неполным.

В Третьяковской галерее и Русском музее часто бывают выставки картин из разных музеев страны. В то же время в разных городах России часто организуют выставки картин из двух крупнейших музеев Москвы и Петербурга. На таких выставках можно увидеть работы русских и советских художников. Они знакомят нас с богатой культурой и искусством страны.

▶ **Задание к тексту**
1. Что вы узнали о русских музеях? Какие ещё русские музеи вы знаете? Бывали ли вы в русских музеях? Что понравилось вам?
2. Каких русских художников вы знаете? Расскажите о них.
3. Прочитайте отрывок из стихотворения поэта К. Ваншенкина «Неизвестный художник».

...Неизвестный художник давнишнего века —
Может быть, он известен, но в узком кругу —

Написа́л на холсте́ он портре́т челове́ка
Так, что глаз от него́ оторва́ть не могу́. 〈...〉

Я стою́, поражённый иску́сством чуде́сным,
Чей в века́х сохрани́лся отчётливый след.
Я бы то́лько мечта́л стать таки́м Неизве́стным
Где-нибу́дь через три́ста-четы́реста лет...

ДИАЛОГ

Оле́г :	Ми́нхо, в каки́х моско́вских музе́ях ты был?
Ми́нхо :	Был в Третьяко́вской галере́е¹, в Истори́ческом музе́е.
Оле́г :	А в Музе́е иску́сства наро́дов Восто́ка не́ был?
Ми́нхо :	Нет ещё.
Оле́г :	Не хо́чешь пойти́ со мно́ю в воскресе́нье?
Ми́нхо :	Пойдём. А что там?
Оле́г :	Там сейча́с вы́ставка Никола́я Ре́риха² и Святосла́ва Ре́риха³. Ты зна́ешь э́тих худо́жников?
Ми́нхо :	Немно́го зна́ю. Это ру́сские худо́жники, кото́рые жи́ли в Индии?
Оле́г :	Да, Никола́й Ре́рих с жено́й прие́хали в Индию и жи́ли там до конца́ жи́зни. Их сын, то́же худо́жник, Святосла́в Ре́рих И сейча́с живёт там. Я о́чень люблю́ э́тих худо́жников. И не то́лько я: на их вы́ставках всегда́ мно́го посети́телей.
Ми́нхо :	Мне то́же нра́вятся их карти́ны, я ви́дел не́сколько карти́н Ре́риха-отца́ и Ре́риха-сы́на.
Оле́г :	Эта вы́ставка, говоря́т, о́чень интере́сная, уви́дишь мно́го но́вого.

---

1. **Третьяко́вская галере́я** : 1872년에 빠벨 뜨레찌야꼬프에 의해 건립된 러시아 최대의 미술관.
2. **Ре́рих Никола́й Константи́нович**(1874~1947) : 저명한 러시아의 미술가, 고고학자, 작가.
3. **Ре́рих Святосла́в Никола́евич** : 니꼴라이 레리흐의 아들로, 유명한 화가.

▶ **Задание к тексту**

1. В каких московских музеях был Минхо? Куда Олег приглашает Минхо? О каких художниках они говорят?
2. Что вы знаете о художниках Николае Рерихе и Святославе Рерихе?
3. Кто ваш любимый художник? Расскажите о нём.

СЛОВАРЬ

переулок 골목
кирпич 벽돌
государственный 정부의
собирать ⎫
собрать ⎭ что? 모으다
коллекция 콜렉션, 수집
произведение 작품
живопись (여) 회화
древнерусский 고대 러시아의
современный 현대의
специальный 특별한, 전문의
галерея 화랑
основатель 설립자
замечательный 위대한, 뛰어난
расти 성장하다
вырасти 어른이 되다
дополнять ⎫
дополнить ⎭ что? 완수하다
экспозиция 진열, 전시
знакомить ⎫
познакомить ⎭ кого? с кем? с чем?
　인사(소개)시키다
тысячелетний 천 년의
икона 성화
портрет 초상화
сегодняшний 오늘의
дворец 궁전

крупный 큰
крупнейший 가장 큰
представление о чём? о ком? ~에 대한
　관념, 생각
полный 완전한, ~로 가득찬
неполный 가득하지 않은, 불완전한
организовать что? 조직하다

* * *

картинная галерея 화랑
носить имя чьё? кого? 이름을 따다
памятник искусства(культуры)
　예술(문화)적 기념비
произведение искусства 예술작품
в то же время 동시에

* * *

исторический 역사적
искусство 예술
художник 예술가
посетитель 방문자
картина 그림

* * *

Исторический музей 역사 박물관
Музей искусства народов востока
　동방민족의 예술 박물관

ГРАММАТИКА

— **О ком** он написа́л домо́й?
그는 누구에 대해 집으로 편지를 썼습니까?
— **О свои́х ру́сских друзья́х.**
그의 러시아 친구들에 대하여.

1. 복수 전치격

(1) 명사의 복수 전치격

경자음이나 щ 또는 ч로 끝나는 남성, 여성, 중성명사는 복수 전치격에서 어미 –ах를 취하며, 연자음이나 모음으로 끝나는 명사는 어미 –ях를 취한다.

주격 кто? что?	전치격 о ком? о чём?	어미
студе́нт	о студе́нт**ах**	
оте́ц	об отц**а́х**	
врач	о врач**а́х**	
дом	о дом**а́х**	**–ах**
окно́	об о́кн**ах**	
това́рищ	о това́рищ**ах**	
студе́нтка	о студе́нтк**ах**	
сестра́	о сёстр**ах**	
кни́га	о кни́г**ах**	
гость	о гост**я́х**	
слова́рь	о словар**я́х**	
музе́й	о музе́**ях**	
санато́рий	о санато́ри**ях**	**–ях**
по́ле	о пол**я́х**	
зда́ние	о зда́ни**ях**	
мать	о матер**я́х**	
тетра́дь	о тетра́д**ях**	
пе́сня	о пе́сн**ях**	
аудито́рия	об аудито́ри**ях**	
брат — бра́тья	о бра́ть**ях**	

друг — друзья́	о друзья́х
де́рево — дере́вья	о дере́вьях
лю́ди	о лю́дях
де́ти	о де́тях
роди́тели	о роди́телях

(2) 형용사의 복수 전치격

주격 каки́е?	전치격 о каки́х?	어미
но́вые	о но́вых	**-ых**
хоро́шие друзья́	о хоро́ших друзья́х	
ру́сские	о ру́сских	**-их**
си́ние тетра́ди	о си́них тетра́дях	

(3) 소유대명사의 복수 전치격

주격 чьи?	전치격 о чьих?	어미
мой бра́тья	о мои́х бра́тьях	**-их**
на́ши	о на́ших	

(4) 지시대명사의 복수 전치격

주격 каки́е?	전치격 о каки́х?
э́ти студе́нты	об э́тих студе́нтах
те	о тех

2. 동사 **расти́**의 변화

расти́ Ⅰ (b)

현재시제　　　　　　　　　과거시제

я расту́	мы растём	он рос
ты растёшь	вы растёте	она́ росла́
он, она́ растёт	они́ расту́т	они́ росли́

3. 동사 그룹

читáть I (*a*)
дополня́ть
собира́ть

говори́ть II
допо́лнить (*a*)
знако́мить (*a*)
познако́мить (*a*)

자음 교체
м → мл
м → мл

расти́ I
вы́расти (*b*)

брать I (*b*)
собра́ть

танцева́ть I (*b*)
организова́ть

УПРАЖНЕНИЯ

1. 명사와 형용사의 복수 전치격의 용법에 주의하여 다음 문장을 읽으시오.

В похóд

Вы чáсто быва́ете **в похо́дах**? Как хорошо́ в суббо́ту и воскресе́нье пое́хать за́ город! Ка́ждую неде́лю в газе́те «Моско́вская пра́вда» вы мо́жете прочита́ть **о похо́дах** на суббо́ту и воскресе́нье. Москвичи́ встреча́ются **на моско́вских вокза́лах**, где их ждут руководи́тели похо́да. **На поезда́х** они́ е́дут до како́й-нибудь ста́нции, а пото́м иду́т пешко́м. Руководи́тель похо́да расска́зывает **об истори́ческих места́х и архитекту́рных па́мятниках. В таки́х похо́дах** всегда́ ве́село и интере́сно. По́здно ве́чером москвичи́ возвраща́ются домо́й. Тепе́рь они́ обяза́тельно бу́дут чита́ть в газе́те сообще́ния **о сле́дующих похо́дах.**

2. 보기처럼 문장을 완성하시오.

보기 *В России много санато́риев.*
Ка́ждое ле́то миллио́ны ру́сских люде́й отдыха́ют в санато́риях.

1. В Москве́ быва́ют **интере́сные вы́ставки.** Мы ча́сто быва́ем _____
2. Мне нра́вятся **музе́и Петербу́рга.** Я мно́го раз был _____

3. Недáвно я вúдел э́того актёра **на концéрте**. Он чáсто выступáет _____

4. Молоды́е поэ́ты и писáтели чáсто приезжáют **на фáбрики и завóды**. Они́ выступáют _____

5. Кáждую суббóту с москóвских вокзáлов отхóдят **специáльные поездá**. Москвичи́ éдут зá город _____

6. Налéво есть **киóски**. Дýмаю, что э́тот журнáл мóжно купи́ть _____

3. 보기처럼 다음 문장들을 바꾸시오.

> 보기 *Они́ говори́ли об э́том концéрте.*
> *Они́ говори́ли об э́тих концéртах.*

1. Он расскáзывал **о нóвом спектáкле**.
2. Они́ говори́ли **о послéднем фи́льме**.
3. Онá говори́ла **о егó лýчшей карти́не**.
4. Он расскáзывал **об извéстном худóжнике**.
5. Это кни́га **о вели́ком фи́зике**.
6. Я мнóго читáл **об э́том замечáтельном математике**.
7. Онá написáла статью́ **о молодóм врачé**.
8. Они́ говори́ли **о послéднем экзáмене**.
9. Он спрáшивал **о моéй сестрé**.
10. Онá дýмает **о своём брáте**.

4. 오른쪽에 주어진 단어를 알맞게 써 넣어 다음 물음에 답하시오.

> 보기 — *В каки́х журнáлах писáли об э́том?*
> — *В америкáнских.*
> — *О каки́х журнáлах он говори́л?*
> — *Об америкáнских.*

1. В каки́х газéтах э́ти статьи́?   *вечéрние*
   О каки́х газéтах вы говори́те?
2. В каки́х городáх он побывáл?   *ю́жные*
   О каки́х городáх он расскáзывал?
3. В каки́х домáх они́ живýт?   *нóвые, высóкие*
   О каки́х домáх вы спрáшиваете?
4. В каки́х райóнах гóрода есть метрó?   *стáрые*
   О каки́х райóнах гóрода он говори́л?

5. В каких деревнях построили новые школы? *северные*
   О каких деревнях она рассказывала?

5. 보기처럼 물음에 답하시오.

   보기 — Они выступали в <u>школах и институтах</u>.
   — <u>В каких?</u>

   1. Они вспоминают **о друзьях**.
   2. Преподаватель спрашивал **о студентах**.
   3. Ты можешь прочитать об этом **в учебниках**.
   4. Эти слова есть **в словарях**.
   5. Мы часто встречаемся **на лекциях**.
   6. Вечером она обычно **на занятиях**.

6. 보기처럼 다음 문장을 완성하시오.

   보기 Это <u>мои новые друзья</u>. На столе лежат книги <u>моих новых друзей</u>. Он спросил меня <u>о моих новых друзьях</u>.

   1. Здесь живут его **старшие братья**. Он получил письмо _____. Он рассказал мне _____.
   2. У неё есть **русские подруги**. Она ждёт _____. Она рассказывает _____.
   3. Эти дома строили **известные архитекторы**. Я купил книгу об _____. Я видел работу _____.
   4. Эти лекции читают **наши преподаватели**. Я слушал лекции _____. Мы говорили _____.
   5. В Москве много **рабочих клубов**. Она часто выступает _____.
   6. Мне нравятся **современные художники**. Мы были на выставке _____. Он рассказывал _____.

7. 다음의 단어나 구를 사용하여 박물관에 대해 말하시오.

   основать, основатель, собирать (собрать) коллекцию, национальный музей, живопись, картина, искусство, произведение искусства, древнее искусство, современное искусство, выставка, художник (талантливый, современный).

8. 동사를 알맞게 써 넣으시오.

1. Позвони́ мне, когда́ пое́дешь домо́й, я _____ тебя́. *встреча́ть*

   Я ча́сто _____ его́ в институ́те. *встре́тить*

2. — Что ты хо́чешь _____ брату́? *дари́ть*

   — Кни́гу. *подари́ть*

3. Неда́вно я _____ с его́ сестро́й. *знако́миться*

4. — Э́то твоя́ кни́га? *познако́миться*

   — Нет, я _____ её в библиоте́ке.

   — Дай почита́ть. *брать*

   — Хорошо́. *взять*

9. 주어진 동사의 상을 고려하여 다음 물음에 답하시오.

1. (а) Вчера́ бы́ло воскресе́нье. Узна́йте у дру́га, что он де́лал вчера́.

   (б) Ско́ро кани́кулы. Спроси́те у дру́га, что он обы́чно де́лает в кани́кулы (**проводи́ть — провести́ вре́мя, воскресе́нье, кани́кулы**).

2. (а) У вас бу́дут экза́мены в понеде́льник и в сре́ду. Скажи́те об э́том.

   (б) Ваш друг е́дет отдыха́ть, так как у него́ уже́ ко́нчились экза́мены. Скажи́те об э́том (**сдава́ть — сдать экза́мены**).

3. (а) У вас ча́сто быва́ет ва́ша сестра́ из Петербу́рга. Как вы ска́жете об э́том?

   (б) Вот и сейча́с ва́ша сестра́ у вас в Москве́. Скажи́те об э́том (**приезжа́ть — прие́хать**).

4. (а) Ка́ждое воскресе́нье у вас быва́ет ваш друг. Как вы ска́жете об э́том?

   (б) Но вчера́, в воскресе́нье, друг был о́чень за́нят и не́ был у вас. Скажи́те об э́том (**приходи́ть — прийти́**).

10. 고딕체로 된 동사의 상과 시제를 고려하여 다음 문장을 완성하시오.

   보기 *Она́ ча́сто приво́дит на на́ши вечера́ сы́на.*
   Вчера́ она́ то́же привела́ сы́на.

1. Она́ ча́сто **прино́сит** мне интере́сные кни́ги. Вчера́ она́ то́же _____.

2. Когда́ оте́ц приезжа́ет с ю́га, он обы́чно **приво́зит** фру́кты.

Вчера́ он прие́хал и _____

3. Я не могу́ **привы́кнуть** к жа́ркой пого́де. Мой брат давно́ живёт на ю́ге и уже́ _____

4. Он мно́го **перево́дит** с ру́сского языка́ на англи́йский. Э́ти статьи́ он уже́ _____

5. У моего́ това́рища **расту́т** де́ти. Я давно́ не ви́дел их. Вчера́ я был у них и удиви́лся, как си́льно они́ _____

11. 다음 문장을 완성하시오.

1. Как зову́т _____?
2. Как называ́ется _____?
3. Что зна́чит _____?
4. Я не зна́ю, ско́лько лет _____
5. Мы спеши́м _____
6. В воскресе́нье они́ иду́т _____
7. Они́ пое́хали _____
8. Я давно́ не ви́дел _____
9. Она́ купи́ла _____
10. Он позвони́л _____
11. Когда́ он опубликова́л _____
12. На конце́рте испо́лнили _____
13. По ра́дио трансли́ровали _____
14. Скажи́те, пожа́луйста, _____
15. Покажи́те, пожа́луйста, _____
16. Да́йте, пожа́луйста, _____
17. Он неда́вно поступи́л _____
18. Он уже́ око́нчил _____
19. Его́ оте́ц был _____
20. Её брат стал _____

ЧИТА́ЙТЕ И СЛУ́ШАЙТЕ

Солдатёнок

Отца́ своего́, кото́рый поги́б на фро́нте, Авалбе́к не по́мнил. Пе́рвый раз он уви́дел отца́ в кино́, тогда́ Авалбе́ку бы́ло лет пять.

Карти́ну на́чали пока́зывать по́сле рабо́ты. Фильм был про войну́. Авалбе́к сиде́л с ма́терью и чу́вствовал, как она́ вздра́гивала, когда́ на экра́не стреля́ли. А ему́ бы́ло не о́чень стра́шно, иногда́ да́же ве́село, когда́ па́дали фаши́сты. А когда́ па́дали на́ши, ему́ каза́лось, что они́ пото́м вста́нут.

Война́ шла. Тепе́рь на экра́не появи́лись артиллери́сты. Их бы́ло семь челове́к. Оди́н из них черноволо́сый, небольшо́го ро́ста, был не похо́ж на ру́сского.

И вдруг мать ти́хо сказа́ла:

— Смотри́, э́то твой оте́ц ...

Почему́ она́ так сказа́ла? Заче́м? Мо́жет быть, случа́йно, а мо́жет быть потому, что вспомнила мужа. И действительно, солдат на экране был очень похож на отца на той старой военной фотографии, которая висела у них дома.

А мальчик поверил. И теперь, той минуты, как мать сказала ему: «Смотри, это твой отец», солдат на экране стал его отцом. Мальчик уже думал о нём, как о своём отце, и в его детской душе родилось новое для него чувство сыновней любви и нежности. Как он гордился своим отцом, солдатом. Вот это настоящий отец! И война с этой минуты уже не казалась мальчику забавной, ничего весёлого не было в том, как падали люди. Война стала серьёзной и страшной. И он впервые испытал чувство страха за близкого человека, за того человека, которого ему всегда не хватало.

А война на экране шла. Появились немецкие танки. Мальчик испугался: «Папа, танки идут, танки!» — говорил он отцу. Танков было много, они двигались вперёд и стреляли из пушек. Вот упал один артиллерист, потом другой, третий ... И вот остался только отец, он медленно шёл навстречу танку с гранатой в руках.

— Стой, не пройдёшь! — крикнул отец и бросил гранату. В этот момент в него начали стрелять и отец упал.

Киноаппарат вдруг замолчал. Война остановилась. Это был конец части. Киномеханик включил свет, и тогда мальчик побежал к первому ряду, где сидели друзья-мальчишки. Их мнение было для него самым важным.

— Ребята, это мой отец! Вы видели? Это моего отца убили ... — закричал он.

Никто этого не ожидал и не мог понять, что же произошло. Люди удивлённо смотрели на мальчика и молчали. А он, сын солдата, который давно погиб, продолжал доказывать своё. «Вы же видели, это мой отец! Его убили», — говорил он и не понимал, почему люди не гордились его отцом так же, как он.

И тогда соседский мальчишка, школьник, первым решил сказать ему правду:

— Да это не твой отец. Что ты кричишь? Это артист. Не веришь, спроси у дяди-киномеханика.

Но киномеханик молчал. Взрослые не хотели лишить мальчишку его горькой и прекрасной иллюзии.

— Нет, это мой отец, мой! — продолжал солдатёнок.

— Какой твой отец? Который? — начал спорить соседский мальчи́шка.

— Он шёл с грана́той на танк. Ты ра́зве не ви́дел? Он упа́л вот так!

И ма́льчик упа́л то́чно так, как упа́л его́ оте́ц. Он неподви́жно лежа́л пе́ред экра́ном.

Зри́тели нево́льно засмея́лись. А он лежа́л, как уби́тый, и не смея́лся. Наступи́ла нело́вкая тишина́. И тут все уви́дели, как к сы́ну шла мать, ско́рбная и стро́гая, в глаза́х её стоя́ли слёзы.

Она́ подняла́ сы́на:

— Пойдём, сыно́к, пойдём. Это был твой оте́ц, — ти́хо сказа́ла она́ ему́ и повела́ его́ за собо́й.

И то́лько тепе́рь, впервы́е в жи́зни, ма́льчику вдруг ста́ло го́рестно и бо́льно. То́лько сейча́с он по́нял, что зна́чит — потеря́ть отца́. Ему́ хоте́лось пла́кать. Он посмотре́л на мать, но она́ молча́ла. Молча́л и он. Он был рад, что мать не ви́дит его́ слёз.

Он не знал, что с э́того ча́са в нём на́чал жить оте́ц, кото́рый давно́ поги́б на войне́.

По Ч. Айтма́тову

солдатёнок 군인의 어린 아들

лиши́ть иллю́зии кого́-либо 누구의 환상을 빼앗다

| Ему́ хоте́лось пла́кать. 그는 울고 싶었다. |

▶ **Зада́ние к те́ксту**

1. Расскажи́те исто́рию, кото́рая произошла́ с ма́льчиком, сы́ном солда́та.
2. Как вы ду́маете, почему́ мать сказа́ла сы́ну, что на экра́не он ви́дит своего́ отца́?
3. Что вы зна́ете о второ́й мирово́й войне́, о борьбе́ сове́тского наро́да с неме́цким фаши́змом?
4. Прочита́йте отры́вок из вое́нной пе́сни (전쟁노래) Б. Окуджа́вы. Зна́ете ли вы э́ту пе́сню?

До свида́ния, ма́льчики

Ах, война́, что ж ты сде́лала, по́длая:
ста́ли ти́хими на́ши дворы́,
на́ши ма́льчики го́ловы по́дняли —
повзросле́ли они́ до той поры́,
на поро́ге едва́ помая́чили
и ушли́, за солда́том — солда́т...
До свида́ния, ма́льчики!
                      Ма́льчики,
постара́йтесь верну́ться наза́д.
Нет, не пря́чьтесь вы, бу́дьте высо́кими,
не жале́йте ни пуль, ни грана́т
и себя́ не щади́те,
                    и всё-таки
постара́йтесь верну́ться наза́д.

УРОК 28

Чéхов

ТЕКСТ

Пи́сьма Антóна Пáвловича Чéхова К. С. Алексéеву (К. С. Станислáвскому)[1]

Ни́цца, 2 января́ 1901 гóда

Многоуважáемый Константи́н Сергéевич, Вáше письмó... я получи́л тóлько вчерá... Поздравля́ю Вас с Нóвым гóдом! С нóвым счáстьем и, éсли мóжно надéяться, с нóвым теáтром, котóрый вы снóва начнёте стрóить.

Мари́ю Петрóвну поздравля́ю с Нóвым и шлю ей сердéчный привéт и пожелáния всегó хорóшего, глáвное — здорóвья.

От всей души́ благодарю́ Вас за письмó, котóрое меня́ так порáдовало. Крéпко жму Вáшу ру́ку.

Ваш Чéхов

---

1. **Станислáвский (Алексéев) Константи́н Сергéевич**(1863~1938) : 러시아 예술극장을 건립한 유명한 배우

К. Д. Бальмонту²

Ялта, 1 января 1902 года

Ми́лый Константи́н Дми́триевич, с Но́вым го́дом, с но́вым сча́стьем!

В дере́вне скуча́ете? Нет! В Я́лте соверше́нно ле́тняя пого́да, и э́то скве́рно.

...Скуча́ю по хо́лоду, по се́верным лю́дям.

Жена́ обеща́ет прие́хать на пра́здники. У Толсто́го я не́ был, на днях бу́ду...

Но́вого ничего́ нет. Всё по-ста́рому. Бу́дьте здоро́вы, сча́стливы, ве́селы и хоть и́зредка пиши́те.

Ваш душо́й А. Че́хов

Переда́йте Ва́шей жене́ мой приве́т и поздравле́ния с Но́вым го́дом.

А. М. Пе́шкову (М. Го́рькому)

Москва́, 11 ию́ня 1902 го́да

Дорого́й Алексе́й Макси́мович, я сижу́ в Москве́, и неизве́стно, как до́лго я ещё бу́ду сиде́ть здесь. Жена́ больна́...

Вероя́тно, на бу́дущей неде́ле ей бу́дут де́лать опера́цию. Пришли́те пье́су, прочту́ её с удово́льствием, да́же бо́льше, чем с удово́льствием. Приве́т Екатери́не Па́вловне³ и де́тям. Бу́дьте здоро́вы...

Ваш Че́хов

О. Л. Кни́ппер⁴

Ялта, 9 а́вгуста 1900 го́да

Ми́лая моя́ Оля, ра́дость моя́, здра́вствуй!

---

2. **Бальмо́нт Константи́н Дми́триевич**(1867~1942): 러시아의 저명한 상징주의 시인.
3. **Пе́шкова Екатери́на Па́влова**: 막씸 고르끼의 아내.
4. **Кни́ппер Ольга Леона́рдовна**: 체호프의 아내로 모스끄바 예술극장의 배우.

Сегодня получил от тебя письмо, первое после твоего отъезда, прочёл, потом ещё раз прочёл и вот пишу тебе, моя актриса.

...Сижу я в Ялте, скучаю... Вчера был у меня Алексеев. Говорили о пьесе... Обещал кончить пьесу не позже сентября. Видишь, какой я умный.

Мне всё кажется, что откроется сейчас дверь и войдёшь ты. Но ты не найдёшь, ты теперь на репетициях, далеко от Ялты и от меня.

Прощай, девочка хорошая.

Твой Antonio

О. Л. Книппер

Рим, 17 февраля 1901 года

Милая моя, часа через два я уезжаю на север, в Россию. Очень уж здесь холодно, идёт снег, идёт снег, так что нет никакой охоты ехать в Неаполь. Итак, пиши мне теперь в Ялту.

Ну, обнимаю тебя и целую крепко. Не забывай. Тебя никто не любит так, как я.

Твой Antonio

ДИАЛОГИ

Олег : Привет, Минхо, куда ты идёшь?
Минхо : На почту. Хочу послать телеграмму своим родителям и несколько писем: сестре, братьям, товарищу.
Олег : Мне нужно послать заказную бандероль. Пошли вместе!

На почте

— Скажите, пожалуйста, где приём заказных писем?
— Третье окно налево.
— Спасибо.

— Простите, где приём бандеролей?
— В первом окне.
— А телеграмм?
— Телеграф на втором этаже.
— Спасибо.
— Пожалуйста.

— Сколько стоит конверт?
— 6 копеек.
— А эта открытка?
— Пять копеек.
— Будьте добры, дайте один конверт, две открытки и марку за 5 копеек.
— Пожалуйста.
— Спасибо!

Образцы писем

Дружеское 6. XII. 85г.

Добрый день, Олег!

Вчера получил твоё письмо. Очень рад, что ты, наконец, написал. Я собираюсь на неделю в Москву. Приеду числа пятнадцатого – шестнадцатого. Как приеду, позвоню. У меня ничего нового.

Привет Тане!

До скорой встречи!

Николай

Официальное

23.Ⅲ.85г.

Уважаемый Александр Николаевич!

Статью Вашу прочитал, очень интересно. У меня есть к Вам вопросы. В конце недели я буду в Москве, мы сможем встретиться и поговорить. Если Вас не затруднит, позвоните мне десятого вечером по телефону 121–38–15.

Всего вам доброго!

С уважением В. И. Петров

Поздравительные телеграммы[1]

Дружеская

Дорогая Нина!

Поздравляю (с) днём рождения. Желаю здоровья, счастья, успехов

Целую, Таня

Официальная

Уважаемый Николай Сергеевич!

Поздравляю Вас (с) наступающим Новым годом. Желаю Вам счастья долгих лет жизни

С уважением Петров

▶ **Задание к тексту**

1. Кому Минхо хочет послать письма и телеграмму?
2. Часто ли вы пишете и получаете письма? Любите вы писать письма? Кому вы обычно пишете?

---

1. 보통 전보에서는 전치사와 접속사, 구두점 등이 생략된다.

ВЫРАЖЕНИЯ

— До встре́чи!   안녕!
— До ско́рой встре́чи!   곧 다시 만나요!
— Проща́й! —   안녕!
— Проща́йте!   안녕히 계십시오.
— С уваже́нием...   공손히…, 존경하는 마음으로…

— Приве́т Та́не (бра́ту, сестре́)!
    따냐(형, 누나)에게 안부 전해 줘!
— Переда́йте приве́т и поздравле́ния Ни́не (бра́ту, сестре́)!
    니나(형, 누나)에게 내 안부와 축하를 전해 주세요!

— Будь здоро́в (сча́стлив)!   건강(행복)해!
— Бу́дьте здоро́вы (сча́стливы)!   건강(행복)하세요!

— Поздравля́ю (поздравля́ем) вас (тебя́)	с пра́здником!	기념일을 축하합니다.
	с Но́вым го́дом!	새해를 축하합니다.
	с наступа́ющим пра́здником!	다가오는 기념일을 축하합니다.
	с днём рожде́ния!	생일을 축하합니다.

— Жела́ю (жела́ем) вам (тебе́)	здоро́вья!	나(우리)는 당신(너)의	건강	을(를) 빕니다.
	сча́стья!		행복	
	успе́хов!		성공	
	до́лгих лет жи́зни!		장수	

СЛОВАРЬ

многоуважа́емый 존경하는
наде́яться *на что?* 바라다, 희망하다
серде́чный 진정의
пожела́ние *чего?* 희망, 소망
гла́вное 중요한 것
пора́довать *кого? чем?* 행복하게 만들다
кре́пко 굳게
ми́лый 친애하는, 사랑하는
скуча́ть *по чему? по кому?* 1. 지루해 하다 2. 그리워하다
соверше́нно 완전히
скве́рно 나쁜, 추악한
хо́лод 추위
тепло́ 따뜻함
обеща́ть ⎫ *кому? что?*
пообеща́ть ⎭ *что (с)де́лать?* 약속하다
по-ста́рому 예전 방식대로, 예전처럼
хоть ~라 할지라도
и́зредка 드물게
поздравле́ние *с чем?* 축하
неизве́стно 미지의
вероя́тно 아마
опера́ция 수술, 조작
присыла́ть ⎫ *что?*
присла́ть ⎭ *кому?* 보내다
пье́са 희극, 연극
отъе́зд 출발
прие́зд 도착
по́зже ~나중에, 뒤에
ра́ньше ~전에
у́мный 영리한
глу́пый 멍청한
ка́жется *кому?* ~인 것 같다
репети́ция 최종연습
охо́та (жела́ние) 희망, 소원
ита́к 그래서
обнима́ть ⎫ *кого?* 포옹하다
обня́ть ⎭

* * *

от всей души́ 진심으로
от всего́ се́рдца 진정으로
жать ру́ку *кому?* 악수하다
на дня́х 요즈음, 조만간
бо́льше чем ~보다 더 많이

* * *

а́дрес 주소
корреспонде́нция 통신, 서신왕래, 편지
посыла́ть ⎫ *что?*
посла́ть ⎭ *куда? кому?* 보내다
заказно́й 등기의
бандеро́ль (여) 소포
приём *чего?* 접수
телегра́ф 전신국
конве́рт 봉투
откры́тка 엽서
ма́рка 우표
образе́ц 보기
дру́жеский 친밀한
официа́льный 공식적인
собира́ться ⎫ *куда?* ~하려고 하다, 준비하다
собра́ться ⎭
приве́т 안부
встре́ча 만남
уважа́емый 친애하는, 존경하는
сообща́ть ⎫ *кому?* 알리다, 통보하다
сообщи́ть ⎭ *о чём?*
жела́ть ⎫ *кому?* 희망하다
пожела́ть ⎭ *чего?*
целова́ть ⎫ *кого?* 키스하다
поцелова́ть ⎭

* * *

до востре́бования (우편물에 대해) 유치로
почто́вый и́ндекс 우편번호
заказно́е письмо́ 등기우편
заказна́я бандеро́ль 등기소포
поздрави́тельная телегра́мма 축하전보
ничего́ но́вого 특별히 새로운 소식이 없다
с уваже́нием 존경을 담아
е́сли Вас не затрудни́т 만일 어렵지 않다면

ГРАММАТИКА

— **Кому́** он посла́л телегра́мму?   그는 누구에게 전보를 보냈습니까?
— **Свои́м ру́сским друзья́м.**   그의 러시아 친구들에게.

1. 복수 여격

(1) 명사의 복수 여격

어간이 경자음이나 **щ, ч**로 끝나는 남성, 여성, 중성명사는 복수 여격에서 어미 **–ам**을 취하며, 연자음이나 모음으로 끝나는 명사는 어미 **–ям**을 취한다.

주격	여격	어미
кто? что?	кому́? чему́?	
студе́нт	студе́нт**ам**	
оте́ц	отц**а́м**	
врач	врач**а́м**	
това́рищ	това́рищ**ам**	**–ам**
дом	дом**а́м**	
окно́	о́кн**ам**	
студе́нтка	студе́нтк**ам**	
сестра́	сёстр**ам**	
кни́га	кни́г**ам**	
гость	гост**я́м**	
слова́рь	словар**я́м**	
музе́й	музе́**ям**	
санато́рий	санато́ри**ям**	
по́ле	пол**я́м**	
зда́ние	зда́ни**ям**	
мать	матер**я́м**	
тетра́дь	тетра́д**ям**	**–ям**
пе́сня	пе́сн**ям**	
аудито́рия	аудито́ри**ям**	
брат — бра́тья	бра́ть**ям**	

друг — друзья	друзь**ям**
де́рево — дере́вья	дере́вь**ям**
лю́ди	лю́д**ям**
де́ти	де́т**ям**
роди́тели	роди́тел**ям**

(2) 형용사의 복수 여격

주격 **каки́е?**		여격 **каки́м?**		어미
но́вые	друзья́	но́в**ым**	друзья́м	–**ым**
хоро́шие		хоро́ш**им**		–**им**
ру́сские		ру́сск**им**		
си́ние тетра́ди		си́н**им** тетра́дям		

(3) 소유대명사의 복수 여격

주격 **чьи?**		여격 **чьим?**		어미
мой	бра́тья	мо**и́м**	бра́тьям	–**им**
на́ши		на́ш**им**		

(4) 지시대명사의 복수 여격

주격 **каки́е?**		여격 **каки́м?**	
э́ти	студе́нты	э́тим	студе́нт**ам**
те		тем	

2. 단어 кото́рый를 포함하는 복문

단어 **кото́рый**의 성과 수는 그것이 수식하는 명사와 일치한다. 그러나 이 단어의 격은 종속절에서 그 기능에 따라 결정된다. 관계절은 콤마(,)에 의해 주문장으로부터 분리되며, 만약 **кото́рый**가 전치사의 목적어일 때는 전치사는 항상 **кото́рый** 앞에 오게 된다.

Это студе́нтка,	*кто?* **кото́рая** у́чится в на́шей гру́ппе. *у кого́?* **у кото́рой** мы бы́ли вчера́. *кому́?* **кото́рой** я дал свой уче́бник. *кого́?* **кото́рую** мы ви́дели на ве́чере. *с кем?* **с кото́рой** я учи́лся в шко́ле. *о ком?* **о кото́рой** мы говори́ли.
Это студе́нт,	*кто?* **кото́рый** у́чится в на́шей гру́ппе. *у кого́?* **у кото́рого** мы вчера́ бы́ли. *кому́?* **кото́рому** я дал свой уче́бник. *кого́?* **кото́рого** мы ви́дели на ве́чере. *с кем?* **с кото́рым** я учи́лся в шко́ле. *о ком?* **о кото́ром** мы говори́ли.

Это студе́нт, Я был у студе́нта, Я позвони́л студе́нту, Я был в кино́ со студе́нтом, Мы говори́ли о студе́нте,	**кото́рый** у́чится в на́шей гру́ппе.

3. 동사 변화

обня́ть I (*c*)

я	обниму́	мы	обни́мем
ты	обни́мешь	вы	обни́мете
он, она́	обни́мет	они́	обни́мут

посла́ть I (*b*)

я	пошлю́	мы	пошлём
ты	пошлёшь	вы	пошлёте
он, она́	пошлёт	они́	пошлю́т

наде́яться I (*a*)

я	наде́юсь	мы	наде́емся
ты	наде́ешься	вы	наде́етесь
он, она́	наде́ется	они́	наде́ются

собра́ться I (*a*)

я	соберу́сь	мы	соберёмся
ты	соберёшься	вы	соберётесь
он, она́	соберётся	они́	соберу́тся

4. 동사 그룹

чита́ть I (*a*)	
жела́ть	посыла́ть
пожела́ть	присыла́ть
обеща́ть	скуча́ть
пообеща́ть	собира́ться
обнима́ть	сообща́ть

говори́ть II
сообщи́ть (*b*)

танцева́ть I (*a*)
пора́довать
целова́ть
поцелова́ть

посла́ть I (*b*)
присла́ть

УПРАЖНЕНИЯ

1. 보기처럼 다음 문장을 바꾸시오.

   보기 *Он купил фотоаппарáт своемý сы́ну.*
         Он купил фотоаппарáт свои́м сыновья́м.

   1. Он помогáет млáдшему брáту.
   2. Олéг позвони́л своéй сестрé.
   3. Андрéй послáл телегрáмму стáрому дрýгу.
   4. Тáня купи́ла подáрок своéй подрýге.
   5. Он дал словáрь э́тому студéнту.
   6. Мы покáжем гóрод нáшему гóстю.

2. 보기처럼 물음에 답하시오.

   보기 *Лéтом онá былá у свои́х дочерéй.*
         — Кудá онá éздила? — К свои́м дочеря́м.

   1. Онá былá в Ки́еве у свои́х детéй. Кудá онá éздила?
   2. На прóшлой недéле Олéг был у свои́х роди́телей. Кудá он éздил?
   3. В воскресéнье Ми́нхо был у свои́х товáрищей. Кудá он ходи́л?
   4. Студéнты бы́ли у рабóчих э́той фáбрики. Кудá они́ ходи́ли?
   5. Они́ бы́ли у свои́х преподавáтелей. Кудá они́ ходи́ли?
   6. Оля былá у свои́х студéнток. Кудá онá ходи́ла?

3. 보기와 같이 다음 문장을 완성하시오.

   보기 *На завóд приéхали <u>молоды́е инженéры</u>. Мы встрéтили <u>молоды́х инженéров</u>. Мы показáли наш завóд <u>молоды́м инженéрам</u>.*

   1. На конферéнции выступáли **извéстные фи́зики**. Мы показáли нáши лаборатóрии _____.
   2. Он расскáзывал **о знамени́тых учёных**. В журнáле опубликовáли стать́и _____.
   3. На сéвер приéхали **молоды́е специали́сты**. Мы встрéтили _____. Мы пожелáли успéхов в рабóте _____.

4. На э́том факульте́те у́чатся **бу́дущие врачи́**. Шесть лет они́ изуча́ют всё, что ну́жно знать _____ . В но́вую больни́цу пригласи́ли _____ . Но́вая больни́ца понра́вилась _____ .

5. Сего́дня к нам в университе́т прие́дут **иностра́нные журнали́сты**. Мы ждём _____ . Мы пока́жем наш университе́т _____ .

6. Я мно́го чита́л **об америка́нских космона́втах**. Наш го́род встреча́ет _____ . Де́ти подари́ли цветы́ _____ .

4. 보기처럼 물음에 답하시오.

> 보기 — *Он посла́л бандеро́ль* <u>*друзья́м.*</u>
> — <u>*Каки́м?*</u>

1. Он получи́л телегра́мму **от това́рищей**.
2. Мы поздра́вили с пра́здником **де́вушек**.
3. Я посла́л поздравле́ние **друзья́м**.
4. Он купи́л биле́ты в кино́ **сосе́дям**.
5. Я ви́дел его́ **по́сле пра́здников**.
6. Этот фильм идёт **во мно́гих кинотеа́трах**.
7. Пя́тый авто́бус идёт **к магази́ну**.

5. 보기처럼 다음 대화를 완성하시오.

> 보기 — *<u>Кому́</u> он чита́ет ле́кции?*
> — *Бу́дущим матема́тикам.*

1. — _____?
   — (Он помога́ет) но́вым студе́нтам.
2. — _____?
   — (Они́ гото́вятся) к экза́менам по ру́сскому языку́.
3. — _____?
   — (Они́ бу́дут сдава́ть экза́мены) э́тим преподава́телям.
4. — _____?
   — (Он был) у свои́х друзе́й.
5. — _____?
   — (Они́ говори́ли) о ле́тних кани́кулах.

6. 단어 **который** 문장의 용법에 주의하여 다음 문장을 읽으시오.

1. Товарищ поедет в Петербург на конференцию. Мы встретили **его** вчера в университете.

   Товарищ, **которого мы встретили вчера в университете**, поедет в Петербург на конференцию.

2. Этот студент живёт в общежитии. Мы разговаривали **с ним** на вечере.

   Этот студент, **с которым мы разговаривали на вечере**, живёт в общежитии.

3. Эта девушка наша студентка. Мы были **у неё** на новоселье.

   Эта девушка, **у которой мы были на новоселье**, наша студентка.

7. 단어 **который**를 필요할 경우 전치사와 함께 알맞게 써 넣으시오.

1. Я пригласил к себе друга,
   - _____ недавно вернулся в Москву.
   - _____ я не видел два месяца.
   - _____ я обещал показать фотографии.
   - _____ я учился в институте.
   - _____ я много тебе рассказывал.

2. Это институт,
   - _____ он учился.
   - _____ он окончил.
   - _____ ты спрашивал.
   - _____ ты интересовался.

3. Лекция,
   - _____ закончилась недавно, была интересная.
   - _____ мы слушали, началась в два часа.
   - _____ мы были, кончилась в пять часов.
   - _____ они говорят, будет завтра.

8. 보기처럼 다음 문장을 바꾸시오.

   보기 *Я знаю школу, где она работает.*
   Я знаю школу, в которой она работает.

1. Деревня,	где он родился, находится на севере.
	куда он ездил, находится на севере.
	откуда он приехал, находится на севере.
2. В городе,	где он живёт, много институтов.
	откуда он приехал, много институтов.

9. 보기처럼 상황에 맞게 대화를 완성하시오.

телеграф около метро, телефоны-автоматы около почты, книжный магазин напротив универмага, остановка пятого автобуса около больницы, остановка трамвая напротив рынка.

보기 — *Вы не скажете, где почта?*
— *Напротив гостиницы.*
— *Спасибо.*
— *Пожалуйста.*

10. 보기처럼 대화를 상황에 맞게 완성하시오.

(а) **заказные письма принимают в третьем окне налево; телеграммы принимают на втором этаже.**

보기 — *Вы не скажете, где приём бандеролей?*
— *Второе окно направо.*
— *Спасибо.*
— *Пожалуйста.*

(б) 당신은 봉투, 엽서, 5까뻬이까짜리 우표를 사고 싶다.

보기 — *У вас есть марки за четыре копейки?*
— *Да.*
— *Дайте, пожалуйста, одну марку.*

11. (а) 다음 전보를 읽으시오.

Москва В-279 Профсоюзная 85, кв. 38 Сергеевой Жду тебя (на) праздники напиши сможешь ли приехать

Целую мама

(б) 다음 전보에 알맞게 대답하시오.

1. Вы сможете приехать на праздники. Приедете шестого ноября.
2. Вы не сможете приехать, объясните почему.

12. 다음 상황에 맞게 편지를 쓰시오.

1. Вы давно получили письмо от своего брата (друга) или сестры (подруги), но не смогли вовремя ответить. Ответьте на письмо, объясните, почему долго не писали, расскажите, как вы живёте.
2. Скоро день рождения вашей мамы (вашего отца). Напишите ей (ему) поздравительное письмо, используя слова и выражения: **поздравляю..., желаю..., передай привет..., будь здоров(а) и счастлив(а).**
3. Скоро Новый год. Напишите поздравительное письмо вашему преподавателю (вашей преподавательнице).

ЧИТАЙТЕ И СЛУШАЙТЕ

Антон Павлович Чехов

> Жизнь даётся один раз, и хочется прожить её бодро, осмысленно, красиво.
>
> А. П. Чехов

В 1996 году мы отмечали замечательную дату — сто тридцать шесть лет со дня рождения великого русского писателя Антона Павловича Чехова.

Сын лавочника, внук крепостного, Антон Павлович родился в 1860 году в Таганроге, городе на берегу Азовского моря. Чехов рано начал работать, помогать семье; когда учился в гимназии, давал уроки, чтобы заработать деньги для семьи, работал в лавке отца.

После окончания гимназии Антон Павлович поступил на медицинский факультет Московского университета. В годы учёбы в университете он публикует свои первые юмористические рассказы. В 1884 году опубликован первый сборник его рассказов. Чехов становится известным писателем.

Всё творчество Чехова тесно связано с жизнью русского народа.

«Все мы народ, — писал Чехов, — и всё то лучшее, что мы делаем, есть дело народное». Любимые герои Чехова — это всегда люди труда: крестьяне, трудовая интеллигенция.

«Праздная жизнь не может быть чистой», — говорит один из героев Чехова — доктор Астров (пьеса «Дядя Ваня»). Чехов верил в великую силу труда, верил в людей труда. Он мечтал о лучшем будущем своей родины, мечтал о времени, когда вся Россия станет прекрасным садом.

«Пока молоды, сильны, бодры, не уставайте делать добро!» — обращался Чехов к молодым. Сам Чехов не уставал служить своему народу. Врач по профессии, он бесплатно лечил людей, построил на свои деньги сельскую больницу, помогал всем, кто к нему обращался. И, конечно, прежде всего служил людям, своей стране как писатель своими книгами, всем своим творчеством.

Жизнь писателя была коротка, он умер в сорок четыре года — в 1904 году. Но произведения, которые он создал за 25 лет напряжённой работы, сыграли огромную роль в развитии русской и мировой литературы.

«В течение последних двадцати лет самым могучим магнитом для молодых писателей многих стран был Чехов», — писал Джон Голсуорси в 1928 году. О значении творчества Чехова писал Лев Толстой, Максим Горький, Бернард Шоу и многие другие писатели.

Трудно назвать страну, где не знают имени Чехова. Книги его публикуются на разных языках мира. И люди разных стран любят и ценят добрый, человечный талант Чехова, одного из лучших людей своего времени, умного и честного русского писателя.

Чеховские спектакли

> Искусство есть одно из средств единения людей.
>
> *Л. Н. Толстой*

Почти сто лет идут на сценах многих и многих театров мира пьесы Антона Павловича Чехова «Чайка», «Дядя Ваня», «Три сестры», «Вишнёвый сад» и другие.

---

1. **Московский художественный театр (МХАТ)**: 1898년에 꼰스딴찐 스따니슬라프스끼 와 블라비미르 네미로비치 단쩬꼬에 의해 세워진 모스크바 예술극장.

Московский художественный театр[1] по праву считается театром Чехова. На сцене этого театра были поставлены все пьесы Чехова.

Первые постановки чеховских пьес театр осуществил ещё при жизни автора.

Живут, страдают, надеются и верят на сценах театров мира чеховские герои.

Лондон, Париж, Нью-Йорк, Вена, Рим, Сеул, Осло, Хельсинки, Будапешт — вот далеко не полный список городов, в которых шли чеховские спектакли. Чеховские роли — любимые роли многих артистов мира. Знаменитый английский актёр Лоуренс Оливье говорит о роли доктора Астрова в «Дяде Ване» как о своей любимой роли. Много чеховских ролей сыграла замечательная итальянская актриса Джульетта Мазина. В беседе с корреспондентом русского журнала она сообщила, что Чехова любят и высоко ценят в Италии. О себе она сказала: «Я очень люблю Достоевского, Льва Толстого. Но ближе всех мне Чехов и чеховский театр».

Так живёт чудесное, молодое, глубоко современное чеховское искусство.

лавка 가게
лавочник 가게 점원
крепостной 농노의
давать уроки 수업을 하다
сборник рассказов 단편집
служить народу 국민에 봉사하다
играть/сыграть большую роль в чём-либо 무엇에서 큰(중요한) 역할을 하다
осуществить постановку спектакля 연극을 상연하다

играть/сыграть роль в фильме (в спектакле) 영화(연극)에서 역할을 하다
идти на сцене театра 극장의 무대에 서다
по праву 정당하게
ставить спектакль 연극을 연출하다
поставить (пьесу) на сцене театра 극장무대에서 희곡을 상연하다
при жизни кого-либо 누구의 생애에

▶ **Задание к тексту**

1. Расскажите о писателе Антоне Павловиче Чехове.
2. Какие книги Чехова вы читали? Какие чеховские вы видели? Смотрели ли вы кинофильмы по произведениям Чехова? Если смотрели, то какие? Нравится ли вам этот писатель?
3. Каких ещё русских писателей вы знаете?
4. Назовите ваших любимых писателей, расскажите, что вы знаете о них.
5. Назовите вашу любимую книгу.

6. Прочитайте изречения о книге, о её роли в жизни человека.

Книга — лучший спутник в дороге. А с умным спутником всегда найдёшь, что ищешь. (*Восточная мудрость*)

«Великий праздник — хорошая «правильная» книга». *М. Горький*

«Любите книгу — источник знаний, только знание может сделать вас духовно сильным, честным, разумным человеком». *М. Горький*

«Всем хорошим во мне я обязан книгам». *М. Горький*

«Книга делает человека лучше, а это... чуть ли не единственная цель искусства». *И. Гончаров*

«Хорошая книга — точно беседа с умным человеком». *А. Толстой*

«Книги — это друзья, бесстрастные, но верные». *В. Гюго*

«Человека можно узнать по тем книгам, которые он читает». *С. Смайлс*

7. Подберите изречения о книге, о её роли в жизни человека. Переведите их на русский язык.

8. Какую роль в вашей жизни играет книга?

урок 29

Санкт – Петербу́рг

ТЕКСТ

Го́род на Неве́

Санкт-Петербу́рг — оди́н из са́мых краси́вых городо́в Росси́и. Го́род нахо́дится на реке́ Неве́. В Санкт-Петербу́рге сто пять острово́в. Го́род располо́жен на острова́х, поэ́тому его́ ча́сто называ́ют «Се́верной Вене́цией.»

Основа́тель го́рода ру́сский царь Пётр Пе́рвый. Он основа́л э́тот го́род в 1703 году́. Когда́ зако́нчилось строи́тельство го́рода, го́род стал столи́цей Росси́йского госуда́рства. Называ́лся го́род снача́ла Петербу́рг, пото́м Петрогра́д.

В 1918 году́ столи́ца верну́лась в Москву́. В 1924 году́ по́сле сме́рти В. И. Ле́нина го́род стал называ́ться Ленингра́д. Но В 1991 году́ го́роду верну́ли его́ истори́ческое назва́ние

Санкт-Петербург — город святого Петра.

Петербург — большой промышленный и культурный центр. Театры Петербурга, музеи: Русский музей, Эрмитаж — известны не только в нашей стране.

Исторические места и музеи Петербурга, его памятники архитектуры привлекают внимание туристов. Тысячи русских и иностранных туристов ежегодно бывают в Петербурге.

У города много интересных традиций. Одна из таких традиций — музыкальный фестиваль «белые ночи.» Фестиваль этот бывает в июне и продолжается десять дней.

В Санкт-Петербурге жили многие известные русские писатели: Ф. М. Достоевский, Н. В. Гоголь. Здесь, на реке Мойке находится дом, где жил последние годы А. С. Пушкин. Сейчас в этом доме музей-квартира А. С. Пушкина.

▶ Задание к тексту

1. На какой реке находится Санкт-Петербург?
2. Почему город называли «Северной Венецией»?
3. Кто основатель города?
4. Когда Пётр I основал город?
5. Как стал называться город в 1924 году?
6. В каком году городу вернули его историческое название?

ДИАЛОГ

Минхо : Вчера я смотрел по телевизору передачу «Клуб путешественников» о Дальнем Востоке. Очень интересная передача.

Олег : «Клуб путешественников» — одна из моих любимых передач. Я всегда смотрю её. Тебе она тоже нравится?

Минхо : Да, мне особенно интересно смотреть передачи о вашей стране. Я уже знаком с русским Севером, теперь с Дальним Востоком. Хочу увидеть Сибирь,

	озеро Байкал. Ваша страна такая большая.
Олег :	Да, очень. Я одно время хотел стать журналистом, чтобы больше ездить по стране, знакомиться с разными людьми, видеть, как они живут и работают на севере и на юге, на западе и востоке.
Минхо :	Путешествовать всегда интересно. Я постараюсь увидеть в вашей стране как можно больше.

▶ **Задание к тексту**

1. Какую передачу смотрел по телевизору Минхо? Кем хотел стать Олег и почему?
2. Какая ваша любимая телепередача? Расскажите о ней.
3. Какие русские телепередачи вы смотрели? Что вам понравилось?

СЛОВАРЬ

называть ⎱ что? кого? как? 부르다
назвать ⎰
царь (남) 황제
строительство 건설
внимание 주의
смерть (여) 죽음
тысяча 천(1,000)
иностранный 외국의
ежегодно 매년
ежегодный 연간의, 매해의
музыкальный 음악의

* * *

привлекать (привлечь) чьё-либо внимание
누구의 주의를 끌다

* * *

путешествие 여행
путешественник 여행자
передача 방송
журналист 기자
путешествовать 여행하다
стараться ⎱ что (с)делать? 노력하다
постараться ⎰

* * *

передача по телевизору (по радио) TV(라디오)방송
как можно больше 가능한 한 많이
один (одна, одно) из... ~중 하나

ГРАММАТИКА

— С кем он е́здил на экску́рсию? 그는 누구와 같이 소풍을 갔습니까?
— Со свои́ми ру́сскими друзья́ми. 자기의 러시아 친구들과.

1. 복수 조격

(1) 명사의 복수 조격

어간이 경자음이나 **щ, ч**로 끝나는 남성, 중성 및 여성명사는 어미 **-ами**를 취하는 반면, 연자음이나 모음으로 끝나는 명사들은 어미 **-ями**를 취한다. 그러나 명사 **лю́ди**와 **де́ти**는 어미 **-ьми**를 취한다.

주 격 кто? что?	복수 조격 кем? чем?	어 미
студе́нт	студе́нт**ами**	
оте́ц	отц**а́ми**	
врач	врач**а́ми**	
това́рищ	това́рищ**ами**	
дом	дом**а́ми**	**-ами**
окно́	о́кн**ами**	
студе́нтка	студе́нтк**ами**	
сестра́	сёстр**ами**	
кни́га	кни́г**ами**	
гость	гост**я́ми**	
слова́рь	словар**я́ми**	
музе́й	музе́**ями**	
санато́рий	санато́ри**ями**	
по́ле	пол**я́ми**	
зда́ние	зда́ни**ями**	
мать	матер**я́ми**	**-ями**
тетра́дь	тетра́д**ями**	
пе́сня	пе́сн**ями**	
аудито́рия	аудито́ри**ями**	

брат – бра́тья	бра́тьями	
друг – друзья́	друзья́ми	
де́рево – дере́вья	дере́вьями	
роди́тели	роди́телями	
лю́ди	людьми́	
де́ти	детьми́	–ьми

(2) 형용사의 복수 조격

주 격 какие?		조 격 какими?		어 미
но́вые	друзья́	но́выми	друзья́ми	–ыми
хоро́шие		хоро́шими		–ими
ру́сские		ру́сскими		
си́ние	тетра́ди	си́ними	тетра́дями	

(3) 소유대명사의 복수 조격

주 격 чьи?		조 격 чьи́ми?		어 미
мои́	бра́тья	мои́ми	бра́тьями	–ими
на́ши		на́шими		

(4) 지시대명사의 복수 조격

주 격 какие?		조 격 какими?	
э́ти	студе́нты	э́тими	студе́нтами
те		те́ми	

2. 단어 кото́рый의 복수와 복문

복수에서 단어 **кото́рый**는 단수에서와 동일한 규칙으로 사용된다.

	кто?
	которые учатся в нашей группе.
	у кого?
	у которых мы вчера были.
	кому?
Это студенты,	**которым** я дал свой учебник.
	кого?
	которых мы видели на вечере.
	с кем?
	с которыми я учился в школе.
	о ком?
	о которых мы говорили.

3. 동사 **наступа́ть, наступи́ть**의 용법

   наступа́ет у́тро (ве́чер, ночь), зима́ (весна́, о́сень, ле́то)
   наступи́ло у́тро (ле́то)
   наступи́л ве́чер
   наступи́ла ночь (зима́, весна́, о́сень)

4. 동사 그룹

чита́ть I (*a*)
стара́ться
постара́ться
называ́ть
омыва́ть
явля́ться

говори́ть II	자음 교체
руководи́ть (*b*)	д → ж

танцева́ть I (*a*)
путеше́ствовать

звать I (*b*)
назва́ть

УПРАЖНЕНИЯ

1. 보기처럼 문장을 바꾸시오.

> [보기] *Андре́й е́здил в Ки́ев со свои́м сы́ном.*
> *Андре́й е́здил в Ки́ев со свои́ми сыновья́ми.*

1. Оле́г был на ю́ге **со свое́й сестро́й**.
2. Он ходи́л на стадио́н **со ста́ршим бра́том**.
3. Та́ня е́здила на экску́рсию **со свое́й подру́гой**.
4. Мы давно́ знако́мы **с э́тим студе́нтом**.
5. За́втра я встре́чусь **со свои́м ста́рым дру́гом**.
6. Я познако́мился **с интере́сным челове́ком**.

2. 보기처럼 물음에 답하시오.

> [보기] — *Кем ста́нут студе́нты, кото́рые у́чатся в консервато́рии?*
> — *Певца́ми и музыка́нтами.*

1. Кем ста́нут студе́нты, кото́рые у́чатся на инжене́рном факульте́те?
2. Кем ста́нут студе́нты биологи́ческого факульте́та?
3. Кем ста́нут студе́нты фи́зико-математи́ческого факульте́та?
4. Кем ста́нут студе́нты, кото́рые у́чатся в архитекту́рном институ́те?
5. Кем ста́нут студе́нты медици́нского институ́та?
6. Кем ста́нут студе́нты педагоги́ческого институ́та?

3. 보기처럼 다음 문장을 완성하시오.

> [보기] *Он зна́ет мно́гих совреме́нных поэ́тов и писа́телей.*
> *Он знако́м со мно́гими совреме́нными поэ́тами и писа́телями.*

1. На ве́чере бы́ли **на́ши преподава́тели**. Мы поздра́вили с пра́здником _____. Мы пойдём в музе́й _____.
2. В э́тих дома́х живу́т **молоды́е рабо́чие**. Здесь стро́ят клуб для _____. Инжене́ры заво́да встре́тились _____.
3. В МГУ чита́ли ле́кции **изве́стные матема́тики**. Он слу́шал ле́кции _____. Он познако́мился _____.

4. Эти картины создали **талантливые художники**. В Третьяковской галерее богатая коллекция картин _____. Он был знаком _____.

5. В старинных русских городах часто бывают **иностранные туристы**. В Ярославле побывало много _____. Он встретил в гостинице _____. Он встретился _____.

4. 보기처럼 물음에 답하시오.

   보기 — *Он говорил по телефону с друзьями.*
   — *С какими?*

   1. Вчера мы сдавали **зачёты**.
   2. Весной у нас будет много **экзаменов**.
   3. Он помогает **студентам**.
   4. Она знает несколько **языков**.
   5. Они работали в **стройотрядах**.
   6. Она придёт на вечер **с подругами**.
   7. Мы познакомились **с писателями**.
   8. Я был **во многих городах России**.

5. 구 **наши новые друзья**를 알맞게 써 넣어 다음 물음에 답하시오.

   보기 — *С кем вы были в театре?*
   — *С нашими новыми друзьями.*

   1. Кто живёт в этой комнате?
   2. У кого вы были в воскресенье?
   3. Кому вы сейчас звонили?
   4. Кому вы обещали дать эти книги?
   5. К кому вы пойдёте вечером?
   6. Кого вы ждёте?
   7. С кем вы должны встретиться?
   8. О ком вы рассказываете?

6. 단어 **который**를 알맞게 써 넣으시오. 필요하면 전치사를 사용하시오.

   1. Он сдал экзамены,
      - _____ мы будем сдавать через неделю.
      - _____ он очень боялся.
      - _____ долго готовился.
      - _____ говорил нам преподаватель.

2. К нему́ прие́хали това́рищи, | _____ учи́лись с ним в шко́ле.
_____ он был ле́том.
_____ он получи́л письмо́.
_____ он звони́л вчера́.
_____ он познако́мился неда́вно.

7. 보기처럼 두 문장을 결합하시오.

  보기 *Это ста́рые ру́сские города́. Мы с тобо́й в них ещё не́ бы́ли.*
  Это ста́рые ру́сские города́, в кото́рых мы с тобо́й ещё не́ бы́ли.

  1. Это на́ши това́рищи.   Ми́нхо живёт **с ни́ми** в обще- жи́тии.
  2. Около университе́та нас ждут студе́нты. Мы е́дем **с ни́ми** на экску́рсию.
  3. На ве́чере выступа́ли де́вуш- ки.   **Они́** рабо́тают в на́шей лабора- то́рии.
  4. Сего́дня у меня́ го́сти.   Я хочу́ показа́ть **им** Москву́.
  5. К ней прие́хали роди́тели.   Она́ встреча́ла **их** на вокза́ле.

8. 보기처럼 물음에 답하시오.

  보기 — *Что тако́е люби́мая пе́сня?*
       — *Это пе́сня, кото́рую я люблю́.*

  Что тако́е : 1. Его́ знако́мый челове́к?   2. Его́ знако́мая де́вушка?
              3. Его́ люби́мый писа́тель?   4. Его́ люби́мая кни́га?
              5. Его́ родно́й го́род?   6. Его́ родна́я дере́вня?
              7. Изве́стный учёный?   8. Но́вая пе́сня?
              9. Но́вый дом?   10. Но́вое пальто́?

9. 보기처럼 다음 문장을 바꾸시오.

  보기 *Она́ поста́вила на стол таре́лку, на кото́рой лежа́л хлеб и сыр.*
       Она́ поста́вила на стол таре́лку с хле́бом и сы́ром.

  1. Я поста́вил на окно́ ва́зу, **в кото́рой бы́ли цветы́**.
  2. Он взял портфе́ль, **в кото́ром бы́ли кни́ги и тетра́ди**.

3. Он дал мне тетра́дь, **в кото́рой бы́ли э́ти упражне́ния**.

4. Он купи́л конве́рты, **на кото́рых бы́ли краси́вые ма́рки**.

5. Я взял чемода́н, **в кото́ром бы́ли мои́ ве́щи**.

6. Он подошёл к по́лке, **на кото́рой стоя́ли кни́ги**.

10. (а) 다음의 단어와 구를 사용하여 서울에 대해 말하시오.
называ́ться, находи́ться, центр страны́, се́вер (юг, и т. д.) страны́, гла́вная у́лица (пло́щадь), теа́тры, музе́и, кинотеа́тры, па́рки, истори́ческие па́мятники, тра́нспорт го́рода, фа́брики и заво́ды, шко́лы, колле́джи, институ́ты.

(б) 다음의 단어와 구를 사용하여 우리나라에 대해 말하시오.
находи́ться, часть све́та, террито́рия, протяжённость террито́рии, населе́ние, столи́ца, грани́ца, ре́ки, моря́, озёра, го́ры, кли́мат, климати́ческие усло́вия, жа́ркий, тёплый, холо́дный, суро́вый.

11. 적절한 동사의 상을 사용하여 다음 문장을 재구성하시오.

Пусть всегда́ бу́дет со́лнце

Хорошо́ изве́стна ру́сская пе́сня «Пусть всегда́ бу́дет со́лнце!». Но не все зна́ют исто́рию э́той пе́сни.

Вот она́.

Ма́льчику бы́ло четы́ре го́да, когда́ ему́ (объясня́ть — объясни́ть), что зна́чит сло́во «всегда́» — э́то зна́чит на всю жизнь! И ребёнок (чита́ть — прочита́ть) ма́ме свои́ пе́рвые стихи́:

Пусть всегда́ бу́дет со́лнце!
Пусть всегда́ бу́дет не́бо!
Пусть всегда́ бу́дет ма́ма!
Пусть всегда́ бу́ду я!

(Проходи́ть — пройти́) 40 лет. Ма́льчик (станови́ться — стать) инжене́ром. Но стихи́ не (забыва́ть — забы́ть): их (находи́ть — найти́) и записа́л писа́тель Корней Ива́нович Чуко́вский.

Поэ́т Лев Оша́нин (реша́ть — реши́ть) написа́ть стихи́ о ми́ре. Он (вспомина́ть — вспо́мнить) слова́ ма́льчика: «Пусть всегда́ бу́дет со́лнце!». Слова́ э́ти (станови́ться — стать) те́мой стихотворе́ния. Му́зыку к стиха́м (писа́ть — написа́ть) компози́тор Алекса́ндр Остро́вский.

12. 다음 문장을 완성하시오.

1. Когда́ вы сдаёте _____? Он уже́ _____.
2. Они́ гото́вятся _____.
3. Я перевожу́ _____. Он уже́ _____.
4. Преподава́тель объясня́л _____.
5. Мы реши́ли _____.
6. Я откры́л _____.
7. Когда́ закрыва́ется _____?
8. Закро́йте, пожа́луйста, _____,
9. Когда́ закрыва́ется _____?
10. Та́ня посла́ла _____. За́втра она́ то́же _____.
11. Он ча́сто получа́ет _____. Вчера́ он _____.
12. Вы не хоти́те _____?
13. Он не мо́жет _____.
14. Она́ не уме́ет _____.
15. Поздравля́ю _____.
16. Жела́ю _____.

ЧИТА́ЙТЕ И СЛУ́ШАЙТЕ

Не́сколько слов о бескоры́стии

Я хочу́ рассказа́ть исто́рию, кото́рая во мно́гом определи́ла моё отноше́ние к ми́ру.

Вся́кий раз, когда́ захо́дит разгово́р о лю́дях, хоро́ши они́ и́ли плохи́, я вспомина́ю, э́тот слу́чай из де́тства.

Мы жи́ли в дере́вне. Одна́жды оте́ц взял меня́ в го́род. По́мню, мы иска́ли о́бувь, и зашли́ по доро́ге в кни́жный магази́н. Там я уви́дел кни́гу. Я взял её в ру́ки, на ка́ждой страни́це кни́ги бы́ли больши́е карти́нки. Я о́чень хоте́л, что́бы оте́ц купи́л кни́гу, но он посмотре́л на це́ну и сказа́л: «В друго́й раз ку́пим». Кни́га была́ дорого́й.

До́ма я це́лый ве́чер говори́л то́лько о кни́ге. И вот че́рез две неде́ли оте́ц дал мне де́ньги.

Когда́ на друго́й день мы шли к магази́ну, мне бы́ло стра́шно: «А вдруг кни́гу уже́ прода́ли?» Нет, кни́га лежа́ла на ме́сте.

Когда́ мы се́ли в ваго́н да́чного по́езда, все сра́зу заме́тили, каку́ю кни́гу я везу́. Мно́гие сади́лись ря́дом, что́бы посмотре́ть карти́нки. Весь ваго́н ра́довался мое́й поку́пке. И на полчаса́ я стал це́нтром внима́ния.

По́езд отошёл от Москвы́. Побежа́л ми́мо о́кон лес. Я поста́вил кни́гу на откры́тое окно́ и стал смотре́ть на лес, на поля́, кото́рые бежа́ли за окно́м. И вдруг, о у́жас! Кни́га исче́зла ме́жду двойны́ми о́кнами ваго́на. Ещё не понима́я серьёзности положе́ния, я испу́ганно смотре́л на отца́, сосе́да-лётчика, кото́рый пыта́лся доста́ть кни́гу. Че́рез мину́ту уже́ весь ваго́н помога́л нам.

А по́езд бежа́л, и вот уже́ ско́ро на́ша ста́нция. Я пла́кал и не хоте́л выходи́ть из ваго́на. Лётчик о́бнял меня́ и сказа́л:

— Ничего́, по́езд ещё до́лго бу́дет идти́. Мы доста́нем кни́гу и пришлём обяза́тельно. Где ты живёшь?

Я пла́кал и не мог говори́ть. Оте́ц дал лётчику а́дрес. На друго́й день, когда́ оте́ц верну́лся с рабо́ты, он принёс и кни́гу.

— Доста́л?

— Доста́л, — засмея́лся оте́ц.

Э́то была́ та са́мая кни́га. Я засыпа́л с кни́гой в рука́х.

А че́рез не́сколько дней к нам пришёл почтальо́н и принёс нам большо́й паке́т. В паке́те была́ кни́га и запи́ска от лётчика: «Я же говори́л, что мы доста́нем её».

А ещё че́рез день опя́ть пришёл почтальо́н и опя́ть принёс паке́т, а пото́м ещё два паке́та, и ещё три: семь одина́ковых кни́жек.

С того́ вре́мени прошло́ почти́ 30 лет. Кни́жки в войну́ потеря́лись. Но оста́лось са́мое гла́вное — хоро́шая па́мять о лю́дях, кото́рых я не зна́ю и да́же не по́мню в лицо́. Оста́лась уве́ренность: хоро́ших люде́й бо́льше, чем плохи́х. И жизнь дви́жется вперёд не тем, что в челове́ке плохо́го, а тем, что есть в нём хоро́шего.

По В. Песко́ву

бескоры́стие 사심없음, 청렴
определи́ть отноше́ние к чему́-либо
　무엇에 대한 자기의 태도를 결정하다
вся́кий раз 매번
взять что́-либо в ру́ки 무엇을 손으로 잡다
в друго́й раз 다음 번에
да́чный по́езд 교외열차

стать це́нтром внима́ния 관심의 대상이 되다
о у́жас! 어, 저런
двойны́е о́кна 이중창
тот са́мый (та са́мая, то са́мое, те са́мые)
　바로 그
с того́ вре́мени 그 후로
то, что... (тем, что...) что 이하의 것

▶ **Зада́ние к те́ксту**

1. Расскажи́те исто́рию, кото́рая произошла́ с а́втором расска́за.
2. Как повлия́ла э́та исто́рия на отноше́ние а́втора к жи́зни, к лю́дям?
3. Был ли в ва́шей жи́зни слу́чай, кото́рый сыгра́л таку́ю же ва́жную роль? Расскажи́те о нём.
4. Прочита́йте посло́вицы и афори́змы о челове́ке, его́ нра́вственных це́нностях (도덕적 가치).

    Не ищи́ красоты́, ищи́ доброты́.

    Мал золотни́к, да до́рог.

    Не всё то зо́лото, что блести́т.

    «Ве́рить в челове́ка... э́то лу́чшее, что даёт нам жизнь». *М. Го́рький*

    «Всё прекра́сное на земле́ — от со́лнца и всё хоро́шее — от челове́ка». *М. Пришви́н*

    «Лу́чшее, что я храню́ в себе́, э́то живо́е чу́вство к хоро́шим лю́дям». *М. Пришви́н*

    «Важне́йший капита́л на́ции — нра́вственные ка́чества наро́да». *Н. Черныше́вский*

    «В челове́ке должно́ быть всё прекра́сно: и лицо́, и оде́жда, и душа́, и мы́сли». *А. Че́хов*

5. Подбери́те посло́вицы и афори́змы о челове́ке, его́ нра́вственных це́нностях. Переведи́те их на ру́сский язы́к.
6. Назови́те ваш люби́мый афори́зм и́ли посло́вицу, кото́рые выража́ют ва́ше отноше́ние к лю́дям.

урок 30

Сибирь

ТЕКСТ

Сибирь

Они вышли из самолёта и удивлённо спросили:

— А где же Сибирь?

— Вот она Сибирь! — ответили им. — Вот это солнце, эти деревья, эти цветы. Всё это и есть Сибирь. Медведя, правда, показать вам не можем: дежурный медведь в отпуске...

Может наши гости и не поняли, что это шутка. Начинался август, пожалуй, самое прекрасное время на юге Сибири. Температура +20°, а туристы из Ганы были в тёплых пальто. Они удивились, что сибирские учёные, которые их встречали, не в пальто, а в летних костюмах.

— Но где же Сибирь? Где она? — продолжали спрашивать туристы.

Это были первые африканцы, которые прилетели в Сибирь. Дома, в Гане, им казалось, что Сибирь — это ледяная пустыня... Что такое «Сибирь»? В переводе на русский язык это слово значит «спящая земля». И вот такой спящей, холодной, дикой думали увидеть Сибирь наши гости. Они ещё дома читали о страшных морозах, о волках и медведях, которые живут в русских «джунглях» — сибирской тайге, о людях, которые на собаках едут через тайгу.

И сейчас африканцы вспоминают эти страшные сказки и спрашивают удивлённо:

— Где же Сибирь? Где волки и медведи?

Их нет, а есть современный аэропорт. А вместо ледяной пустыни — деревья и цветы. Как много теряют народы от того, что, даже в нашем XX веке так мало знают друг о друге.

— А как здесь зимой? Минус семьдесят?

— Нет, минус двадцать — минус сорок. Мы же на юге Сибири. А потом, знаете, у нас есть поговорка: «В Сибири минус пятьдесят — не мороз, тысяча километров — не расстояние».

▶ **Задание к тексту**

1. Из какой страны приехали в Сибирь туристы? Что они думали о Сибири раньше? Какую Сибирь они увидели?
2. В какой сибирский город прилетели туристы? Что вы узнали об этом городе?
3. Расскажите, что вы знаете о Сибири.

ДИАЛОГ

Олег : Таня, нам телеграмма из Киева.
Таня : От кого?
Олег : От моего товарища. Он приезжает на праздники в Москву.
Таня : Когда он приезжает?

Олég : Тридцáтого декабря́.
Тáня : А в какóе врéмя?
Олéг : Он не написáл, но есть нóмер пóезда. Мóжно позвони́ть в спрáвочное бюрó.

Спрáвочное бюрó

Тáня : Скажи́те, пожáлуйста, когдá прихóдит из Ки́ева тринáдцатый пóезд?
Дежу́рная : В 23 часá.
Тáня : Спаси́бо.
Дежу́рная : Пожáлуйста.

— Вы не скáжете, когдá прилетáет самолёт из Áдлера?
— Нóмер рéйса?
— 237.
— В 17 часóв.

— Когдá отхóдит в Петербу́рг четы́рнадцатый пóезд?
— В 16 часóв.

▶ **Задание к тексту**
Каку́ю телегрáмму получи́л Олéг? Кудá и почему́ позвони́ла Тáня?

СЛОВАРЬ

удивлённо 놀라서
медвéдь (남) 곰
дежу́рный 일직의, 당번의
óтпуск 휴가
пожáлуй 아마
Гáна 가나
хозя́ин (복 хозя́ева) 주인
сиби́рский 시베리아의
африкáнец 아프리카인
лёд 얼음
ледянóй 얼음의

пусты́ня 사막, 황무지
перевóд 번역
спя́щий 잠자는
ди́кий 야생의
стрáшный 무서운
морóз 서리
волк 늑대
джу́нгли 정글
чéрез *что?* ~를 건너
скáзка 이야기, 동화
аэропóрт 공항

вме́сто *чего́?* ~대신에		рейс 항로, 노선
теря́ть потеря́ть } *что? кого?* 잃다		
три́ста 300		* * *
		спра́вочное бюро́ 안내소

* * *

прилета́ть *куда?*
прилете́ть *отку́да?* } 비행하다, 날아가다

ГРАММАТИКА

> К Андре́ю **прие́хала** сестра́ из Петербу́рга.
> 안드레이에게 뻬쩨르부르그로부터 누나가 왔다.
> Она́ ча́сто **приезжа́ет** к нему́.
> 그녀는 자주 그에게 온다.

1. 접두사가 붙은 운동동사의 상의 짝

부정태 동사 **ходи́ть**에 접두사가 붙은 운동동사 **приходи́ть, уходи́ть, входи́ть, выходи́ть** 등은 불완료상 동사를 형성한다. 반면에 정태동사 **идти́**에 운동을 나타내는 접두사가 붙은 운동동사 **прийти́, уйти́, войти́, вы́йти** 등은 완료상 동사를 형성한다.

	ходи́ть 그룹 (불완료상)	идти́ 그룹 (완료상)	의 미
자 동 사	приходи́ть приезжа́ть прилета́ть приплыва́ть прибега́ть	прийти́ прие́хать прилете́ть приплы́ть прибежа́ть	(걸어서) 도착하다 (운송수단을 이용하여) 도착하다 비행기로 도착하다 수영하여 다가오다 달려오다
타 동 사	приноси́ть *что?* приводи́ть *кого?* привози́ть	принести́ *что?* привести́ *кого?* привезти́	(자신의 손으로) 가지고 오다 데리고 오다 (운송수단을 이용하여) 운반하다

Он ча́сто **приезжа́ет** в Москву́. 그는 자주 모스크바에 온다.	Он вчера́ **прие́хал** в Москву́. 그는 어제 모스크바에 도착했다.
Ле́том мы обы́чно **уезжа́ем** на юг. 여름에 우리는 보통 남쪽 지방으로 떠난다.	Они́ уже́ **уе́хали** на юг. 그들은 이미 남쪽으로 떠났다.

과거시제에서 **ходи́ть** 그룹에 접두사가 붙어서 형성된 동사들은 상응하는 접두사 없는 동사처럼 두 방향으로의 운동을 의미할 수 있다. 그러나 **идти́** 그룹에 접두사가 붙은 동사들은 항상 한 방향으로의 운동만을 의미한다.

ходи́ть	идти́
Ко мне **приходи́л** това́рищ. (Он был у меня́ и ушёл.) К нему́ **приезжа́ла** сестра́. (Она́ была́ у него́ и уе́хала.)	Ко мне **пришёл** това́рищ. (Он сейча́с у меня́.) К нему́ **прие́хала** сестра́. (Она́ сейча́с у него́.)
← → □	→ □
(두 방향으로의 운동)	(한 방향으로의 운동)

2. 구문 **что́бы...**

접속사 **что́бы**는 두 행위가 동일인에 의해 수행될 때에는 다음에 동사의 미정형이 오고, 두 행위가 각각 다른 사람에 의해 수행될 경우에는 동사의 과거형이 온다. 그러나 이 경우 해석은 현재시제로 해야 한다.

    Я взял статью́. Я переведу́ её. (행위자가 동일인)
    Я взял статью́. Он переведёт её. (서로 다른 행위자)

что́бы + 미정형	что́бы + 과거시제
Я взял э́ту статью́, **что́бы перевести́** её. 나는 번역하려고 이 논문을 가져왔다.	Я взял э́ту статью́, **что́бы** он **перевёл** её. 나는 그가 (그것을) 번역하도록 이 논문을 가져왔다.

구문 **чтóбы**+미정형에서 접속사 **чтóбы**는 다음에 운동동사가 올 경우 흔히 생략된다.

    Я приéхал в Москвý, **чтóбы** учи́ться.
    Я приéхал в Москвý учи́ться.

3. 동사 그룹

читáть I (a)
терять
потерять
прибегáть
прилетáть
приплывáть

говори́ть II	자음 교체
приводи́ть (c)	д → ж
привози́ть (c)	з → ж
приноси́ть (c)	с → ш

плыть I (b)
приплы́ть

летéть II (b)	자음 교체
прилетéть	т → ч

бежáть
прибежáть

везти́ I (b)	과거시제
привезти́	он привёз
	онá привезлá
	они́ привезли́

вести́ I (b)	과거시제
привести́	он привёл
	онá привелá
	они́ привели́

нести́ I (b)	과거시제
принести́	он принёс
	онá принеслá
	они́ принесли́

УПРАЖНЕНИЯ

1. 접두사가 붙은 운동동사를 사용하여 다음 문장을 재구성하시오.

Необычная экскурсия

В один из своих приездов в Москву писатель Мартин Андерсен Нексе отправился в необычную экскурсию. Рано утром он **вышел** из гостиницы, **вошёл** в метро, доехал до станции «Сокольники», **вышел** из метро, **подошёл** к остановке троллейбуса. На троллейбусе он **доехал** до одного московского завода. У завода он сделал пересадку и на автобусе снова **поехал** в центр. А через год или два он рассказал нам об этой необычной экскурсии.

— В автобусах, троллейбусах, в вагонах метро люди читали. Я видел молодого рабочего. Он читал стихи. Люди **шли** к выходу, мешали ему, а он продолжал читать. Большая радость для писателя видеть, как люди вот так читают книги. И это часто можно видеть в России.

2. 동사 **идти – ходить**와 **ехать – ездить**를 알맞은 접두사를 붙여 써 넣으시오.

Вчера _____ мой друг из Киева. Он часто _____ ко мне. С вокзала мы _____ домой, пообедали и решили _____ на стадион. Когда мы _____ из дома, мы встретили Нину. Она _____ с нами до остановки. Когда _____ наш автобус, Нина решила _____ с нами. Все вместе мы _____ на стадион. Домой мы _____ поздно.

3. 오른쪽에 주어진 단어를 그 상을 고려하여 알맞게 써 넣으시오.

1. Вчера к Олегу _____ друг из Петербурга. — *прилететь – прилетать*
2. Таня уже _____ в санаторий. — *уезжать – уехать*
3. — Скажите, пожалуйста, когда _____ поезд № 13 из Киева? — *приходить – прийти*
4. Андрей часто приходит ко мне и _____ интересные книги. — *приносить – принести*
5. Когда бабушка приезжает в Москву, она всегда _____ внукам подарки. — *привозить – привезти*

Вчера она тоже _____ много подарков.

4. 보기처럼 다음 문장을 재구성하시오.

> 보기 *Я пришёл в университет в 10 часов.*
> *Обычно я прихожу в 9.*

1. К Тане приехала сестра из Петербурга. Она часто _____.
2. К Олегу пришли товарищи из МГУ. Они часто _____.
3. Сегодня я вышла из дома в 8 часов. Но обычно я _____.
4. Каждое утро мы с Таней встречаемся на остановке. Сегодня я подошла к остановке, её ещё не было. Обычно, когда я _____.
5. Вчера они ушли домой в 6 часов. Обычно они _____.
6. Джон принёс мне английские журналы. Он часто _____.

5. 운동동사를 사용하여 보기처럼 다음 문장을 바꾸시오.

> **(а)** 보기 *На прошлой неделе у нас была сестра из Киева.*
> *На прошлой неделе к нам приезжала сестра из Киева.*

> **(б)** 보기 *Сейчас у нас живёт сестра из Киева.*
> *К нам приехала сестра из Киева.*

1. (а) Недавно у Андрея был брат из Новосибирска.
   (б) Андрей спешит домой, его ждёт брат из Новосибирска.
2. (а) Вчера у Олега был Минхо, они вместе работали.
   (б) Сейчас Минхо у Олега, они вместе работают.
3. (а) Вчера у нас был Миша, он показывал нам свой фотоальбомы.
   (б) У нас был Миша, он дал нам свой фотоальбомы.

6. 접속사 **чтобы** 다음에 오는 동사의 용법에 주의하여 다음 문장을 읽으시오.

1. Я взял словарь (зачем?), **чтобы перевести** статью.
2. Он пришёл (зачем?), **чтобы рассказать** нам об этом.
3. Я взял журнал (зачем?), **чтобы прочитать** его статью.

1. Я взял словарь (зачем?), **чтобы** ты **перевёл** статью.
2. Он пришёл к нам (зачем?), **чтобы** ты **рассказал** ему об этом.
3. Я принёс тебе журнал, **чтобы** ты **прочитал** его статью.

7. 주어진 상황에 대한 대답에 근거하여 다음 물음에 답하시오.

(а) Ва́ша сестра́ ско́ро прие́дет в Москву́. **Она́ хо́чет познако́миться с Москво́й, побыва́ть в моско́вских музе́ях, побыва́ть в теа́трах, встре́титься с друзья́ми.**

Заче́м она́ прие́дет в Москву́?

보기 *Она́ прие́дет, что́бы познако́миться с Москво́й.*

(б) Вы пришли́ к дру́гу, кото́рого давно́ не ви́дели. Вы хоти́те поговори́ть с ним, узна́ть, как он живёт. Рассказа́ть ему́ об экза́менах, помо́чь ему́ биле́ты, перевести́ вме́сте с ним но́вые те́ксты и т. д.

Заче́м вы пришли́ к дру́гу?

보기 *Я пришёл, что́бы помо́чь ему́.* Или: *Я пришёл помо́чь ему́.*

8. 단어 Петербу́рг, Москва́, Ки́ев, Адлер를 사용하여 보기처럼 물음에 답하시오.

(а) 보기 *Скажи́те, пожа́луйста, когда́ прихо́дит по́езд из Новосиби́рска?*

(б) 보기 *Скажи́те, пожа́луйста, когда́ прилета́ет самолёт из Новосиби́рска?*

9. 적당한 동사의 상을 사용하여 다음 문장을 재구성하시오.

Я удиви́лся
(из блокно́та францу́зского журнали́ста)

В Яку́тске я (реши́л — реши́ть) побыва́ть на по́люсе хо́лода. И тут меня́ ждал пе́рвый сюрпри́з: мне (говори́ть — сказа́ть), что я могу́ лете́ть одни́м из трёх авиаре́йсов. Я ду́мал, что э́то ди́кий край, а тут совреме́нный аэропо́рт. Когда́ у вы́хода из аэропо́рта я (ви́дел — уви́дел) такси́, я о́чень удиви́лся: такси́ здесь, на по́люсе хо́лода?! Самолёт, на кото́ром мы лете́ли, был настоя́щим чу́дом. Что́бы (поня́ть — понима́ть), чему́ я удиви́лся, на́до знать, что во Фра́нции биле́т на самолёт сто́ит о́чень до́рого, и лета́ют на самолёте немно́гие. А здесь лю́ди (сади́ться — сесть) в самолёт так же, как у нас в авто́бус.

ЧИТАЙТЕ И СЛУШАЙТЕ

Смело, малыш!

Я поднимаюсь в горы, со мной в фуникулёре поднимаются женщины с маленькими детьми. Малыши одеты, как настоящие лыжники.

Наверху родители загорают. Дети в это время стоят рядом с высоким, пожилым, очень сильным тренером. Вот он подходит к трёхлетнему малышу, подталкивает его, тот едет с небольшой горки и старается не упасть. Скорость всё прибавляется, мальчик вот-вот упадёт, а тренер негромко говорит: «Смело! Смело! Смело!» Малыш, всё-таки падает. Тренер ждёт, пока тот поднимается, дружески улыбается своему ученику и повторяет снова: «Смело, малыш, смело!» И снова мальчик едет вниз, падает, поднимается, смотрит на тренера. Снова тот дружески улыбается ему и повторяет своё единственное: «Смело!»

А когда мальчик съехал вниз и остановился, сияющий и гордый, тренер улыбнулся и сказал: «Молодец!» — и дал ему конфету.

— На, держи!
— Спасибо!
— Ты хорошо ездишь, я доволен тобой!
— Я могу съехать ещё раз.
— Знаю.
— Можно?
— Иди.

И малыш смело поехал вниз.

Потом съезжала девочка лет пяти. Она упала и заплакала.

Тренер подъехал к ней и протянул палку. Девочка поднялась, и они поехали вниз вместе.

— Поедешь ещё раз? — спросил внизу тренер.
— С вами?
— Нет.
— Одна?
— Конечно.

Девочка закрыла глаза.

— Боишься?
— Да.

— А чего ты боишься?

— Я боюсь снова упаду.

— Тебе было больно, когда ты упала?

Девочка улыбнулась сквозь слёзы:

— Нет, мне не было больно.

— Вот видишь...

И девочка поехала вниз. А тренер стал негромко повторять:

— Смело! Смело! Смело!

И мне вдруг очень захотелось, чтобы сквозь всю мою жизнь шёл вот такой же сильный и спокойный тренер и повторял своё слово. Оно очень нужно и старикам и детям.

По. Ю. Семёнову

улыбну́ться сквозь слёзы 눈물을 흘리면서 웃다.

> Мне очень захотелось, чтобы сквозь всю мою жизнь шёл вот такой же сильный тренер.
> 나는 전 생애를 통하여 저렇게 강한 트레이너가 돌봐 주기를 매우 원했다.

▶ **Задание к тексту**

1. Расскажите историю, которую вы прочитали.
2. Как вы думаете, почему автор захотел, чтобы такой человек, как тренер, был всегда рядом с ним?
3. Какое качество в человеке вы считаете самым важным? Есть ли это качество у вашего друга?
4. Прочитайте пословицы и афоризмы о дружбе. Найдите на вашем языке аналогичные пословицы и афоризмы, переведите их на русский язык.

Друга ищи, а найдёшь — береги.

Скажи мне, кто твой друг, и я скажу тебе, кто ты.

Друзья познаются в беде..

Не имей сто рублей, а имей сто друзей.

Для дружбы нет расстояний. (*Индийская мудрость*)

С лукавым другом не переезжай реки. (*Китайская мудрость*)

Друзья наших друзей — наши друзья. (*Французская пословица*)

«Лу́чшее, что есть в жи́зни челове́ка — это́ его́ дру́жба с други́ми людьми́». *Авраа́м Ли́нкольн*

«Дру́жба конча́ется там, где недове́рие». *Сене́ка*

УРОК 31

ТЕКСТ

О нашей ёлке

Давно стало традицией в новогоднюю ночь с тридцать первого декабря на первое января приглашать в гости родных и друзей. За праздничным столом в комнате с нарядной ёлкой встречаем мы Новый год.

Почему символом новогоднего праздника стала у нас ёлка?

Приблизительно триста лет назад русский царь Пётр I издал специальный указ о новогоднем празднике. По приказу Петра первого января 1700 года все должны были украсить дома еловыми и сосновыми ветками и «в знак веселья» обязательно поздравить друг друга с Новым годом.

В Москве в этот день стреляли из пушек, на улицах и площадях устраивали фейерверки.

С тех пор мы встречаем Новый год с нарядной весёлой ёлкой.

В новогоднюю ночь ровно в 12 часов по радио и телевидению транслируют бой Кремлёвских курантов. Именно в эти минуты приходит Новый год.

Новый год — это новые планы и надежды.

С Новым годом! С новым счастьем, друзья!

> Пусть каждый день и каждый час
> Вам новое добудет.

Пусть добрым будет ум у вас,
А сердце умным будет.
Вам от души желаю я,
Друзья, всего хорошего.
А всё хорошее, друзья,
Даётся нам недёшево.

              С. Маршак

▶ **Задание к тексту**

1. Расскажите, как встречают Новый год в России? Почему символом Новогоднего праздника стала ёлка?
2. Когда (в какой день какого месяца) в вашей стране встречают Новый год?
3. Расскажите, как вы встречали Новый год в прошлом году и как хотите встретить Новый год сейчас?
4. Что вы знаете о новогодних традициях других стран?

ДИАЛОГ

Таня : Олег, я получила письмо из Петербурга от Нины.
Олег : Что она пишет?
Таня : Пишет, что была очень занята, поэтому долго не писала. Поздравляет нас с наступающим Новым годом, спрашивает, не сможете ли мы приехать на праздники. Вот читай: «Если сможем, приезжайте к нам на Новый год, мама с папой будут очень рады».
Олег : Напиши, что в этом году мы не сможем приехать, а на следующий год проведём у них часть каникул: походим в театры, музеи.
Таня : Писать, пожалуй, уже поздно, я завтра позвоню ей. А знаешь, Наташа тоже приглашает нас встречать Новый год. Она приглашает нас за город. Они с друзьями хотят встретить Новый год в лесу с на-

176

стоящей ёлкой.

Олег : Ну что ж, хорошо. Утром можно будет покататься на лыжах.

▶ **Задание к тексту**

Какое письмо и от кого получили Олег и Таня? Кто ещё приглашает их на Новый год? Как они решили встретить Новый год?

СЛОВАРЬ

новогодний 새해의
родные (복) 친척들
нарядный 잘 차려입은, 꾸민
символ 상징
издавать ⎫
издать ⎭ *что?* 출판하다
указ 법령, 조치
украшать ⎫
украсить ⎭ *что? чем?* 장식하다
еловый 전나무의
сосновый 소나무의
ветка 가지
веселье 즐거움, 오락
стрелять (총) 쏘다
пушка 대포
устраивать ⎫
устроить ⎭ *что?* 조직, 개최하다
фейерверк 불꽃놀이
ровно 정확히
бой (시계등의) 때리는 소리
план 계획

надежда 희망
добывать ⎫
добыть ⎭ *что?* 얻다
добрый 친절한
ум 지혜
дёшево 싸게
недёшево 싸지 않게
дорого 비싸게

* * *

по приказу кого-либо 누구의 명령에 따라
в знак веселья 즐거움의 표시로
Кремлёвские куранты 크레믈린의 시계

* * *

знакомые (복) 아는 사람들
ёлка 크리스마스 트리, 새해맞이 나무

* * *

встречать
(встретить) ⎭ Новый год 새해를 맞이하다

ГРАММАТИКА

1. 직접화법과 간접화법

① 직접화법이 의문사를 포함하는 의문문이면, 의문사는 간접화법에서 유지된다.

Мы спросили его: «Где ты живёшь?»

177

Мы спроси́ли его́, где он живёт.

② 직접화법이 의문사 없는 의문문이면, 간접화법은 불변화사 **ли**를 포함하게 된다. 이 경우 **ли**는 항상 의문을 나타내는 단어 바로 앞에 온다.

Я спроси́л её: «Ты зна́ешь его́ а́дрес?»
Я спроси́л её, зна́ет ли она́ его́ а́дрес.

③ 직접화법이 서술문일 경우 간접화법은 접속사 **что**에 의해서 소개된다.

Он сказа́л: «Я получи́л письмо́ от сестры́».
Он сказа́л, что он получи́л письмо́ от сестры́.

④ 직접화법이 명령, 소원, 요구, 충고 등을 나타내면, 간접화법은 접속사 **что́бы**에 의해 도입된다.

Он сказа́л мне: «Возьми́ э́тот журна́л!».
Он сказа́л мне, что́бы я взял э́тот журна́л.

직접화법	간접화법
1. Он спроси́л меня́: «Куда́ ты идёшь?» 그는 나에게 "어디에 가니?"라고 물었다.	1. Он спроси́л меня́, куда́ я иду́. 그는 나에게 어디에 가느냐고 물었다.
2. Он спроси́л меня́: «Ты пойдёшь в теа́тр?» 그는 나에게 "극장에 갈래?" 하고 물었다.	2. Он спроси́л меня́, пойду́ ли я в теа́тр. 그는 나에게 극장에 가겠느냐고 물었다.
3. Он сказа́л мне: «Сего́дня я приду́ к тебе́». 그는 나에게 "오늘 너한테 갈게"라고 말했다.	3. Он сказа́л мне, что сего́дня он придёт ко мне. 그는 나에게 오늘 오겠다고 말했다.
4. Он сказа́л мне: «Купи́ мне э́ту кни́гу». 그는 나에게 "그 책을 사줘"라고 말했다.	4. Он сказа́л мне, что́бы я купи́л ему́ кни́гу. 그는 나에게 그 책을 사 달라고 말했다.

(1) 화법에서의 대명사 용법

Он спроси́л меня́: «Куда́ ты идёшь?»	Он спроси́л меня́, куда́ я иду́.
Он сказа́л мне: «Сего́дня я приду́ к тебе́».	Он сказа́л мне, что сего́дня он придёт ко мне.

지금까지 살펴본 바와 같이 직접화법을 간접화법으로 바꿀 때에 다른 문장 성분들은 문맥에 따라 적절히 바뀌지만, 시제는 항상 직접화법의 그것과 동일하다.

2. 동사 그룹

УПРАЖНЕНИЯ

1. 다음 문장을 화법에 주의하여 읽고, 그것을 3인칭으로 재구성하시오.

Учи́тельница Аста

Ка́ждое у́тро ко мне́ прихо́дит учи́тельница Аста. Она́ у́чит меня́ эсто́нскому языку́. Я уже́ мно́го лет живу́ в Та́ллинне[1], но по-эсто́нски могу́ сказа́ть то́лько: «До́брое у́тро!» или «Сего́дня я не пригото́вил уро́к». Учи́тельница Аста ча́сто говори́т мне, что сты́дно не зна́ть языка́ наро́да, с кото́рым живёшь. Но мне уже́ не два́дцать лет, и учи́ть язы́к для меня́ совсе́м не легко́. Ита́к, мы начина́ем уро́к.

— Экску́рсия по го́роду, — говори́т Аста, — мы в па́рку Кадрио́рг[2]. Я тури́стка, хочу́ познако́миться с ва́шим го́родом. Расска́зывайте.

— Парк большо́й, — начина́ю я, — весно́й дере́вья в нём зелёные. Недалеко́ балти́йское мо́ре.

— Пло́хо, — говори́т Аста, — э́то вы зна́ли уже́ полго́да наза́д.

---

1. **Та́ллинн**: 발트해 연안에 위치한 에스토니아의 수도.
2. **Кадрио́рг**: 발트해 연안에 위치한, 딸린에서 수마일 떨어진 공원.

Уйдём из па́рка. Сейча́с мы в магази́не. Вы хоти́те купи́ть ме́бель для но́вой кварти́ры. Я продаве́ц.

— Мне нужна́ кни́жная по́лка, — говорю́ я.

— Кни́жных по́лок нет, — отвеча́ет Аста. — но, мо́жет быть, вам нужны́ кре́сла? У нас есть о́чень хоро́шие кре́сла.

— Нет, кре́сло мне не ну́жно, — отвеча́ю я и ду́маю: «А что мне ну́жно? А ну́жно мне с тако́й де́вушкой, как Аста, пойти́ в парк Кадрио́рг», но сказа́ть э́то я не могу́ и продолжа́ю на плохо́м эсто́нском объясня́ть, каку́ю ме́бель я хочу́ купи́ть.

2. 접속사 **что**나 **что́бы**를 써 넣으시오.
   1. Роди́тели написа́ли, _____ на пра́здники они́ прие́дут в Москву́.
   2. Роди́тели написа́ли, _____ Та́ня с Оле́гом на пра́здники прие́хали к ним.
   3. Они́ сказа́ли, _____ обяза́тельно прие́дут в Сиби́рь ещё раз.
   4. Они́ сказа́ли, _____ мы обяза́тельно побыва́ли в Сиби́ри.
   5. Тури́сты удиви́лись, _____ сиби́рские учёные бы́ли в ле́тних костю́мах.
   6. Хозя́ева го́рода хоте́ли, _____ го́сти познако́мились с их го́родом.

3. 단어 **ли**나 **е́сли**를 써 넣으시오.
   1. Они́ спроси́ли, хо́лодно _____ здесь зимо́й.
   2. _____ вы побыва́ете ле́том на ю́ге Сиби́ри, вам там о́чень понра́вится.
   3. Зна́ете _____ вы, что по террито́рии Росси́и прохо́дит 11 часовы́х поясо́в.
   4. _____ вы лети́те с восто́ка на за́пад Росси́и, вы мо́жете встре́тить Но́вый год 11 раз.
   5. Не хо́чешь _____ ты пое́хать на экску́рсию?
   6. _____ ты хо́чешь посмотре́ть ста́рые ру́сские города́, ты мо́жешь пое́хать с на́ми.
   7. Он спроси́л, зна́ю _____ я её а́дрес.
   8. _____ ты зна́ешь а́дрес Ната́ши, дай мне, пожа́луйста.

4. 보기처럼 물음에 답하시오.

   보기   Андре́й спроси́л Ни́ну: «Когда́ ты была́ на э́той вы́ставке?»

— *О чём Андре́й спроси́л Ни́ну?*
— *Он спроси́л её, когда́ она́ была́ на э́той вы́ставке.*

1. Врач спроси́л Та́ню: «Как вы себя́ чу́вствуете?» — Что спроси́л врач?
2. Ми́нхо спроси́л: «Когда́ прилета́ет Андре́й?» — Что спроси́л Ми́нхо?
3. Ни́на спроси́ла: «Что за́втра идёт в теа́трах?» — Что спроси́ла Ни́на?
4. Оле́г спроси́л меня́: «Како́й экза́мен ты сдаёшь в сре́ду?» — О чём спроси́л Оле́г?
5. Ми́нхо спроси́л де́вушек: «Как вы собира́етесь провести́ пра́здники?» — О чём спроси́л Ми́нхо?
6. Я спроси́л Та́ню: «Где ты реши́ла встреча́ть Но́вый год?» — О чём вы спроси́ли Та́ню?

5. 보기처럼 물음에 답하시오.

(а) 보기 *Та́ня сказа́ла: «Мы хоти́м встреча́ть Но́вый год в лесу́».*
— *Что сказа́ла Та́ня?*
— *Та́ня сказа́ла, что они́ хотя́т встреча́ть Но́вый год в лесу́.*

(б) 보기 *Оле́г попроси́л Та́ню: «Позвони́ мне».*
— *О чём попроси́л Оле́г?*
— *Оле́г попроси́л Та́ню позвони́ть ему́.*

(в) 보기 *Оле́г сказа́л Та́не: «Позвони́ мне».*
— *Что сказа́л Оле́г?*
— *Оле́г сказа́л Та́не, что́бы она́ позвони́ла ему́.*

1. Ми́нхо сказа́л: «Я хочу́ посла́ть домо́й письмо́ и бандеро́ль».
   — Что сказа́л Ми́нхо?
2. Брат написа́л мне: «Я был о́чень за́нят». — О чём написа́л брат?
3. Сестра́ Ни́ны пи́шет ей: «Твоё письмо́ получи́ла». — О чём пи́шет сестра́ Ни́ны?
4. Сестра́ про́сит: «Переда́й приве́т Та́не». — О чём про́сит сестра́?
5. Оле́г сказа́л Ми́нхо: «Мне нра́вятся стихи́ Гамза́това». — Что сказа́л Оле́г?

6. Олег сказал Минхо: «Прочитай его стихи». — Что сказал Олег?

6. 다음 대화를 읽고 물음에 답하시오.

> 보기 *Нина: Андрей, ты свободен сегодня?*
> *Андрей: Да, свободен.*
> — *Что спросила Нина?*
> — *Нина спросила, свободен ли сегодня Андрей.*
> — *Что ответил Андрей?*
> — *Андрей ответил, что он свободен.*

1. Таня: Олег, вечерние газеты уже были?
   Олег: Нет, ещё не было.
   Что спросила Таня? Что ответил Олег?
2. Олег: Таня, позвони в справочное бюро.
   Таня: Я уже позвонила.
   О чём попросил Олег Таню? Что ответила Таня?
3. Наташа: Нина, ты давно окончила институт?
   Нина: Два года назад.
   Что спросила Наташа? Что ответила Нина?
4. Олег: Минхо, ты умеешь кататься на лыжах?
   Минхо: Умею.
   О чём спросил Олег? Что ответил Минхо?
5. Андрей: Минхо, ты поедешь домой на зимние каникулы?
   Минхо: Ещё не решил.
   Что спросил Андрей? Что ответил Минхо?
6. Миша: Оля, эта статья трудная?
   Оля: Очень, помоги мне, пожалуйста, перевести стаью.
   О чём спросил Миша? Что ответила Оля? О чём попросила Оля?

7. (a) 보기처럼 다음 문장을 바꾸시오.

> 보기 *Он дал вам мой телефон?*
> *Дал ли он вам мой телефон?*

1. Вы послали телеграмму родителям?
2. Вы знаете его адрес?
3. Вы пришлёте мне эти книги?
4. Он говорил вам об этом?

5. Вы сможете прочитать его статью?
6. Вы помните, что завтра у нас собрание?

(б) 보기처럼 물음에 답하시오.

보기 — *Вы пойдёте завтра в музей?*
— *Пойдём ли мы в музей, не знаю.*

1. Выставка Рериха уже открылась?
2. Этот фильм идёт в нашем кинотеатре?
3. Он уже вернулся из отпуска?
4. Он сдал зачёт по математике?
5. Занятия у них уже кончились?
6. Столовая уже закрылась?

8. 보기처럼 물음에 답하시오.

보기 — *Олег спрашивает, приедешь завтра?*
— *Скажи ему, что я обязательно приеду.*

1. Таня спрашивает, позвонишь ли ты?
2. Нина спрашивает, пригласишь ли ты Наташу?
3. Оля спрашивает, дашь ли ты ей этот журнал?
4. Таня спрашивает, встретишь ли ты её?
5. Минхо спрашивает, поможешь ли ты ему приготовить задания?
6. Олег спрашивает, выступишь ли ты на конференции?

9. 다음 대화를 읽으시오.

Андрей : Нина, добрый вечер! Давно тебя не видел. Где ты была? Уезжала?

Нина : Нет, сдавала экзамены. Каждый день занималась в читальном зале с утра до вечера. Вчера сдала последний экзамен.

Андрей : А сколько экзаменов было?

Нина : Три. Самый трудный для меня был английский, ведь в школе я учила французский.

Андрей : А как сдала английский?

Нина : Сдала на пять.

Андрей : Молодец! Теперь ты свободна?

Нина : Да.

Андрей : Не хочешь вечером пойти со мной на концерт?

Нина : С удовольствием!

위의 대화를 (а) 3인칭으로, (б) 니나를 주어로 해서, (в) 안드레이를 주어로 해서 재구성하시오.

(а) 보기 *Андрей встретился с Ниной и спросил её, где она была...*

(б) 보기 *Я встретила Андрея. Он спросил меня, где я была...*

(в) 보기 *Я встретил Нину и спросил её, где она была...*

10. 주어진 단어와 구를 사용하여 대화를 완성하시오.

(а) **брат, сестра, родители, друзья, Нина, Андрей;**

(б) **Новый год, зимние каникулы, отпуск, лето, это воскресенье.**

(а) 보기 — Передайте привет и поздравления вашей жене!
— Спасибо! Обязательно передам.

(б) 보기 — Как вы собираетесь провести праздники?
— Ещё не решил.

11. 보기처럼 다음 문장을 완성하시오.

보기 *Скоро <u>новогодний праздник</u>. Мы готовимся <u>к новогоднему празднику</u>. Мы пригласили друзей <u>на новогодний праздник</u>.*

1. На праздник к нам приедут **родные и знакомые**. Мы пригласили на праздники _____. Мы поздравили с праздником _____. Мы встречали Новый год с _____. Мы купили новогодние подарки _____.

2. У нас начинаются **экзамены**. Вчера преподаватель рассказывал нам _____. Мы много работаем, готовимся _____. Я думаю, мы хорошо сдадим _____. Мы хотим поехать в Петербург после _____.

3. Скоро **зимние каникулы**. Я должен сдать экзамен по русскому языку до _____. Мы с товарищем поедем в Киев во время _____.

4. Я плохо знаю **новые районы** Москвы. В Москве много _____. Многие мои друзья живут _____. Я попросил товарища рассказать мне _____.

12. 다음 글을 읽고 (**а**) 동사의 적절한 상을 고려하여 (**б**) 3인칭으로 재구성하시오.

Новогодний вечер

Вечерние улицы Москвы. На улицах, в магазинах много людей. Все (спешить — поспешить), спешу и я. Мне ещё много нужно (делать — сделать): купить торт, сыр и конфеты. Потом я должен (звонить — позвонить) Андрею и (говорить — сказать) ему, где мы встретимся. В 8 часов мы едем за город к Наташе встречать Новый год. Но сначала я хочу (посылать — послать) телеграмму домой, (поздравлять — поздравить) всех с праздником и (писать — написать), что в зимние каникулы я обязательно приеду. А время идёт, скоро 6 часов. Иду на почту, потом в магазин.

Ну вот, кажется, я всё (делать — сделать): телеграмму (посылать — послать), продукты (покупать — купить). Ах, да, (забывать — забыть) позвонить Андрею. Звоню Андрею, но его нет дома. Сестра говорит, что он уже (ехать — поехать) ко мне в общежитие и будет (ждать — подождать) меня там. Ну что ж, хорошо, еду в общежитие.

ЧИТАЙТЕ И СЛУШАЙТЕ

Легенда о матери

В давние времена, такие давние, что их не помнят даже самые старые люди, когда большая и добрая река Яна возвращала старым людям молодость, в одной деревне жила девушка, которую звали Лана. Она была самой красивой девушкой деревни. Никто не мог петь и танцевать лучше, чем Лана.

Однажды, когда Лана села отдохнуть после танца, к ней подошла старая Огдо.

— Ты смеёшься, Лана, — сказала Огдо, — конечно, ты молода и красива. Но не всегда будет так. Я тоже была красивой. Пройдут го́ды, и твои́ тёмные во́лосы ста́нут седы́ми. чёрные глаза́ потеря́ют блеск, ты бу́дешь тако́й, как я сейча́с: ста́рой и некраси́вой.

Ла́на ве́село рассмея́лась.

— Но ведь у нас есть до́брая река́ Яна, кото́рая мо́жет верну́ть мо́лодость. И ты то́же по́льзовалась её добро́той.

— Да, — отве́тила Огдо́, — я уже́ прожила́ свою́ втору́ю мо́лодость, а Яна да́рит её то́лько оди́н раз.

Ла́на! Ого-бо! Ла́на! — Э́то звал де́вушку са́мый краси́вый и са́мый сме́лый ю́ноша дере́вни Нюргу́н.

Вско́ре Ла́на ста́ла жено́й Нюргу́на. Тепе́рь она́ уже́ не танцева́ла в кругу́ подру́г. Не́ было вре́мени. С утра́ до но́чи муж и жена́ рабо́тали. У Ла́ны бы́ло шесть дете́й. Но ста́ршие сыновья́ у́мерли от тяжёлой боле́зни, два сы́на поги́бли в тайге́, одного́ унесла́ река́ и оста́лся то́лько мла́дший сын. Ла́на о́чень люби́ла его́.

Одна́жды Нюргу́н не верну́лся из тайги́. С тех пор Ла́на рабо́тала одна́.

Бы́стро и незаме́тно пришла́ к Ла́не ста́рость. Чёрные во́лосы её поседе́ли, глаза́ потеря́ли блеск.

«Ско́ро я пойду́ к реке́ Яне и попрошу́ её верну́ть мне мо́лодость, — ду́мала Ла́на. — Я скажу́ ей, как нелегка́ моя́ жизнь. Скажу́ ей, как хочу́, что́бы мой сын уви́дел меня́ тако́й, како́й я была́ ра́ньше. Он полю́бит ещё бо́льше молоду́ю и краси́вую мать».

Когда́ сы́ну испо́лнилось шесть лет, Ла́на ста́ла собира́ться в доро́гу.

— Ты ухо́дишь, ма́ма? — с удивле́нием спроси́л ма́льчик. — И меня́ не берёшь с собо́й?

— Нет, на э́тот раз не смогу́, сыно́к. Но ты жди, я ско́ро верну́сь.

— Я бу́ду ждать тебя́ под де́ревом, ма́ма.

Тру́дной была́ доро́га к реке́: Лена шла че́рез ту́ндру и тёмную тайгу́, но́ги её уста́ли и боле́ли. Но вот, наконе́ц, пе́ред ней забле́стела огро́мная река́. Ла́на ме́дленно вошла́ в во́ду.

— О, до́брая река́, вы́слушай меня́. Посмотри́ на мои́ седы́е во́лосы, на мои́ поту́хшие от слёз глаза́ и подари́ мне мо́лодость!

Река́ Яна вдруг зашуме́ла и высоко́ подняла́ зелёные во́лны, а че́рез мину́ту на бе́рег вы́шла ю́ная краса́вица.

— Благодарю́ тебя́, Яна! Благодарю́ вас, зелёные во́лны! — воскли́кнула Ла́на. Она́ бро́сила па́лку, с кото́рой пришла́ к реке́, и легко́ побежала к деревне.

Около дерева сидел её сын.

— Сын мой! Сын мой! — Мальчик бросился навстречу матери.

— Мама! Мама!

Но тут он остановился.

— Я думал, это моя мама...

— Это я, сынок. Ты не узнал свою маму?

Мальчик громко заплакал.

— Уходи! Я не знаю тебя! Моя мама была самая красивая на свете. У неё были такие белые волосы.

— Не плачь, сынок, поверь, я твоя мама. Добрая река Яна вернула мне молодость. Разве ты не рад, что я опять стала молодой?

Но сын не хотел смотреть на неё, он плакал.

Больно стало матери, ведь только для сына хотела она вновь стать молодой и красивой.

И Лана снова пошла туда, где текла река Яна. Снова день и ночь она шла через тундру и тайгу. Снова пришла она на берег реки и медленно вошла в зелёную воду.

— Благодарю тебя, о великая река, за бесценный дар молодости! — тихо сказала Лана. — Но я возвращаю тебе его. Любовь ребёнка дороже красоты и молодости. О река, прости меня, но только сделай прежней старой Ланой!..

Потемнела река Яна, зашумели и поднялись её волны, а когда волны ушли, посреди реки стояла старая седая женщина.

— Благодарю тебя, о река! — сказала Лана и медленно пошла к деревне.

Когда она вернулась в деревню, навстречу ей выбежал радостный сын:

— Мама! Как долго тебя не было!

— Сын, — тихо сказала Лана. — Сын мой!

С той поры река Яна никому не возвращала молодость.

бесценный дар молодости 젊음의 고귀한 선물

▶ **Задание к тексту**

1. Расскажите легенду о матери.
2. В чём смысл этой легенды?

3. Какие легенды вашего народа о матери вы знаете? Расскажите их.
4. Прочитайте отрывки из стихотворений о матери.

Я помню руки матери моей,
Хоть нет её, давно уж нет на свете.
Я рук не знал нежнее и добрей,
чем жёсткие, мозолистые эти. (...)
Я помню руки матери моей,
И я хочу, чтоб повторяли дети:
«Натруженные руки матерей,
Святее вас нет ничего на свете!»
                      Н. Рыленков

... Будут плыть корабли в белизну марсианских морей.
Будет жизнь бушевать. Каждым атомом. Жилкою каждой.
А тебя уже нет, Ты уже не откроешь дверей ...
Люди! Братья мои! Берегите своих матерей!
Настоящая мать человеку даётся однажды.
                      С. Островой

5. Подберите стихи, пословицы, афоризмы о матери. Переведите их на русский язык.
6. Напишите сочинение эпиграфом, к которому можно было бы взять один из афоризмов о матери.

«Нет ничего святее и бескорыстнее любви матери». *В. Белинский*
«Слово мама ... великое слово человечье!» *Т. Шевченко*

УРОК 32

ТЕКСТ

Сердце Данко

Жили на земле в старину одни люди. Это были весёлые, сильные и смелые люди. Но вот наступило для них тяжёлое время. Пришли однажды сильные и злые враги и прогнали этих людей далеко в лес. Там было холодно и темно, и лучи солнца не проникали туда.

Тогда стали плакать женщины и дети, а мужчины стали думать, как выйти из леса. Для этого были две дороги: одна — назад — там были сильные и злые враги, другая — вперёд — там стояли деревья-великаны. Долго думали люди и уже хотели идти к врагу и отдать ему свою свободу. Но тут один смелый юноша, которого звали Данко, сказал своим товарищам:

— Чего мы ждём? Вставайте, пойдём в лес и пройдём его, ведь имеет же он конец! Идёмте! Ну!

Посмотрели на него люди и увидели, что он смелее и лучше их, он может спасти всех.

— Веди нас! — сказали они.

Повёл их Данко. Это был трудный путь. Долго шли они. Всё темнее становился лес, всё меньше было сил! И вот люди стали говорить, что напрасно Данко, молодой и неопытный, повёл их. А он смело шёл вперёд.

Но однажды началась сильная гроза. В лесу стало так темно, как бывает в самую тёмную ночь. Зашумели деревья. Люди испугались и остановились. И вот в шуме дождя и леса, усталые и злые, они стали судить Данко.

— Ты, — сказали они, — повёл нас в лес. Мы устали и не можем больше идти. Теперь мы погибнем, но сначала погибнешь ты, это ты привёл нас сюда.

— Вы сказали: «Веди!» — и я повёл! — крикнул Данко. — Я хотел помочь вам. А вы? Что сделали вы для себя?

Но люди не слушали его.

— Ты умрёшь! Ты умрёшь! — кричали они.

А лес всё шумел и шумел. Данко смотрел на людей, которых хотел спасти, и видел, что они — как звери. Он любил людей и думал, что без него они могут погибнуть. Сердце его горело желанием спасти их.

— Что я сделаю для людей!? — сильнее грома крикнул Данко.

И вдруг он вырал из груди своё сердце и высоко поднял его над головой. Оно горело так ярко, как солнце, и ярче солнца, и весь лес замолчал перед этим факелом великой любви к людям.

— Идём! — крикнул Данко и побежал вперёд.

Он высоко держал своё сердце и освещал путь людям. И люди побежали за ним. Теперь они бежали быстро и смело.

А Данко всё был впереди, сердце его всё горело и горело.

И вот лес кончился, впереди светило солнце, блестела на солнце река. Был тихий, тёплый вечер, первый вечер на свободной земле.

Посмотрел на свободную землю гордый красавец Данко, засмеялся радостно. А потом упал и умер.

А рядом продолжало гореть его смелое сердце.

По М. Горькому

▶ **Задание к тексту**

1. Расскажите легенду о Данко.
2. Как вы понимаете смысл этой легенды?
3. Прочитайте афоризмы.

«... Самая высокая радость в жизни — чувствовать себя

нужным и близким людям!» *М. Горький*

«Один, если он и велик, всё-таки мал». *М. Горький*

«Если я не за себя, то кто же за меня, но если я только за себя, то зачем я?» *М. Горький*

«Ни на что не годится тот, кто годится только для себя». *Ф. Вольтер*

Помогают ли эти афоризмы понять смысл легенды?

4. Знаете ли вы какую-нибудь легенду о человеке, который отдал свою жизнь людям? Если знаете, расскажите её.

5. Можете ли вы из истории, литературы, из вашего собственного опыта привести примеры самоотверженности человека?

6. Прочитайте отрывок из письма М. Горького к сыну:

«Ты уехал, а цветы, посаженные тобой, остались и растут. Я смотрю на них, и мне приятно думать, что мой сынишка оставил после себя на Капри нечто хорошее — цветы.

Вот если бы ты всегда и везде, всю свою жизнь оставлял для людей только хорошее — цветы, мысли, славные воспоминания о тебе, — легка и приятна была бы твоя жизнь. Тогда ты чувствовал бы себя всем людям нужным, и это чувство сделало бы тебя богатым душой. Знай, что всегда приятнее отдать, чем взять...»

7. Прочитайте высказывание А. П. Чехова на эту же тему:

«Если бы каждый человек на куске земли своей сделал бы всё, что он может, как прекрасна была бы земля наша».

8. Согласны ли вы с этими писателями?
9. Назовите пословицу или афоризмы, которые выражали бы ваше отношение к жизни.

ДИАЛОГ

Олег : Минхо, почему ты выбрал специальность биолога?

У тебя́ в семье́ есть био́логи?

Ми́нхо: Нет, ма́ма и сестра́ — фило́логи, оте́ц — экономи́ст. Но у нас в семье́ все о́чень лю́бят нау́чно-популя́рную литерату́ру. Роди́тели всегда́ покупа́ли нам с сестро́й популя́рные кни́жки по биоло́гии, хи́мии, фи́зике. Сейча́с я да́же не по́мню, когда́ и́менно биоло́гия ста́ла интересова́ть меня́ бо́льше други́х предме́тов. А в колле́дже мне повезло́: у нас был о́чень хоро́ший преподава́тель по биоло́гии. Пожа́луй, э́то был мой са́мый люби́мый преподава́тель. Никто́ не мог лу́чше и интере́снее объясни́ть свой предме́т.

Оле́г: А мне тру́дно бы́ло вы́брать специа́льность. В шко́ле я люби́л мно́гие предме́ты. Литерату́ру, наприме́р, люби́л не ме́ньше, чем биоло́гию.

Ми́нхо: А всё-таки стал био́логом.

Оле́г: Мо́жет быть, потому́ что учи́лся в кла́ссе, где биоло́гию преподава́ла ма́ма. Из на́шего кла́сса 10 челове́к ста́ли био́логами. Ма́ма суме́ла научи́ть нас люби́ть свой предме́т.

▶ **Зада́ние к те́ксту**

1. Каку́ю специа́льность вы вы́брали и почему́? Расскажи́те о ва́шей бу́дущей специа́льности. Что в ва́шей специа́льности вам нра́вится бо́льше всего́?

2. Прочита́йте выска́зывания о специа́льности врача́ и учи́теля, о ро́ли труда́ челове́ка:

«Врач и учи́тель — две профе́ссии, в кото́рых любо́вь к лю́дям — обяза́тельное ка́чество». *Н. Амо́сов*

«Рабо́та то́лько тогда́ ра́достна, когда́ она́ несомне́нно нужна́». *Л. Толсто́й*

«Не прекра́сна ли цель: рабо́тать для того́, что́бы оста́вить по́сле себя́ люде́й бо́лее счастли́выми, чем бы́ли мы». *Ш. Монтескьё*

Согла́сны ли вы с э́тими выска́зываниями?

3. Что в труде́ челове́ка вы счита́ете са́мым гла́вным?

СЛОВАРЬ

в старину́ 옛날
злой 사악한
прогоня́ть ⎫
прогна́ть ⎭ *кого́? куда́? отку́да?* 멀리 내쫓다
темно́ 어둡다
луч 빛, 광선
проника́ть ⎫
прони́кнуть ⎭ *куда́?* ~를 통과하다, 침투하다
велика́н 거인
отдава́ть ⎫
отда́ть ⎭ *что? кому́?* 주다
свобо́да 자유
проходи́ть ⎫ *что? сквозь что?*
пройти́ ⎭ *че́рез что?* ~를 통과하다
сквозь *что?* ~을 통해
спаса́ть ⎫ *кого́?*
спасти́ ⎭ *что?* 구하다
напра́сно 헛되이
о́пыт 경험
о́пытный 경험있는
нео́пытный 경험없는
гроза́ 천둥
шуме́ть 소음을(소리를) 내다
зашуме́ть 소리를 내기 시작하다
пуга́ться ⎫
испуга́ться ⎭ *чего́? кого́?* 공포에 질리다
шум 소음
уста́лый 피곤한
суди́ть 재판하다
погиба́ть ⎫
поги́бнуть ⎭ 죽다
зверь (남) 짐승
горе́ть 태우다
вы́рвать *что?* 찢어내다
высоко́ 높이
поднима́ть ⎫
подня́ть ⎭ *что? куда́?* 올리다
я́рко 밝게, 선명하게
я́ркий 선명한
я́рче 더 선명한, 더 밝은
молча́ть 침묵하다
замолча́ть 조용해지다

фа́кел 횃불
держа́ть ⎫
держи́ть ⎭ *что?* 쥐다, 놓지 않다
освеща́ть *что? чем?* 밝히다
впереди́ 앞에
блесте́ть 빛나다
го́рдый 자랑하는, 거만한
краса́вец 미남
сме́яться 웃다
засме́яться 웃음을 터뜨리다
па́дать ⎫
упа́сть ⎭ *куда́?* 떨어지다

* * *

смысл 의미
бли́зкий 가까운
годи́ться *для кого́? для чего́?* ~에 쓸모가 있다
со́бственный 고유한, 자신의
приме́р 예, 보기
самоотве́рженность 헌신, 사심없음
отры́вок (한 작품의) 부분
поса́женный 심은
остава́ться ⎫
оста́ться ⎭ *где? с кем?* ~에 남다
сыни́шка 아들(애칭)
не́что 무언가
везде́ 모든 곳에

мысль (여) 사상, 사고
воспомина́ние 회상, 추억
чу́вство 느낌
кусо́к 부분
отноше́ние *к кому́? к чему́?* ~에 대한 관계

* * *

горе́ть жела́нием что́-либо сде́лать ~하려는 열망으로 불타다
фа́кел любви́ 사랑의 횃불
приводи́ть (привести́) приме́р 예를 들다

* * *

фило́лог 문헌학자
экономи́ст 경제학자

нау́чный	과학의, 학문의	ка́чество	질
популя́рный	인기있는	ра́достный	기쁜
нау́чно-популя́рный	대중과학의	ра́достен	기쁘다, 즐겁다
биоло́гия	생물학	несомне́нно	확실한, 의심의 의지가 없는
хи́мия	화학	ну́жный	필요한
интересова́ть заинтересова́ть } *кого́? чем?*	흥미를 갖게 하다	ну́жен	필요하다
предме́т	과목	цель (여)	목적
ме́ньше	~보다 덜	оставля́ть оста́вить } *что?* *кого́?*	남겨두다
чем	~보다		
учи́ть научи́ть } *кого́? чему́? что де́лать?*	가르치다	согла́сен *с кем? с чем?*	동의하다

* * *

выска́зывание	발언, 의견	кни́га	책
обяза́тельный	필수적인	уче́бник по биоло́гии (по фи́зике, по хи́мии)	생물학(물리학, 화학) 교과서
		ле́кция	강의, 수업
		бо́льше всего́	무엇보다도

ГРАММАТИКА

> — Он ста́рше сестры́?　그는 여자형제보다 나이가 많습니까?
> — Нет, моло́же.　아니오, 더 어립니다.

1. 비교급

(1) 형용사와 부사의 비교급

형용사와 부사의 비교급은 어간에 접미사 **–ee(–ей)**를 붙여서 만든다.

원급	비교급	원급	비교급
краси́вый краси́во	краси́в**ее**	тёплый тепло́	тепл**ее́** (тепл**ей́**)
тру́дный тру́дно	трудн**ее́** (трудн**ей́**)		

어간이 **г, к, х, д, т, ст**로 끝나는 형용사와 부사의 비교급은 접미사 **–e**를 붙여서 만든다. 이 경우 앞에 오는 자음의 교체가 일어난다.

원급	비교급	원급	비교급
дорого́й до́рого	доро́же	ча́стый ча́сто	ча́ще
гро́мкий гро́мко	гро́мче	чи́стый чи́сто	чи́ще
лёгкий легко́	ле́гче	бли́зкий бли́зко	бли́же
я́ркий я́рко	я́рче	далёкий далеко́	да́льше
ти́хий ти́хо	ти́ше	дешёвый дёшево	деше́вле
молодо́й ста́рый бога́тый	моло́же ста́рше бога́че	ре́дкий ре́дко	ре́же

다음과 같은 형용사와 부사의 비교급은 서로 어간이 다르다.

원급	비교급	원급	비교급
большо́й мно́го	бо́льше	ма́ленький ма́ло	ме́ньше
хоро́ший хорошо́	лу́чше	плохо́й пло́хо	ху́же

(2) 비교급 구문

비교급 구문에서 단어 **чем** 다음에는 **주격**이 사용되지만, **чем**이 없을 경우에는 **생격**이 사용된다.

Брат ста́рше, чем я.
나의 형은 나보다 나이가 더 많다.
Москва́ бо́льше, чем Петербу́рг.
모스크바는 뻬쩨르부르그보다 더 크다.

Брат ста́рше меня́.
나의 형은 나보다 나이가 더 많다.
Москва́ бо́льше Петербу́рга.
모스크바는 뻬쩨르부르그보다 더 크다.

다음의 경우에는 반드시 "비교급+**чем**"의 구문을 사용한다.
1) 부사 사이의 비교
   Он говори́т по-ру́сски лу́чше, чем по-коре́йски.
   그는 한국어보다 러시아어를 더 잘 말한다.
2) 동사 미정형 사이의 비교
   Говори́ть по-русски трудне́е, чем чита́ть.
   러시아어를 말하는 것은 읽는 것보다 더 어렵다.
3) 부사절 사이의 비교
   В Крыму́ тепле́е, чем в Москве́.
   끄림지방이 모스크바보다 더 따뜻하다.

2. 최상급

최상급은 형용사 앞에 **са́мый**(가장 ~한)를 놓아서 만든다. 단어 **са́мый**는 형용사 **но́вый**처럼 변화한다.
   Москва́ — **са́мый** большо́й го́род в Росси́и.
   모스크바는 러시아에서 가장 큰 도시이다.
   Эта зима́ была́ **са́мая** холо́дная.
   이번 겨울은 가장 추웠다.
   Это **са́мое** тру́дное сло́во.
   이것이 가장 어려운 단어이다.

3. 가정법

(1) 가정법

가정법은 "동사의 과거형+**бы**"의 형태로 표현되는데, 이때 **бы**는 동사의 앞이나 뒤에 올 수 있다. 가정법에서 동사의 과거형은 시제의 기능을 상실하고, 동일한 형태로 문맥에 따라 현재, 과거, 미래를 표현한다.
   Ты бы позвони́л ему́. 또는 Ты позвони́л бы ему́.
   그에게 전화를 해야 할 텐데.

가정법은 다음과 같은 것을 나타낸다.
1) 가능한 행위나 바라는 행위
   Я с удово́льствием **пошёл бы** на э́ту вы́ставку.
   나라면 기꺼이 그 전시회에 갈텐데.
2) 요구, 충고나 제안
   Не **могли́ бы** вы купи́ть мне э́ту кни́гу?
   내게 이 책을 사 주지 않겠어요?

Взял бы ты мой слова́рь.
내 사전을 가져가게.

(2) 복문에서 가정법

	직 설 법	가 정 법
현실적 조건	Если за́втра бу́дет хоро́шая пого́да, мы пое́дем за́город. 만약 내일 날씨가 좋으면, 우리는 교외로 나갈 것이다.	Если **бы** за́втра **была́** хоро́шая пого́да, мы **пое́хали бы** за́ го́род. 만약 내일 날씨가 좋으면, 우리는 교외로 나갈 텐데.
비현실적 조건		Если **бы** вчера́ **была́** хоро́шая пого́да, мы **пое́хали бы** за́ город. 어제 날씨가 좋았다면, 우리는 교외로 나갔을 텐데.

(3) 가정법에서 **не**

1) Если бы он **не** помо́г мне, я **не** реши́л бы зада́чу.
   그가 나를 돕지 않았다면, 나는 그 문제를 해결하지 못했을 텐데.
2) Если бы он **не** волнова́лся, он реши́л бы зада́чу.
   그가 흥분하지 않았다면, 그는 문제를 해결했을 텐데.
3) Если бы он волнова́лся, он **не** реши́л бы зада́чу.
   그가 흥분했더라면, 그는 그 문제를 해결하지 못했을 텐데.

4. 동사 변화

подня́ть I (*c*)

я поднимý	мы подни́мем
ты подни́мешь	вы подни́мете
он, она́ подни́мет	они́ подни́мут

прогна́ть II (*c*)

я прогоню́	мы прого́ним
ты прого́нишь	вы прого́ните
он, она́ прого́нит	они́ прого́нят

смея́ться II (*b*)

я смею́сь	мы смеёмся
ты смеёшься	вы смеётесь
он, она́ смеётся	они́ смею́тся

упа́сть I (*b*)

미래시제 / 과거시제

я упаду́	мы упадём	он упа́л
ты упадёшь	вы упадёте	она́ упа́ла
он, она́ упадёт	они́ упаду́т	они́ упа́ли

5. 동사 그룹

смея́ться I (*b*)
засмея́ться

нести́ I (*b*)	과거시제
спасти́	он спас
	она́ спасла́
	они́ спасли́

кри́кнуть I (*a*)	과거시제
прони́кнуть	он прони́к
	она́ прони́кла
	они́ прони́кли

читáть I (a)
освещáть
оставля́ть
пáдать
поднимáть
прогоня́ть
пугáться
испугáться
спасáть

говори́рь II	자음 교체
держáть (c)	
молчáть (b)	
замолчáть (b)	
освети́ть (b)	т → щ
остáвить (a)	в → вл
суди́ть (c)	д → ж
шумéть (b)	м → мл
зашумéть (b)	м → мл

танцевáть I (a)
иитересовáть
заинтересовáть

давáть I (b)
отдавáть
оставáться

болéть I (a)
имéть

стáть I (a)
остáться

дать
отдáть

УПРАЖНЕНИЯ

1. 형용사의 비교급에 유의하여 다음 문장들을 읽으시오.
   1. Лу́чше ме́ньше друзе́й, да лу́чше.
   2. Плохо́й друг опа́снее врага́.
   3. Дом дру́га — лу́чший дом.
   4. Ста́рый друг лу́чше но́вых двух.
   5. Ме́ньше говори́, а бо́льше де́лай.
   6. Бо́льше верь дела́м, чем слова́м.
   7. Ум хорошо́, а два лу́чше.
   8. Лу́чше по́здно, чем никогда́.

2. 비교급과 최상급의 용법에 주의하여 다음 문장을 재구성하시오.
   1. — Со́лнце — са́мый лу́чший врач.
      — Мо́жет быть, но у нас в Ло́ндоне к нему́ о́чень тру́дно попа́сть.
   2. Учи́тельница: Джон, на про́шлом уро́ке я расска́зывала вам, как здоро́ваются лю́ди в ра́зных стра́нах. Одни́ говоря́т: «Здра́вствуйте!»; други́е: «До́брое у́тро!» и́ли «До́брый день!»; тре́тьи: «Как пожива́ете?», четвёртые: «Как дела́?». А что ча́ще всего́ говоря́т при встре́че англича́не?
      Учени́к: Англича́не говоря́т обы́чно так: «Чертовская погода!». «Да, ху́же не приду́маешь!»

3. 보기처럼 단어들을 변화시키시오.

   (а) 보기 *Краси́вый — краси́вее — са́мый краси́вый.*

   Интере́сный, прекра́сный, пра́вильный, свобо́дный, сме́лый, си́льный, сла́бый, весёлый, тру́дный, удо́бный.

   (б) 보기 *Чи́стый — чи́ще — са́мый чи́стый.*

   Молодо́й, ста́рый, хоро́ший, плохо́й, большо́й, ма́ленький, просто́й, лёгкий.

   (в) 보기 *Темно́ — темне́е, я́рко — я́рче.*

   Тепло́, хо́лодно, ско́ро, по́здно, ра́но, ча́сто, мно́го, ма́ло.

4. 보기처럼 다음 문장을 바꾸시오.

보기 — *Олéг стáрше, чем Тáня?*
— *Да, Олéг стáрше Тáни.*

1. Брат стáрше, чем сестрá?
2. Сестрá молóже, чем брáт?
3. Вáша квартúра бóльше, чем их квартúра?
4. Твоя́ кóмната мéньше, чем её кóмната?
5. Он приéхал в Москвý пóзже, чем ты?
6. Вторóй нóмер журнáла интерéснее, чем пéрвый?
7. Наш дом вы́ше, чем ваш?
8. Это лéто теплéе, чем прóшлое?
9. Озеро Байкáл глýбже, чем Онéжское óзеро?

5. 보기와 같이 다음 문장을 바꾸시오.

보기 *Отéц стáрше мáтери.*
Мать молóже отцá.

1. Я пришёл рáньше вас.
2. Он бывáет здесь чáще, чем я.
3. Олéг говорúт по-англúйски лýчше Тáни.
4. Нóвый текст лéгче, чем стáрый.
5. Зачёт сдать прóще, чем экзáмен.
6. Сегóдня бы́ло теплéе, чем вчерá.
7. Москвá бóльше Петербýрга.

6. 형용사 **высóкий, длúнный, глубóкий, большóй**의 비교급을 사용하여 다음 문장을 완성하시오.

보기 *Здáние институ́та и здáние библиотéки. Здáние институ́та вы́ше, чем здáние библиотéки.*

1. Эверéст и Эльбрýс.
2. Амýр и Вóлга.
3. Озеро Байкáл и Онéжское óзеро.
4. Москвá и Кúев.

7. 보기와 같이 다음 문장을 바꾸시오.

> 보기 *Физика — мой люби́мый предме́т.*
> *Физика — мой са́мый люби́мый предме́т.*

1. Та́ня — моя́ лу́чшая подру́га.
2. Матема́тика — мой люби́мый предме́т.
3. Это ле́то бы́ло холо́дное.
4. Я люблю́ путеше́ствовать, э́то для меня́ лу́чший о́тдых.
5. Да́нко был сме́лым челове́ком.
6. Это был тру́дный путь.
7. Новосиби́рск — кру́пный го́род в Сиби́ри.
8. Аму́р — больша́я река́ на восто́ке страны́.

8. (а) 가정법과 형용사의 비교급 용법에 주의하여 다음 문장을 읽고, 재구성하시오.

Сове́ты о́пытного тури́ста

Тури́сты — э́то лю́ди, кото́рые хо́дят пешко́м там, где они́ могли́ бы е́хать, и рабо́тают там, где они́ могли́ бы отдыха́ть.
В тури́стском похо́де мы сове́туем вам идти́ друг за дру́гом. Са́мый си́льный из вас до́лжен идти́ после́дним. Он бу́дет поднима́ть и нести́ ве́щи, кото́рые бро́сили его́ това́рищи. В похо́де ну́жно бо́льше есть. Чем бо́льше вы съеди́те, тем ле́гче бу́дет ваш рюкза́к. Вообще́ тури́стские похо́ды име́ют то преиму́щество, что по́сле них люба́я рабо́та пока́жется о́тдыхом.

(б) 가정법의 용법에 주의하여 다음 문장을 읽으시오.

«Иску́сство, как по́иски алма́зов. И́щут сто челове́к, а нахо́дит оди́н. Но э́тот оди́н никогда́ не нашёл бы алма́за, е́сли бы ря́дом не иска́ло сто челове́к».

9. 보기처럼 다음 문장을 바꾸시오.

> 보기 *Вы не мо́жете дать мне э́тот уче́бник?*
> *Вы не могли́ бы дать мне э́тот уче́бник?*

1. Вы не мо́жете помо́чь мне?
2. Вы не мо́жете купи́ть мне газе́ты?
3. Ты не мо́жешь прийти́ ко мне ве́чером?

4. Он не мо́жет позвони́ть ей ве́чером?
5. Она́ не мо́жет перевести́ э́ту статью́?
6. Та́ня не мо́жет присла́ть мне э́ти кни́ги?

10. 오른쪽에 주어진 동사를 알맞게 써 넣으시오.

1. Е́сли за́втра бу́дет хоро́шая пого́да, мы _____ за́ город. Е́сли бы за́втра была́ хоро́шая пого́да, мы _____ бы за́ город. — *пое́хать*

2. Он бу́дет чу́вствовать себя́ лу́чше, е́сли _____ спо́ртом. Он бы чу́вствовал себя́ лу́чше, е́сли бы _____ спо́ртом. — *занима́ться*

3. Е́сли ты придёшь ко мне́, мы _____ на вы́ставку. Е́сли бы ты пришёл ко мне́, мы _____ бы на вы́ставку. — *пойти́*

4. Е́сли я не ви́дел э́тот фильм, я обяза́тельно _____ его́. Е́сли бы я не ви́дел э́того фи́льма, я бы обяза́тельно _____ его́. — *посмотре́ть*

11. 보기처럼 다음 문장을 바꾸시오.

> 보기: *Е́сли я пое́ду на экску́рсию, я расскажу́ тебе́ о ней.*
> *Е́сли бы я пое́хал на экску́рсию, я рассказа́л бы тебе́ о ней.*

1. Е́сли ты дашь мне слова́рь, я переведу́ э́тот текст.
2. Е́сли ты прочита́ешь э́тот расска́з, он понра́вится тебе́.
3. Е́сли он хо́чет, он мо́жет взять э́ту кни́гу в библиоте́ке.
4. Е́сли она́ интересу́ется биоло́гией, она́ придёт на э́ту ле́кцию.
5. Е́сли я встре́чу его́, я приглашу́ его́ к нам.
6. Е́сли она́ пое́дет к роди́телям, она́ пошлёт им телегра́мму.

12. 단어 **не**의 의미에 주의하여 다음의 문장들을 보기처럼 결합하시오.

(а) 보기: *Е́сли бы ты помо́г мне*   *Я реши́л э́ту зада́чу.*
─────
Е́сли бы ты не помо́г мне   *Я не реши́л э́ту зада́чу.*

Е́сли бы ты помо́г мне, я реши́л бы э́ту зада́чу.
Е́сли бы ты не помо́г мне, я не реши́л бы э́ту зада́чу.

1. Если бы у меня было время   Я пришёл к тебе.
_____

Если бы у меня не было времени   Я не пришёл к тебе.
_____

2. Если бы я любил химию _____   Я поступил на этот факультет.

Если бы я не любил химию _____   Я не поступил на этот факультет.

(б) 보기 *Если бы ты пришёл вóвремя _____*   *Мы опоздáли на занятия.*

Если бы ты не пришёл вóвремя _____   *Мы не опоздáли на занятия.*

Если бы ты пришёл вóвремя, мы не опоздáли бы на занятия.
Если бы ты не пришёл вóвремя, мы опоздáли бы на занятия.

1. Если бы он волновáлся _____   Он сдал экзáмен.
   Если бы он не волновáлся _____   Он не сдал экзáмен.
2. Если бы мне помешáли _____   Я не кончил эту работу.
   Если бы мне не помешáли _____   Я кончил эту работу.

13. 다음 문장을 완성하시오.

1. Если бы я знал, что сегодня в институте будет вечер _____.
2. Если бы я хорошо говорил по-русски _____.
3. Если бы я сдал все экзáмены на пять _____.
4. Если бы у меня былá книга его стихов _____.
5. Если бы у меня было два билета на этот спектáкль _____.
6. Если бы вчерá не было дождя _____.
7. Если бы не пришли сильные и злые враги _____.
8. Если бы Данко не был смéлым человеком _____.
9. Если бы Данко не помог людям _____.

14. 다음 문장에서 고딕체로 된 형용사의 반대말을 사용하여 문장을 만드시오.

Сéрдце Данко

Жили на землé **весёлые** и **смéлые** люди. Но вот пришли к ним **сильные** и **злые** враги. Они прогнáли этих людей далеко в лес. Лес был **тёмный** и **холодный**, и трудно было выйти из него. И тогдá **смéлый** Данко повёл людей через лес. Это был **трудный** путь. Люди устали и не могли дальше. Они сказали Данко, что напрасно он, **молодой** и **неопытный**, повёл их. Данко любил людей и думал, как спасти их. И тогда он вырвал своё сердце и осветил путь людям. Теперь люди смело шли за ним. И вот в **тёплый** и **тихий** вечер они вышли из леса на **свободную** землю.

ЧИТАЙТЕ И СЛУШАЙТЕ

Константин Феоктистов

— Если цена жизни — счастье, то что вы считаете счастьем?
— Правильно избранную цель, — ответил Феоктистов.
Из беседы Феоктистова с журналистом.

Можно прожить жизнь, но не найти ни себя ни своего дела — это знают по опыту многие.

Можно найти с опозданием. И это многие знают.

Если говорить о цели жизни, то она одна: найти своё дело и делать его так, как никто, кроме тебя, не сделает.

Удаётся это не каждому.

Вот почему те, чья жизнь — это упорное стремление к избранной цели, неизменно вызывают наше восхищение.

Я хочу рассказать о человеке, который всю свою жизнь шёл по однажды выбранному пути, который хотел лететь в космос прежде, чем это сделал Гагарин.

Я расскажу о Константине Феоктистове, учёном и космонавте.

В семье бухгалтера из Воронежа Феоктистова было два сына. Младшему сыну, Косте Феоктистову, было десять лет, когда он прочитал книгу Циолковского[1] «Межпланетные путешествия» и обвинил человечество в научной нелюбознательности. Ничем другим он не мог объяснить, что идеи Циолковского до сих пор не осуществили. Эту задачу он скромно возложил на себя.

Люди разнообразны. Даниэль Дефо написал свой первый роман в 57 лет — это был «Робинзон Крузо», Вольфганг Моцарт уже в 7 лет был автором четырёх сонат...

---

1. **Циолковский Константин Эдуардович** (1857~1935): 현대 우주과학의 토대를 구축한 러시아의 과학자이자 발명가.

Мла́дший сын бухга́лтера Феокти́стова не́ был вундерки́ндом, но э́тот па́рень в тре́тьем кла́ссе рассчита́л го́ды предстоя́щей учёбы и сказа́л, что полети́т на Луну́ в 1964 году́.

В ию́не 1941 го́да начала́сь война́. Война́ унесла́ мно́гих ма́льчиков, кото́рые мечта́ли о Луне́. Вско́ре поги́б и ста́рший брат Ко́сти. Ле́том со́рок второ́го го́да Ко́стя (он тогда́ учи́лся в шко́ле) бежа́л на фронт. На фро́нте Константи́н Феокти́стов был разве́дчиком.

Не́сколько раз разве́дчик Феокти́стов переходи́л ли́нию фро́нта. В пя́тый раз Ко́стя, кото́рому испо́лнилось тогда́ 16 лет, получи́л тяжёлое ране́ние. Мать нашла́ сы́на в вое́нном го́спитале и увезла́ его́ в Сре́днюю А́зию.

По́сле выздоровле́ния начали́сь го́ды учёбы.

И вот Феокти́стов – студе́нт Ба́уманского институ́та². Удиви́тельно мно́го рабо́тал студе́нт Феокти́стов. Мечты́ о ко́смосе ста́ли вполне́ реа́льной це́лью. И Феокти́стов шёл к э́той це́ли с зави́дным упо́рством. Он отдава́л това́рищам свои́ биле́ты в теа́тр и́ли в кино́, он научи́лся отка́зывать себе́ во всём, что могло́ задержа́ть его́ в пути́. Друзья́ говори́ли Феокти́стову, когда́ что-нибудь меша́ло его́ стремле́нию к це́ли: «Не грусти́: звёзды тебя́ дождутся́...» Но учёный не хоте́л заставля́ть звёзды ждать. Он спеши́л.

Уже́ по́сле полёта в ко́смос соба́к Бе́лки и Стре́лки ста́ло я́сно, что в ко́смос мо́жет лете́ть челове́к. Тогда́ Феокти́стов — впро́чем, не он оди́н – предложи́л свою́ кандидату́ру для пе́рвого полёта корабля́ с челове́ком на борту́. Его́ предложе́ние не при́няли. Константи́н Феокти́стов был насто́йчив, он дока́зывал, убежда́л, проси́л, но...

Он сам прекра́сно понима́л, что пе́рвый косми́ческий полёт до́лжен, соверши́ть челове́к с идеа́льным здоро́вьем и больши́м лётным о́пытом. Э́тими ка́чествами облада́л Ю́рий Гага́рин. И́ми, увы́, не облада́л Константи́н Феокти́стов.

И он отступи́л. Отступи́л, что́бы верну́ться к э́тому разгово́ру че́рез три го́да.

12 октября́ 1964 го́да на орби́ту спу́тника Земли́ вы́вели косми́ческий кора́бль «Восхо́д», чле́нами экипа́жа кото́рого бы́ли лётчик-космона́вт В. М. Комаро́в, нау́чный сотру́дник — космона́вт К. П. Феокти́стов и врач-космона́вт — Б. Б. Его́ров.

Пе́рвые нау́чные иссле́дования в ко́смосе, кото́рые провёл во вре́мя

---

2. **Ба́уманский институ́т (МВТУ)**: 모스크바에 있는 고등기술대학으로 가장 큰 고등교육기관의 하나.

своего полёта учёный-космонавт К. Феоктистов, были началом будущих научных работ в космическом пространстве. «Человек открыл дверь в космос, — говорил Феоктистов, — и он войдёт в неё снова для серьёзных и длительных исследований».

12-го апреля 1986 года мир отмечал 25 лет со дня первого космического полёта человека — полёта Юрия Гагарина.

Научные исследования в космосе — теперь прибычная работа многих учёных, начало этой работе положил учёный-космонавт Константин Феоктистов.

найти себя (своё дело) 자신(자신의 일)을 발견하다
знать по опыту 경험으로 알다
вызывать восхищение 감탄을 불러 일으키다
осуществлять / осуществить *идею* 이상을 실현시키다
возложить на себя задачу 자신에게 임무를 부과하다
линия фронта 전선

отказывать себе в чём-либо 무엇에서 자신을 부인하다
совершить полёт 비행하다
вывести на орбиту 궤도에 진입시키다
проводить / провести *исследования* 조사하다, 연구하다
космическое пространство 외계
положить начало чему-либо ~을 시작하다

Встреча в космосе

В июле 1975 года состоялась встреча в космосе членов экипажа русского космического корабля «Союз-19» и американского космического корабля «Аполлон».

Русские космонавты Алексей Леонов и Валерий Кубасов и американские космонавты Томас Стаффорд, Венс Бранд и Дональд Слейтон провели в космосе совместные эксперименты.

Совместная работа русских и американских космонавтов доказала принципиальную возможность исследования космического пространства в мирных целях. Это одно из главных значений совместного полёта экипажей космических кораблей «Союз-19» и «Аполлон».

член экипажа 승무원
космический корабль 우주선
совместный полёт (эксперимент) 공동비행 (실험)

проводить / провести *эксперимент* 실험을 하다

▶ **Задание к тексту**

а) 1. Расскажите об учёном и космонавте Константине Феоктистове.

2. Что вы знаете о первом в мире космонавте Юрии Гагарине? Каких ещё космонавтов вы знаете?

3. Расскажите, что вы знаете о совместном полёте русских и американских космонавтов. Когда был этот полёт, кто участвовал в полёте?

б) 1. Как вы понимаете выражение «найти себя», «найти своё дело»?

2. Согласны ли вы с тем определением счастья, которое дал Феоктистов?

3. Как вы понимаете счастье? Какую жизнь вы можете назвать счастливой?

4. Прочитайте пословицы и афоризмы о труде, о цели и смысле жизни.

Под лежачий камень вода не течёт.

Праздность — мать всех пороков

Где много слов — там мало дела.

Человек устаёт, когда ему нечего делать. (*Узбекская мудрость*)

Бесполезно живущий человек — мёртвый человек. Сначала он умирает для других, потом — для себя. (*Чукотская мудрость*)

«Счастье всегда впереди — это закон природы». *Д. Писарев*

«Человек создан для счастья, как птица для полёта». *В. Короленко*

«Кто не идёт вперёд, тот идёт назад». *В. Белинский*

«Стремление вперёд, — вот цель жизни». *М. Горький*

«Смысл жизни в красоте и силе стремления к целям...» *М. Горький*

«Подвиг, как и талант, сокращает путь к цели». *Л. Лебнов*

«Праздная жизнь не может быть чистой». *А. Чехов*

«Человек без мечты, как соловей без голоса». *М. Стельмах*

«Не бывает великих дел без великих препятствий». *Ф. Вольтер*

«Труд — отец счастья». *Б. Франклин*

5. Подберите на своём языке пословицы и афоризмы о труде, о цели и смысле жизни. Переведите их на русский язык.

6. Назовите ваше любимое изречение на эту тему.

урок 33

ТЕКСТ

Пе́рвый учи́тель

Это бы́ло в 1924 году́. Мне́ бы́ло тогда́ четы́рнадцать лет. Там, где сейча́с нахо́дится наш колхо́з, был небольшо́й айл. О́сенью в наш айл пришёл незнако́мый па́рень в солда́тской шине́ли. Зва́ли па́рня Дюйше́н. Говори́ли, что он пришёл в айл, что́бы откры́ть шко́лу и учи́ть дете́й. Слова́ «шко́ла», «учёба» бы́ли в то вре́мя для нас но́выми. Мы не о́чень понима́ли, что они́ зна́чат.

Зда́ния для шко́лы не́ было. Дюйше́н сам отремонти́ровал ста́рый сара́й, что́бы нача́ть заня́тия.

И вот мы пе́рвый день в шко́ле. Я никогда́ не забу́ду э́тот день. Мы сиди́м на полу́, столо́в в шко́ле Дюйше́на не́ было, наш учи́тель, дав ка́ждому из нас тетра́дь и каранда́ш, говори́т нам:

— Я научу́ вас, де́ти, чита́ть и счита́ть, покажу́, как пи́шутся бу́квы и ци́фры. Бу́ду учи́ть вас всему́, что зна́ю сам.

И действи́тельно, он учи́л нас всему́, что знал сам, проявля́я при э́том удиви́тельное терпе́ние. Он пока́зывал нам, как ну́жно держа́ть каранда́ш, с увлече́нием объясня́л нам непоня́тные слова́.

Ду́маю сейча́с об э́том и не могу́ поня́ть, как э́тот малогра́мотный па́рень, сам чита́вший с трудо́м и не име́вший ни одного́ уче́бника, да́же букваря́, как мог он реши́ться на тако́е вели́кое де́ло: учи́ть дете́й, чьи отцы́, де́ды и прадеды были неграмотны.

Дюйшён учил нас, как умел, но его доброта и любовь к нам, его энтузиазм не пропали даром. Дюйшён совершил подвиг, открыв нам, киргизским детям, не знавшим ничего, кроме своего айла, целый мир. Мы узнали, что в этом большом мире живёт много людей и есть город Москва, где живёт Ленин.

Дюйшён говорил нам о будущей жизни, и мы верили, что скоро, нам построят новую школу. В этой школе ученики будут сидеть за столами и у них будет много книг и тетрадей.

Многие из нас, научившись в школе Дюйшёна читать и писать, поехали в город продолжать учиться. Я тоже уехала в город, потом училась в Москве, стала доктором наук. Но и сейчас я знаю, почему я стала учёным, потому что в 1924 году меня научил грамоте мой первый учитель Дюйшён. Он поверил в меня, он послал меня учиться в город. Я никогда не забуду этого. Я должна вернуться в свой колхоз и рассказать молодёжи, каким учителем был Дюйшён. Я думаю, что новая школа, которую построили в колхозе, должна называться школой Дюйшёна, нашего первого учителя.

По Ч. Айтматову

▶ Задание к тексту

1. Расскажите историю киргизской женщины—учёного. Что говорит она о своём первом учителе? Почему она смогла стать доктором наук?
2. Кто был ваш первый учитель (ваша первая учительница)? Расскажите о нём (о ней).

ДИАЛОГ

Минхо: Олег, звонил тебе вчера, хотел пригласить к себе.

	Мне принесли хорошие записи: несколько кассет, пластинки. Но тебя не было дома.
Олег :	Вчера был юбилей моей первой учительницы. Я был у неё. Собрались все, учившиеся со мной в одном классе. Кто не смог прийти, прислали телеграммы.
Минхо :	Хорошая учительница?
Олег :	Да, очень. Потом было много хороших учителей в разных классах: был любимый учитель по математике, учительница по литературе, учительница по биологии, но первую учительницу я запомнил на всю жизнь.
Минхо :	А как прошёл юбилей?
Олег :	Мы приготовили для неё маленький концерт, вспомнили свои школьные годы, было много шуток. В общем было весело и интересно. И что удивительно: она помнит нас всех, знает, кто где учится, кто кем стал. А сколько у неё было учеников за тридцать лет работы! Знаешь, я очень рад, что побывал в своей школе, увидел всех, а главное, нашу первую учительницу.

▶ **Задание к тексту**

На чьём юбилее был Олег? Что он рассказал о своей первой учительнице?

СЛОВАРЬ

колхоз 협동농장
айл (끼르기즈 지방의) 마을
незнакомый 안면이 없는, 잘 모르는
парень 놈, 녀석, 젊은이
солдат 군인
солдатский 군인의
шинель (여) 외투
учёба 학업, 학습
значит 즉

сарай 창고
считать *что?* 세다, ~라고 여기다
буква 문자
цифра 숫자
проявлять / **проявить** } *что?* 발휘하다, 나타내다
терпение 인내심
держать *что?* 쥐다

ремонтировать ⎫
отремонтировать ⎬ *что?* 수선하다, 수리하다
непонятный 이해할 수 없는
грамота 읽고 쓸 줄 아는 것
грамотный 읽고 쓸 줄 아는
малограмотный 반 문맹의
букварь (남) 철자책
решиться *на что?* 결정하다, 해결하다
прадед 증조
доброта 선
энтузиазм 열정
даром 공짜로, 헛되이
совершать ⎫
совершить ⎬ *что?* 완수하다
подвиг 업적, 공훈
Киргизия 끼르끼즈
киргизский 끼르끼즈의
целый 전체의
верить ⎫
поверить ⎬ *во что? в кого? кому?* 믿다

объяснять ⎫
объяснить ⎬ *что? кому?* 설명하다
понятный 이해할 수 있는
наука 과학, 학문

* * *

проявлять ⎫
проявить ⎬ терпение 인내심을 발휘하다
с увлечением 열정적으로
(не)пропасть даром 헛되이 사라지(지 않)다
совершить подвиг 업적을 세우다
доктор наук 박사
запись (여) 녹음, 메모
кассета 카세트
пластинка 음반
юбилей 기념제, 축하회
класс 반, 학급, 학년

* * *

школьные годы 학창시절
на всю жизнь 평생동안

ГРАММАТИКА

> **Изучив русский язык,** вы сможете прочитать в оригинале книги русских писателей.
> 러시아어를 배우고 나면 당신은 러시아 작가들의 책들을 원서로 읽을 수 있을 것이다.

1. 부동사

부동사는 부가적인 행위를 나타내며, 영어의 능동분사나 동명사에 상응한다. 부동사는 또한 부사처럼 변화하지 않는다.

Они шли, разговаривая. (Они шли и разговаривали).
그들은 이야기를 하면서 걸어갔다.

(1) 부동사 만드는 법

	불완료상 접미사 **-я**	완료상 접미사 **-в**와 **-вши-**
	(они́) чита́ют — чита́я (они́) слы́шат — слы́ша (они́) занима́ются — занима́ясь	прочита́ть — прочита́в услы́шать — услы́шав заня́ться — заня́вшись

1) 불완료상 부동사
   ① 불완료상 부동사는 현재시제 어간에 접미사 **-я**를 붙여서 만든다.
   ② 어간이 **да-, ста-, зна-**로 끝나는 동사의 경우에는 미정형 어간으로부터 형성된다 :
   дава́ть — дава́я, встава́ть — встава́я 등
   ③ 동사 **писа́ть**처럼 변화하는 동사로부터는 불완료상 부동사가 형성되지 않는다 :
   быть, пить, шить, е́хать, петь 등.

2) 완료상 부동사
   ① 완료상 부동사는 동사의 미정형 어간에 접미사 **-в**를 붙여서 만든다.
   ② 미정형이 **-зти(-зть), -сти(-сть)**로 끝나는 동사와 **идти́**의 변화유형에 속하는 동사들의 경우에는 접미사 **-я**를 붙여서 만든다 :
   принести́ — принеся́, прийти́ — придя́ 등
   ③ 재귀동사의 경우에는 접미사 **-вши**를 붙여서 만든다 :
   верну́ться — верну́вшись

부동사 구문을 포함하는 문장은 복문으로 바꾸어 쓸 수 있다.
   Ко́нчив рабо́ту, я позвони́л това́рищу.
→ **Когда́ я ко́нчил рабо́ту, я позвони́л това́рищу.**

특히 주의할 것은 불완료상 부동사는 주동사와 동시동작을 나타내는 데 반해, 완료상 부동사는 주동사의 행위보다 앞선 행위를 나타낸다는 사실이다.
   Он чита́л, лёжа на дива́не.
   그는 소파에 누워서 책을 읽었다. (동시동작)
   Прочита́в кни́гу, он поста́вил её на по́лку.
   그는 책을 다 읽고 나서 그것을 서가에 꽂았다. (선후동작)

2. 형동사

> **Я** знаком с поэтом, **написавшим** эти стихи.
> 나는 이 시들을 쓴 시인을 안다.

형동사는 명사를 수식하며 물음 **какой?(какая?, какое?, какие?)**에 대한 대답이다. 또한 형용사처럼 그것이 수식하는 명사의 성, 수, 격에서 일치한다.

Студент, читающий книгу, сидит за столом.
Девушка, читающая книгу, наша студентка.

(1) 형동사 만드는 법

태 \ 시제	현재시제		과거시제
	1식변화	2식변화	접미사 **-вш(ий)-**
능동	—щ(ий)—		
	пишущий читающий	держащий любящий	писавший (написавший) любивший (полюбивший)
	1식변화	2식변화	접미사
수동	어미 **-ый-**		**-енн-, -нн-, -т-**
	читаемый	любимый	построенный прочитанный открытый

1) 능동 형동사

① 능동 형동사 현재형은 불완료상 동사의 3인칭 복수에서 어미 **-т**를 떼어내고, 각각 어미 **-щий**(남성), **-щая**(여성), **-щее**(중성), **-щие**(복수)를 붙여서 만든다.
   (они) читают — читающий, (они) говорят — говорящий

② 능동 형동사 과거형은 불완료상 동사의 경우에 완료상 동사의 미정형 어간에 접미사 **-вш-**를 붙여서 만든다.
   читать — читавший, прочитать — прочитавший

③ 동사 **идти́, нести́, помо́чь**의 변화유형을 따르는 동사와 불규칙과거형을 가진 많은 동사들의 능동 형동사 과거형은 접미사 **-ш-**를 붙여서 만든다.

шёл — ше́дший, пришёл — пришéдший, нёс — нёсший, принёс — принёсший, помо́г — помо́гший, привы́к — привы́кший.

2) 수동 형동사

단지 타동사만이 수동 형동사를 가지며, 러시아어의 형동사 수동형 현재와 과거는 영어의 수동 과거분사에 상응한다.

① 수동 형동사 현재는 동사의 1인칭 복수형에 규칙적인 형용사 어미(**-ый, -ая, -ое, -ые**)를 붙여서 만든다.

(мы) чита́ем — чита́ем**ый**(**-ая, -ое, -ые**),

(мы) лю́бим — люби́м**ый**(**-ая, -ое, -ые**).

② 수동 형동사 과거형은

а) **-ить**로 끝나는 동사는 미정형 어간에 접미사 **-енн-(-ённ-)**을 붙여서 만든다 :

купи́ть — ку́пленный, постро́ить — постро́енный, уви́деть — уви́денный, реши́ть — решённый.

б) **-ать(-ять), -еть**로 끝나는 동사의 경우에는 과거형 어미 **-л**을 떼어 내고, 대신에 **-нн-**를 붙여서 만든다.

прочита́л — прочи́танн**ый**(-ая, -ое, -ые),

ви́дел — ви́денн**ый** (-ая, -ое, -ые).

в) 동사 **взять, нача́ть, пить, забы́ть, откры́ть, петь**의 변화유형을 따르는 동사의 경우에는 접미사 **-т-**를 붙여서 만든다 :

взя́тый, на́чатый, вы́питый, забы́тый, откры́тый, спе́тый.

(2) 형동사 구문

능동 형동사는 형용사 хоро́ший와 동일하게 변화하며, 그것이 수식하는 명사와 성, 수, 격에서 일치한다. 그리고 형동사 구문은 관계절에 의해 대치될 수 있다.

Здесь живу́т рабо́чие, **стро́ящие э́тот заво́д.** (кото́рые стро́ят э́тот заво́д)

이 공장을 짓고 있는 노동자들이 여기에 살고 있다.

Здесь живу́т рабо́чие, **постро́ившие э́тот заво́д.** (кото́рые постро́или э́тот заво́д)

이 공장을 지은 노동자들이 여기에 살고 있다.

Э́то шко́ла, **постро́енная неда́вно.** (кото́рую постро́или неда́вно)

이것은 최근에 지어진 학교이다.

(3) 능동 및 수동 형동사의 용법

Я зна́ю писа́теля, написа́вшего э́тот рома́н.
나는 이 소설을 쓴 작가를 안다.

Я чита́л рома́н, напи́санный э́тим писа́телем.
나는 이 작가에 의해 씌어진 소설을 읽었다.

Это рабо́чие, постро́ившие но́вую шко́лу.
이들은 새 학교를 지은 노동자들이다.

Это но́вая шко́ла, постро́енная рабо́чими.
이것은 노동자들에 의해 지어진 새 학교이다.

Я зна́ю поэ́та, переве́дшего э́ти стихи́.
나는 이 시들을 번역한 시인을 안다.

Я чита́л стихи́, переведённые э́тим поэ́том.
나는 이 시인에 의해 번역된 시들을 읽었다.

위에서 보듯이 수동 형동사도 능동 형동사처럼 그것이 수식하는 명사와 성, 수, 격에서 일치한다. 특히 수동 형동사에서 능동문의 목적어가 주어가 되고 행위의 수행자는 반드시 조격으로 표시된다.

(4) 수동 형동사의 장·단형

수동 형동사 과거형은 장형과 단형을 가지는데, 장형은 문장에서 한정어로 기능하는 데 반하여, 단형은 술어로서 기능한다.

장 형	단 형
прочи́танная (кака́я?) кни́га постро́енный (како́й?) заво́д неда́вно откры́тая (кака́я?) вы́ставка	Кни́га прочи́тана. Вы́ставка неда́вно откры́та.

1) 수동 형동사 단형 만드는 법

수동 형동사 단형은 장형으로부터 만들어지는데, 그 방법은 형용사의 장형에서 단형을 만드는 방법과 동일하다. 다만 장형에서는 **-нн-**의 형태를 취하나, 단형의 경우에는 **-н-**의 형태가 된다.

```
прочи́танный   —   прочи́тан (прочи́тана, прочи́тано, прочи́таны)
постро́енный   —   постро́ен (постро́ена, постро́ено, постро́ены)
откры́тый      —   откры́т (откры́та, откры́то, откры́ты)
```

수동 형동사 단형은 현재, 과거, 미래시제에서 재귀동사에 의해 표현되는 수동태가 진행중인 행위를 나타내는 것과는 달리 어떤 행위의 결과를 나타낸다.

    Заво́д постро́ен.   공장이 지어져 있다.
    Заво́д был постро́ен.   공장이 지어져 있었다.
    Заво́д бу́дет постро́ен.   공장이 지어져 있을 것이다.

2) 수동 형동사 장·단형의 용법

장 형	단 형
како́й?	
Я ви́дел заво́д, **постро́енный** неда́вно.	Этот заво́д **постро́ен** неда́вно.
나는 최근에 지어진 공장을 보았다.	이 공장은 최근에 지어졌다.
на како́й?	
Я был на вы́ставке, **откры́той** в про́шлую суббо́ту.	Эта вы́ставка **откры́та** в про́шлую суббо́ту.
나는 지난 토요일에 열린 전시회에 갔었다.	이 전시회는 지난 토요일에 열렸다.

(5) 능동 및 수동구문에서 행위의 수행자와 대상

능 동 문		수 동 문	
주격	대격	주격	조격
кто?	что?	что?	кем?
Рабо́чие постро́или **шко́лу**.		**Шко́ла** постро́ена **рабо́чими**.	
노동자들은 학교를 지었다.		학교는 노동자들에 의해 지어졌다.	
	대격	주격	
	что?	что?	
Здесь постро́или **шко́лу**.		Здесь постро́ена **шко́ла**.	
학교는 여기에 지어졌다.		학교는 여기에 지어졌다.	

수동구문에서 행위자가 표현될 경우에는 항상 조격이 된다.

3. 동사 그룹

читáть I (*a*)	говорúть II	자음 교체	танцевáть I (*a*)
объяснять проявлять совершáть считáть	вéрить (*a*) повéрить (*a*) держáть (*c*) знáчить (*a*) объяснúть (*b*) проявúть (*c*) решúться (*b*) совершúть (*b*)	в → вл	ремонтúровать отремонтúровать

УПРАЖНЕНИЯ

1. 부동사와 부동사 구문에 주의하여 다음 문장들을 읽으시오.

1. Онú шли, разговáривая.
2. Он, слýшая меня, чтó-то писáл.
3. Прочитáв кнúгу, он дал её мне.
4. Позвонúв Олéгу, он пригласúл егó на вéчер.

1. Онú шли и разговáривали.
2. Он слýшал меня и чтó-то писáл.
3. Он прочитáл кнúгу и дал её мне. (Когдá он прочитáл кнúгу, он дал её мне).
4. Он позвонúл Олéгу и пригласúл егó на вéчер.

2. 부동사를 알맞게 써 넣으시오.

1. _____ пáмятники архитектýры, он мнóго éздил по странé.   *изучáя*
   Хорошó _____ язы́к, он смог перевестú э́ту кнúгу.   *изучúв*

2. _____ ко мне, он чáсто принóсит интерéсные слáйды и фотогрáфии.   *приходя́*
   _____ ко мне, он принёс интерéсные слáйды и фотоальбóмы.   *придя́*

3. _____ упражнéния, он переводúл нóвые словá.   *дéлая*
   _____ упражнéния, он нáчал читáть текст.   *сдéлав*

4. _____ экза́мены, он мно́го занима́лся.   *сдава́я*
   _____ экза́мены, он пое́хал в Ки́ев.   *сдав*

3. 보기처럼 다음 문장을 바꾸시오.

   (а) 보기 *Си́дя в свое́й ко́мнате, он слу́шал ра́дио.*
   Он сиде́л в свое́й ко́мнате и слу́шал ра́дио.

   (б) 보기 *Написа́в письмо́, он пошёл на по́чту.*
   Он написа́л письмо́ и пошёл на по́чту.
   (Когда́ он написа́л письмо́, он пошёл на по́чту).

   1. Си́дя на дива́не, он смотре́л журна́л.
   2. Разгова́ривая со мной, он клал кни́ги в портфе́ль.
   3. Отвеча́я на экза́мене, он о́чень волнова́лся.
   4. Уезжа́я из Москвы́, он всегда́ оставля́л мне ключи́ от кварти́ры.
   5. Отдыха́я на ю́ге, она́ мно́го пла́вала.
   6. Встре́тив на вокза́ле сестру́, Ни́на пое́хала домо́й.
   7. Верну́вшись домо́й, он рассказа́л мне о ве́чере.
   8. Уе́хав из Москвы́, он оста́вил мне ключи́.
   9. Подплы́в к бе́регу, он вы́шел из ло́дки.
   10. Подойдя́ к остано́вке, я уви́дел Та́ню.
   11. Посмотре́в но́вый фильм, он рассказа́л о нём това́рищу.

4. 단어 **кото́рый**를 가진 종속절과 형동사구문의 용법에 주의하여 다음 문장을 읽으시오.

   (а) 1. Это поэ́т,
   2. Мы бы́ли в гостя́х у поэ́та,
   3. Мы подари́ли цветы́ поэ́ту,   **кото́рый пи́шет хоро́шие стихи́.**
   4. Я зна́ю поэ́та,
   5. Мы познако́мились с поэ́том,
   6. Мы говори́ли о поэ́те,

   (б) 1. Это поэ́т, **пи́шущий хоро́шие стихи́.**
   2. Мы бы́ли в гостя́х у поэ́та, **пи́шущего хоро́шие стихи́.**
   3. Мы подари́ли цветы́ поэ́ту, **пи́шущему хоро́шие стихи́.**
   4. Я зна́ю поэ́та, **пи́шущего хоро́шие стихи́.**
   5. Он знако́м с поэ́том, **пи́шущим хоро́шие стихи́.**
   6. Мы говори́ли о поэ́те, **пи́шущем хоро́шие стихи́.**

5. 오른쪽에 주어진 구들을 알맞게 써 넣어 다음 문장을 완성하시오.

(а) 1. Это мой товарищ, _____.
    2. Я встретил товарища, _____.
    3. Я поздоровался с товарищем, _____.
    4. Я дал книгу товарищу, _____.
    5. Я взял книгу у товарища, _____.
    6. Мы говорили о товарище, _____.

(а) живущий в нашем общежитии.
(б) окончивший наш институт.

(б) 1. Здесь живёт девушка, _____.
    2. Я знаю девушку, _____.
    3. Я встретился с девушкой, _____.
    4. Я позвонил девушке, _____.
    5. Я был у девушки, _____.
    6. Он спросил меня о девушке, _____.

(а) работающей в нашей библиотеке.
(б) написавшей эту статью.

6. 다음 문장을 보기와 같이 바꾸시오.

> 보기 *Это студент, который занимается в нашей группе.*
> *Это студент, занимающийся в нашей группе.*

(а) 1. Со мной живёт студент, который хорошо знает русский язык.
    2. Я знаю девушку, которая говорит по-английски.
    3. Я встретился с другом, который работает на заводе.
    4. Он говорил о родителях, которые живут в Петербурге.
    5. Мы подарили цветы артистам, которые играют в этом спектакле.
    6. Я пригласил на концерт товарища, который интересуется музыкой.
    7. У нас много студентов, которые занимаются спортом.
    8. Мы идём к профессору, который читает лекции.
    9. Я читал об учёном, который изучает космос.

(б) 1. Я много слышал о писателях, которые приехали к нам в институт.

2. Я живу́ со студе́нтом, кото́рый выступа́л на ве́чере.

3. Я позвони́л дру́гу, кото́рый пригласи́л меня́ в кино́.

4. Я взял уче́бник у това́рища, кото́рый уже́ сдал экза́мен.

5. Мы поздоро́вались со студе́нтами, кото́рые сиде́ли в аудито́рии.

6. Мы говори́ли о друзья́х, кото́рые верну́лись на ро́дину.

7. Я не зна́ю де́вушку, кото́рая откры́ла нам дверь.

8. Я написа́л сестре́, кото́рая присла́ла мне посы́лку.

9. Мы встре́тились с това́рищами, кото́рые е́здили ле́том в Сиби́рь.

7. 능동형동사의 용법에 주의하여 다음 문장을 읽으시오.

1. На конгре́ссе выступа́ли учёные, **изуча́ющие** э́ти пробле́мы.
2. Това́рищ, **подари́вший** мне кни́гу, лю́бит э́того писа́теля.
3. Мы чита́ли о М. В. Ломоно́сове, **созда́вшем** пе́рвый ру́сский университе́т.
4. Я говори́л с поэ́том, **переве́дшим** э́ти стихи́.

1. Пробле́мы, **изуча́емые** э́тими учёными, о́чень важны́.
2. В кни́ге, **пода́ренной мне,** бы́ли расска́зы Го́рького.
3. Университе́т, **со́зданный** по прое́кту М. В. Ломоно́сова, но́сит его́ и́мя.
4. Стихи́, **переведённые** э́тим поэ́том, мне о́чень понра́вились.

8. 오른쪽에 주어진 능동 및 수동형동사를 알맞게 써 넣으시오.

1. Я зна́ю архите́ктора, _____ э́тот дом.   *постро́ивший*
   Он ви́дел дом, _____ по прое́кту э́того архите́ктора.   *постро́енный*

2. Мне понра́вилась кни́га, _____ молоды́м писа́телем.   *написа́вший*
   Писа́тель, _____ э́ту кни́гу прие́хал к нам в го́сти.   *напи́санный*

3. На ве́чере выступа́ли космона́вты, _____ в наш университе́т.   *пригласи́вший*
   Студе́нты, _____ космона́втов, задава́ли им мно́го вопро́сов.   *приглашённый*

4. Я взял слова́рь, _____ неда́вно.   *купи́вший*
   Я поблагодари́л това́рища, _____ мне слова́рь.   *ку́пленный*

5. На столе́ лежа́т кни́ги, _____ студе́нтом.　　　*забы́вший*
　　Студе́нт, _____ кни́ги, верну́лся в аудито́рию.　　*забы́тый*
6. Де́вушка, _____ нам дверь, у́чится с на́ми.　　　*откры́вший*
　　Мы вошли́ в _____ дверь.　　　　　　　　　　　　*откры́тый*
7. Она́ прочита́ла письмо́, _____ у́тром.　　　　　　*получи́вший*
　　Я встре́тил Олю, _____ письмо́ из до́ма.　　　　*полу́ченный*

9. 보기와 같이 다음 문장을 바꾸시오.

　　[보기]　*Кни́га, кото́рую подари́л мне друг, о́чень интере́сная.*
　　　　　Кни́га, пода́ренная мне дру́гом, о́чень интере́сная.
　　　　　Друг, кото́рый подари́л мне кни́гу, живёт в Ки́еве.
　　　　　Друг, подари́вший мне кни́гу, живёт в Ки́еве.

1. Делега́ция, кото́рую при́нял ре́ктор, прие́хала из Аме́рики.
　 Ре́ктор, кото́рый при́нял делега́цию, рассказа́л о на́шем университе́те.
2. Я посмотре́л журна́лы, кото́рые мне принесли́ вчера́.
　 Това́рищ, кото́рый принёс мне журна́лы, живёт в общежи́тии.
3. Мне понра́вились пе́сни, кото́рые испо́лнил молодо́й певе́ц.
　 У певца́, кото́рый испо́лнил ру́сские пе́сни, хоро́ший го́лос.
4. Фотоальбо́м, кото́рый мне показа́ли, был о́чень интере́сным.
　 Де́вушка, кото́рая показа́ла мне фотоальбо́м, у́чится в на́шем институ́те.
5. Зада́ча, кото́рую реши́л друг, о́чень тру́дная.
　 Я позвони́л дру́гу, кото́рый решил э́ту зада́чу.
6. Мне нра́вится пе́сня, кото́рую спе́ли студе́нты.
　 Я зна́ю студе́нтов, кото́рые спе́ли э́ту пе́сню.
7. В телегра́мме, кото́рую он посла́л домо́й, он написа́л, что ско́ро прие́дет.
　 Я живу́ с това́рищем, кото́рый посла́л сейча́с телегра́мму.
8. Она́ показа́ла мне пода́рок, кото́рый купи́ла сестре́.
　 Де́вушка, кото́рая купи́ла сестре́ пода́рок, на́ша студе́нтка.

10. 다음 물음에 답하시오.

　　[보기]　— *Что тако́е неда́вно откры́тая вы́ставка?*
　　　　　— *Это вы́ставка, кото́рую откры́ли неда́вно.*

　Что тако́е:

1. Неда́вно постро́енная шко́ла?

2. Неда́вно осно́ванный университе́т?

3. Давно́ опублико́ванная кни́га?

4. Переведённый на ру́сский язы́к расска́з?

5. По́сланная вчера́ телегра́мма?

6. Неда́вно полу́ченное письмо́?

7. Неда́вно напи́санная пе́сня?

8. Давно́ изуча́емая пробле́ма?

11. 오른쪽에 주어진 형동사의 장·단형을 알맞게 써 넣으시오.

1. Этот студе́нт _____ в университе́т. *при́нятый*
   Ре́ктор бесе́довал со студе́нтами, _____ в университе́т. *при́нят*
2. Они́ говори́ли о неда́вно _____ экза́менах. *сда́нный*
   Все экза́мены уже́ _____. *сдан*
3. Ве́чер был хорошо́ _____. *организо́ванный*
   Мы бы́ли на ве́чере, _____ на́шими студе́нтами. *организо́ван*
4. Библиоте́ка уже́ _____. *откры́тый*
   Он вошёл в _____ дверь. *откры́т*
5. Э́та шко́ла _____ в про́шлом году́. *постро́енный*
   Мы бы́ли в шко́ле, _____ в про́шлом году́. *постро́ен*
6. Моско́вский университе́т _____ М. В. Ломо- *осно́ванный*
   но́совым.
   Он у́чится в университе́те, _____ М. В. Ло- *осно́ван*
   моно́совым.
7. Его́ стихи́ _____ на ру́сский язы́к. *переведённый*
   Я чита́л его́ стихи́, _____ на ру́сский язы́к. *переведён*

12. 부동사와 형동사의 용법에 주의하여 다음 속담들을 읽어 보시오.

(а) 1. Ко́нчив де́ло, гуля́й сме́ло.
2. Ничего́ не де́лая, мы у́чимся дурны́м дела́м. (*Англи́йская посло́вица*)
3. Лёжа пи́щи не добу́дешь.
4. Не замочи́в рук, не умо́ешься.

(б) 1. Сде́ланного не воро́тишь.
2. Хорошо́ на́чатое наполови́ну сде́лано. (*Англи́йская посло́вица*)
3. Име́ющий у́ши, да слы́шит.
4. Утопа́ющий хвата́ется за соло́минку.

5. Не буди спящих собак. (*Английская пословица*)

6. Болезни — это проценты за полученные удовольствия. (*Английская пословица*)

ЧИТАЙТЕ И СЛУШАЙТЕ

Абхазские долгожители

Почему некоторые люди живут долго: 100 — 120 лет? Почему, прожив такую жизнь, они сохраняют физическую активность и ясную память? В чём причина их долголетия? Это вопрос, который, интересует не только учёных.

Долгожители — люди, которым исполнилось 90 лет и больше, живут в разных районах нашей страны. Но учёные заметили, что есть группы людей и даже целые народы, среди которых особенно много долгожителей. Один из таких народов — абхазцы. В Абхазии, на Кавказе, живёт около двухсот человек старше ста лет. Долгожители Абхазии давно привлекают к себе внимание учёных разных стран мира. Русские и иностранные журналисты — частые гости Абхазии. О долгожителях Абхазии пишут научные труды, статьи, организуют передачи по телевидению. Передачи о долгожителях Абхазии шли по французскому и итальянскому телевидению.

Первое, что замечают все, кто встречался с абхазскими долгожителями, это их трудовая активность, активное участие в жизни. Как правило, все они работают в колхозе, дома, помогают делом и советом молодым. Их опыт, знание жизни помогают в трудных ситуациях найти правильное решение.

Национальная культура кавказских народов, воспитывая глубокое уважение к людям старшего поколения, в то же время обязывает старших не только не отставать от жизни, но всегда быть в чём-то впереди молодых. Именно поэтому молодые внимательны к советами рекомендациям старших.

Здесь, в Абхазии, есть уникальный ансамбль песни и танца — ансамбль долгожителей. Одному из солистов этого ансамбля больше ста пяти лет. Ансамбль этот много ездит по стране, даёт концерты которые пользуются большим успехом у зрителей.

Итак, в чём же секрет долголетия? Ответить на этот вопрос нельзя в двух словах, даже серьёзной статьи для этого было бы мало. Одно можно сказать с уверенностью: бодрость духа и жизненная активность являются важнейшими факторами, способствующими долгой жизни.

долголетие 장수
долгожитель 장수하는 사람
абхазцы 압하지야 사람들
привлекать внимание чьё? к кому? к чему? (누구의) 주의를(관심을) 끌다
поколение 세대

не отставать от жизни 인생에서 뒤떨어지지 않다
пользоваться успехом 성공을 거두다
в двух словах 몇 마디로 말하면, 간단히 말하면
с уверенностью 확실히, 확신을 가지고
бодрость духа 마음의 활기

▶ **Задание к тексту**

1. Расскажите, что вы узнали о долгожителях Абхазии? Какой уникальный ансамбль есть в Абхазии?
2. Расскажите, что вы знаете о долгожителях вашей страны.
3. Прочитайте пословицы и афоризмы об активной жизненной позиции. Найдите в вашем языке пословицы и афоризмы на эту тему, переведите их на русский язык.

Жизнь прожить — не поле перейти.

Не тот живёт больше, кто живёт дольше.

Без дела жить — только небо коптить.

Плохо жить без работы, да без заботы.

Мы должны есть, чтобы жить, а не жить, чтобы есть. (*Латинская пословица*)

«Жизнь только в движении». *В. Белинский*

«Жизнь жива и прекрасна энергичною работою». *В. Вересаев*

«Сердце не требует и не выносит покоя, ибо покой для него — смерть». *И. Франко*

«Жизнь даётся один раз, и хочется прожить её бодро, осмысленно, красиво». *А. Чехов*

«Каждый человек рождается для какого-то дела». *Э. Хемингуэй*

«Не действовать и не существовать для человека одно и то же». *Ф. Вольтер*

«Действия людей – лучшие переводчики их мыслей». *Д. Локк*

«Жизнь длинна, если ею умело пользоваться». *Сенека*

«Заботясь о счастье других, мы находим своё собственное». *Плотон*

해석과 해답

제 20 과

■ 본 문

용감한 사람들

이 이야기는 우리 나라의 북쪽지방에서 있었던 일이다. 섬에 있는 작은 마을에서 한 여인이 심하게 앓게 되었다. 젊은 의사는 환자를 도울 수 없었다. 그는 바닷가에 있는 도시로부터 의사를 불러왔다. 좋은 날씨에는 섬으로 헬리콥터가 비행할 수 있었다. 그러나 오늘은 헬리콥터가 뜰 수 없었다: 바람이 심하게 불고, 눈과 함께 비가 왔다.

그곳 섬에는 아픈 여인이 있었다. 그러나 의사는 그녀를 도울 수 없었다. 그때 한 늙은 어부가 물을 따라 길이 나 있다고 말했다. 그는 걸어서 지나갈 수 있는 좁은 길들을 알고 있다. 그래서 만약 의사가 두려워하지 않으면, 그들은 이 길을 따라 갈 수 있다. 그래서 의사는 갔다.

용감한 사람들이 차가운 물을 따라서 오랫동안 갔다. 매우 어려운 길이었다. 강한 바람이 가는 것을 방해했다. 마침내 그들은 해안을 보았다. 해안에서는 작은 마을의 사람들이 그들을 기다리고 있었다. 아픈 여인에 대한 도움이 제때에 미쳤다.

■ 대 화

민 호: 올레그, 시베리아에 가 보았니?
올레그: 몇 번. 여름 방학때에 건축 분견대와 함께 갔었어.
민 호: 거기서 너희들은 무엇을 했는데?
올레그: 길을 만들었어.
민 호: 어려웠니?
올레그: 어려웠어 물론. 그러나 재미있었어. 그곳은 자연이 매우 아름다워. 우리는 밀림에서 일했어. 한번은 길을 잃었지: 3시간 동안 길을 찾았는데, 찾을 수 없었어. 친구들이 나를 찾아냈지. 그들의 목소리를 들었을 때 어찌나 행복했던지. 그들은 "올레그… 올레그!" 하고 외쳤어. 나는 이 소리를 세상에서 가장 좋은 음악처럼 들었지. 저녁 때 여학생들이 우리에게 축하하는 저녁을 준비했어. 이날 우리는 늦게까지 잠자리에 들지 않았다. 그해 겨울 생일에는 사람들이 다음 번에는 길을 찾을 수 있도록 시베리아의 지도와 나침반을 내게 선물했어.
민 호: 또 어디에 가 보았는데?
올레그: 건축 분견대와?
민 호: 응.
올레그: 북방에 갔었지. 극동에 가 보기를 매우 원했었지. 그러나 가지 못했어.

■ 연습문제

1. ле́тнее, зи́мнее, осе́ннее у́тро; ле́тний, зи́мний, осе́нний, по́здний ве́чер;

лётний, зимний, осённий день; поздний час; утренний, вечёрний спектакль; утренняя, вечёрняя, сегодняшняя газёта; лётнее, зимнее, осённее пальто; синяя чашка, синий карандаш; нижний этаж; нижняя полка.

2. 1. вёрхнюю / вёрхней. 2. вечёрнюю / вечёрний.
   3. лётние / лётнюю. 4. послёдней.
   5. сосёдней. 6. сосёднюю.

3. 1. ... от старшей сестры. 2. ... твоёй старшей сестрой.
   3. ... с твоёй старшей сестрой. 4. ... твою старшую сестру.
   5. ... о его старшей сестрё. 6. Моя старшая сестра ...
   7. ... у старшей сестры. 8. ... к старшей сестрё.

4. (а) 1. На эту выставку. С этой выставки.
       2. На большую фабрику. С большой фабрики.
       3. В сосёднюю школу. Из сосёдней школы.
   (б) 1. В нашей библиотёке. Из нашей библиотёки.
       2. На интерёсной выставке. С интерёсной выставки.
       3. В той дерёвне. — Из той дерёвни.
   (в) 1. К нашей преподавательнице. От нашей преподавательницы.
       2. К этой студёнтке. От этой студёнтки.
       3. К моёй подруге. От моёй подруги.

5. 1. Какую? 2. Какую? 3. На какой? 4. На какой?
   5. В какой? 6. К какой? 7. В какую? 8. На какой?
   9. Какой? 10. О какой? 11. С какой?

6. маленькой / молодой / больной / хорошей / сильный / мёлкие / холодной / больной

7. 1. Нет, молодой. 2. Нет, плохая. 3. Нет, в лётние.
   4. Нет, вечёрние. 5. Нет, на вёрхней. 6. Нет, послёдние.

9. 1. что / чтобы. 2. что / чтобы 3. чтобы.
   4. что / чтобы. 5. что / чтобы. 6. что / чтобы.

■ 독해 및 청취

인생의 가로수길

도시는 그곳에 살았던 사람들만큼이나 젊었다. 그것은 까자끄의 무더운 초원지대에서 성장했고 "Юность(청년시절)"라고 불렸다.

늙은 예멜리얀은 자기 딸과 함께 이곳에 도착했다. 거리에서 그를 만났을 때 사내애들과 여자애들은 다음과 같이 조롱했다: — 할아버지도, 어떻게 공산주의 청년동맹의 추천서를 가지고 왔지요?

언젠가 노인은 어떤 젊은 아버지가 태어난 어린애를 기념하여 모든 가정은 나무를 심어야 한다고 제안하는 것을 들었다. 처음에 예멜리얀은 놀랐다: 막 태어난 아이를 기념하여 나무를 심는다… 그가 어떤 사

람이 될지 누가 알아? 그러나 그의 딸이 대답했다 :

　우리 도시에 어떤 청년과 아가씨들이 있는지 보세요. 그들에게 나쁜 아이들이 생길 수 있을 것이라고 생각하세요?

　사람들은 도심에 길을 따라 양쪽으로 나무를 심기로 결정했다 : 모든 사람이 각 젊은 가정의 기쁨을 보도록 하자. 첫 번째 나무는 눈에 띄지 않게 나타났다. 미래의 가로수길 지역에 젊은 아버지는 첫 자작나무를 심었다.

　무더운 여름이 왔다. 기후에 익숙해질 수 없었던 예멜리얀은 숨쉬기가 어려웠다. 자작나무도 숨쉬기가 어려웠다. 예멜리얀은 이것을 보고 걱정하기 시작했다. 저녁 때마다 그는 자작나무에 물을 주기 시작했다. 그리고 다음과 같이 말했다 :

　— 마셔라! 마셔라! 마셔!

　자작나무는 마셨다. 자작나무는 푸르고 싱싱하게 되었다.

　나무를 심을 계절인 가을이 왔다.

　첫 번째 자작나무 옆에도 다른 어린 나무들이 나타났다. 점차 가로수는 교외로, 초원으로 퍼져 나갔다. 늙은 예멜리얀은 가로수길의 주인과 정원사가 되었다. 그는 애정을 가지고 어린 나무들을 바라 보았다. 나무들은 자랐고, 그것들과 함께 아이들도 자랐다. 아이들은 오솔길에서 나무와 같이 그렇게 젊게, 그리고 그렇게 다양하게 나타났다. 그들의 대화도 새들의 즐거운 노래와 흡사했다.

　직장으로 갈 때, 젊은 아버지들은 항상 예멜리얀과 인사했고, 즐겁게 그에게 물었다 : — 그래, 그곳의 나무들은 어때요, 서 있나요? 노인은 웃으면서 대답했다 : 서 있어요. 곧 학교에 가죠.

제 21 과

■ 본 문

연금 생활자인 여행자

　우리 젊은이들은 어떻게 휴식을 취하는가? 사람에 따라 다양하다. 젊은이들은 휴양소와 스포츠캠프, 행군, 소풍을 간다. 그러나 젊은이들이 좋아하는 휴식은 물론 여행이다. 여행자들은 걸어서 행군을 하고, 보트나 뗏목을 타고 강을 항해하며 등산을 갈 수 있다. 관광 여정들은 매우 다양하다 : 나라는 크다. 그리고 젊은이들은 모든 것을 알고, 보고 싶어 한다.

　젊지 않은 사람들이라면? 만약 60이나 70세의 사람들이라면? 그러한 여행객들도 또한 있다.

　여기에 그들 중 한 사람이 있다 : 리가에서 온 게오르기 미하일로비치 부슈예프이다. 그는 걸어서 모든 우리의 거대한 나라를 여행했다. 그의 첫 번째 행군에서 그는 걸어서 블라디보스또크까지 갔다.

　일찍이 젊었을 때 게오르기 미하일로비치는 이 행군을 할 것을 꿈꾸었고, 연금 생활자가 되었을 때 그는 행군을 하기로 결심했다.

　게오르기 미하일로비치는 기술자로 일했고, 나라를 많이 돌아다녔고, 북부에서 오랫동안 일했다. 그러나 온 나라를 걸어서 여행하겠다는 자신의 꿈은 잊어버리지 않았다.

　이제 결국 그는 자기 행군을 시작한다 : 리가에서 블라디보스또크까지 걸어서 간다. 사람들이 그를 길에서 만났을 때 그들은 무거운 배낭을 메고, 걸어서 (여행을) 다니는 이 할아버지가 진짜 여행객이라는 사실을 믿을 수 없었다. 사람들이 자주 그를 승용차나 버스에 타도록 초대했다. 게오르기 미하일로비치는 "감사합니다"라고 말하고는 계속해서 자기의 길을 갔다. 이제 여러 달과 많은 거리의 길이 지나갔다 : 그는 블라디보스또크에 있다. 여기에서 도시의 주민들은 그를 맞이했다. 그들은 이미 그네들에게 평범하지 않은 여행객이 온다는 것을 알았다.

부슈예프는 비행기를 타고 리가의 집으로 돌아왔다. 의사들은 게오르기 미하일로비치를 진찰하고, 그의 건강이 아주 좋다고 말했다.

게오르기 미하일로비치는 나라의 남쪽으로 향하는 두 번째 행군을 끝냈다. 지금 그는 어떤 여정을 또 택할지 생각하고 있다.

■ 대 화

민 호: 올레그야, 수영장에 가니?
올레그: 응. "모스크바" 수영장에.
민 호: 그것은 어디에 있는데?
올레그: 그것은 모스크바 시내에 있는 야외 수영장이야.
민 호: 겨울에도 야외 수영장에 가니?
올레그: 응. 수영하기 춥지 않아. 물이 따뜻하거든. 가을에는 나는 매주 일요일에 강에 가지. 그러나 보통 10월에는 벌써 수영장에서 수영해. 겨울에 강에서 수영을 시작하려고 생각해.
민 호: 겨울에 얼음을 깨고 수영하는 사람이 되고 싶니?
올레그: 그래. 겨울에 얼음을 깨고 수영하는 사람들은 보통 매우 건강한 사람들이지. 너는 그렇게 되고 싶지 않니?
민 호: 너도 알다시피 싫어. 나는 매일 아침 조깅을 하거든. 토요일에는 수영장에 가는데, 야외 수영장에는 안 가.
올레그: 혹시 너와 함께 "모스크바" 수영장에 갈 수 있을까?
민 호: 좋아.

■ 연습문제

2. 1. идёшь / хо́дишь / ходи́ть   2. е́здим
    3. е́дешь / е́ду   4. е́хал
    5. пла́вать / пла́вать   6. плывёт / пла́ваешь
    7. лети́м (улета́ем)

3. (а) 1. Ка́ждое у́тро он хо́дит в институ́т.
    2. Ка́ждый ве́чер она́ хо́дит в библиоте́ку.
    3. Ка́ждый четве́рг я хожу́ в бассе́йн.

  (б) 1. Ка́ждое воскресе́нье я е́зжу за́ город.
    2. Ка́ждое ле́то она́ е́здит в дере́вню.
    3. В ле́тние кани́кулы они́ е́здят на юг.

4. (а) 1. Они́ ходи́ли в цирк.
    2. Он ходи́л в клуб на конце́рт.
    3. Она́ ходи́ла на но́вую вы́ставку.

4. Мы ходи́ли в сосе́днюю кварти́ру.
(б) 1. Мы е́здили на э́ту экску́рсию. 2. Он е́здил в санато́рий.
3. Брат е́здил на се́вер. 4. Её роди́тели е́здили в Ки́ев.
5. Оле́г е́здил в Сиби́рь.
(в) 1. Он ходи́л к отцу́ на фа́брику.
2. Мы ходи́ли к ма́тери на рабо́ту.
3. Она́ ходи́ла к подру́ге в общежи́тие.
4. Ми́нхо ходи́л в лаборато́рию к Оле́гу.

5. 1. Куда́ вы идёте? 2. Куда́ ты е́дешь (вы е́дете)?
3. Куда́ она́ ходи́ла? 4. Куда́ ты е́здил ле́том?

6. (а) 1. идёт 2. идёт 3. идёт 4. идёт 5. шёл
6. во́дит / во́дит 7. веди́ 8. идёт 9. идёт

8. 1. её / свое́й / её / свое́й / её. 2. её / свое́й / её.

9. 1. его́ мать / свое́й ма́тери 2. её подру́гу / к свое́й подру́ге
3. его́ ба́бушке / свое́й ба́бушке 4. её дочь / свое́й до́чери.

■ 독해 및 청취

운동 – 이것은 인생이다

운동, 이것은 인생이라고들 한다.

현대인은 보통 운동 부족으로 고생한다. 도시교통, 승용차, 집의 엘리베이터 – 이 모든 것은 운동부족을 야기한다. 아마도 그래서 많은 사람들이 휴식의 적극적 형태인 관광과 여행을 선택한다. 매년 거의 백만 명이 우리나라를 여행한다.

관광 여행을 조직하는 여행사는 우리나라의 남쪽, 북쪽, 동쪽의 아주 다양한 여정들을 제안할 수 있다. 단체 여행객들은 여행 증명서를 얻고, 그들은 휴양지, 여행 캠프로 가서 거기에서 재미있는 행군과 관광을 한다.

비단체 여행객들은 자신들이 여정을 선택한다. 그러한 여행객은 스스로 자신의 식사를 준비하며, 천막에 거주한다. 젊은 사람들은 흔히 바로 비단체 관광을 더 선호한다. 여행 중에 어려움이 있을 수도 있다. 그러나 여행객들은 항상 서로서로를 돕는다. 한 여행객은 다음과 같은 이야기를 들려주었다.

"기억하건대, 우리는 친구와 함께 호수에서 카누를 탔는데, 식료품이 떨어지고, 근처에는 마을이 없었던 적이 있었습니다. 저녁 때에 우리는 젊은 한쌍의 남편과 아내를 만났습니다. 그들은 우리 쪽을 향해 항해하고 있었습니다. 우리는 서로 인사를 했습니다. 그들은 우리에게 빵, 차, 통조림 식품을 제공했습니다. 그러한 만남은 흔히 있습니다. 사람들은 여행 중에 서로 알게 되며, 서로에게 자신들의 주소를 알려줍니다. 일생동안 계속되는 우정이 가끔은 그렇게 시작됩니다.

바로 관광 행군에서 나는 10년 전에 알렉싼드르를 알게 되었습니다. 비록 나는 모스크바에 살고, 그는 뻬쩨르부르그에 살지만, 이것이 우리의 우정을 가로막지는 못했습니다. 지금 우리들에게는 가족이 있고, 아이들이 있지만, 우리는 10년 전처럼 항상 함께 휴식을 취합니다. 우리는 새로운 재미있는 행군이나 여행코스들을 선택합니다. 그러나 지금 우리 행군에는 전 가족이 참여합니다."

제 22 과

■ 본 문

숲속의 집

한번은 나는 강에서 보트를 타고 있었다. 여름의 무더운 날이었다. 강변에서 나는 알고 지내는 어부인 샤쉬낀을 만났다. 그는 나에게 소리쳤 :
— 곧 비가 올거예요, 강가로 나오세요.

나는 강가로 나왔다. 그리고 우리는 숲을 따라 가기 시작했다. 갑자기 나는 숲의 그림같이 아름다운 장소에서 전에는 전혀 알아채지 못했던 작은 집을 보았다.
— 이것은 누구의 집이지요? — 하고 나는 물었다.
— 음악가인 스뱌또슬라브 리흐쩨르의 집이죠. 당신은 정말로 몰랐어요? 모스크바의 음악가이고, 그의 아내는 가수이죠.

나는 이 조용한 인적없는 곳에 우리의 유명한 피아니스트가 살고 있다는 것을 몰랐다.
— 우리 이곳에 음악가가 산다는 것을 당신은 정말로 몰랐습니까? 굉장한 사람이죠! 그러나 그는 연주를 방해받는 것을 좋아하지 않습니다. 여기 숲 뒤쪽이 우리 마을입니다. 우리 마을사람들은 음악을 좋아합니다. 사람들은 일이 끝난 후 매일 저녁 때에 그가 연주하는 것을 들으러 여기에 옵니다. 나는 전에는 음악을 조금밖에 이해하지 못했습니다. 피아노 소리는 단지 라디오를 통해서만 들었습니다. 그러나 바로 작년에 나는 밤에 강을 따라 항해를 했습니다. 밤은 지금과 같이 따뜻하고 밝았습니다. 그런데 갑자기 숲으로부터 나는 음악 소리를 들었습니다. 모든 숲과 강물이 노래하여, 나를 감동시켜서 아무도 모르게 어디론가 데리고 가는 듯 했습니다. 말하기 부끄럽지만 당신에게만 이야기하겠습니다 : 나는 울기 시작했습니다. 그리고 내 일생동안 그 속에는 나쁜 것과 좋은 것이 있었다는 것을 회상했습니다. 음악가가 온 이래, 매일 나는 이곳에 와서 기다리죠! 여기에서 이런 일이 일어나다니!

비가 그치고 나는 집으로 왔다. 어두워졌다. 비가 온 후 성성한 꽃과 나무들이 대단히 향기를 뿜었다. 나는 부드러운 향기를 느꼈고 샤쉬낀이 어떻게 음악을 이해하는지, 우리 국토가 얼마나 아름다운지, 그리고 그 아름다움을 표현하기가 얼마나 어려울 수 있는지를 갑자기 이해했다.

■ 대 화

민　호 : 올레그, 겨울 방학에 어디에 갈거니?
올레그 : 산악지대에 갈거야. 겨울에 그곳은 매우 아름답거든 : 햇빛도 있고, 눈도 많고. 작년에 나는 겨울에 까프까즈에 갔었어. 무척 내 마음에 들었어. 올해에도 역시 거기에 가고 싶어.
민　호 : 따냐도 너와 같이 가니?
올레그 : 아니. 그녀는 겨울에 방학이 다른 때에 있어. 지난주에 그녀는 뻬쩨르부르그에 갔었는데, 얼마전에 돌아왔어. 겨울에 그녀는 보통 뻬쩨르부르그에 계신 할머니께로 가곤 해. 내년에 그녀는 여자친구와 함께 끼예프에 가고 싶어하지. 여름에 우리는 가끔 함께 휴식을 취하지. 따냐는 여름을 좋아하고, 바다를 좋아하지. 그녀는 수영을 잘해. 그녀는 겨울을 별로 좋아하지 않아.
민　호 : 너는?
올레그 : 말하기 어려워. 나는 여름도 겨울도 좋아하거든. 그러나 아마 무엇보다도 가을, 가을 숲을 좋아해. 학교를 마치면 가을에만 휴가를 갈거야.

민 호: 나도 역시 좋아하는 계절을 선택하기 어려워. 내 생각에는 각 계절이 나름대로 좋은 것 같아. 아주 춥지 않으면 (영하 5~10도) 겨울을 좋아해. 아주 무덥지 않으면 여름을 좋아하고, 나는 태양이 있을 때를 좋아해. 단지 아주 무더운 날씨만 싫어하지.

■ 연습문제

1. 1. знако́мого / знако́мому / знако́мого
   2. изве́стный / изве́стному / изве́стным
   3. прекра́сный / прекра́сном / прекра́сного
   4. ма́леньком / ма́ленький / ма́ленькому
   5. после́дний / после́днем / после́днему

2. 1. ... к мла́дшему бра́ту   2. ... от мла́дшего бра́та
   3. ... мла́дшего бра́та   4. ... с мла́дшим бра́том
   5. ... с её мла́дшим бра́том   6. ... её мла́дшему бра́ту
   7. Её мла́дшего бра́та ...   8. ... о своём мла́дшем бра́те.

3. (а) 1. На Чёрном мо́ре. С Чёрного мо́ря.
       2. В стари́нном ру́сском го́роде. Из стари́нного ру́сского го́рода.
       3. На большо́м заво́де. С большо́го заво́да.
       4. В но́вом общежи́тии. Из нового общежи́тия.
       5. На э́том стадио́не. С э́того стадио́на.
   (б) 1. К на́шему преподава́телю. От на́шего преподава́теля.
       2. К э́тому врачу́. От э́того врача́.
       3. К моему́ дру́гу. От моего́ дру́га.
       4. К ста́ршему бра́ту. От ста́ршего бра́та.
       5. К своему́ това́рищу. От своего́ това́рища.

4. 1. В како́м?   4. Како́й?   7. Како́е?
   2. В како́м?   5. Како́го?   8. В како́е?
   3. С каки́м?   6. От како́го?

5. (а) свой / своём / его́ / его́ / своём / его́ / своего́
   (б) своего́ / своём / его́

6. 1. его́ оте́ц / своего́ отца́   2. его́ брат / от своего́ бра́та
   3. со свои́м дру́гом / его́ дру́га   4. о своём сы́не / его́ сы́ну

8. (а) 1. В про́шлом году́.   2. В э́том году́.   3. В сле́дующем году́
   (б) 1. В про́шлом ме́сяце. 2. В э́том ме́сяце. 3. В сле́дующем ме́сяце.
   (в) 1. На про́шлой неде́ле. 2. На э́той неде́ле. 3. На бу́дущей неде́ле.
   (г) 1. В ты́сяча девятьсо́т во́семьдесят тре́тьем году́.
       2. В ты́сяча девятьсо́т во́семьдесят пя́том году́.

3. В тысяча девятьсот восемьдесят шестом году.

10. плыл / крикнул / вышел / пошли / жил / играл / слушать(послушать) / поехал.

11. 1. — Таня, ты любишь зиму? — Не очень. Я люблю тепло, солнце, море. А какое время года любишь ты? — Я люблю осень. Обычно я отдыхаю осенью.
2. — Где вы отдыхали в прошлом году? — На Украине. — Хорошо отдохнули? — Не очень. Лето было холодное. Почти каждый день шёл дождь. В этом году хочу поехать в Крым.

■ 독해 및 청취
러시아의 위대한 시인

"뿌쉬낀의 이름에서 곧 러시아 국민시인에 대한 생각이 떠오른다… 거기에는 우리 언어의 모든 풍부함, 힘과 유연성이 내재해 있다… 거기에는 러시아의 자연과 정신, 러시아 기질이 들어 있다"라고 니꼴라이 바씰리예비치 고골은 위대한 러시아 시인에 대해 썼다.

"거장 뿌쉬낀, 우리의 최대의 긍지…"라고 알렉쎄이 막씨모비치 고르끼는 뿌쉬낀에 대해 썼다.

"우리 시의 태양"이라고 그 시대 사람들은 뿌쉬낀에 대해 썼다.

시인이고 소설가이자 드라마작가인 드라마작가인 알렉싼드르 세르게예비치 뿌쉬낀은 짧은 생애를 살았다: 그는 1799년에 태어나서 1837년에 결투에서 죽었다. 뿌쉬낀은 기껏해야 37년을 살았지만, 우리에게 많은 것을 남겼다. 뿌쉬낀의 시, 서사시, 중편소설, 드라마들이 세계의 많은 언어로 번역되었고, 또 번역되고 있다.

모스크바의 도심에, 지금 뿌쉬낀 광장이라 불리는 광장에 위대한 시인의 동상이 서 있다. 동상의 건립자는 유명한 러시아 건축가인 알렉싼드르 미하일로비치 오뻬꾸쉰이다. 지난 세기말에 이 동상은 국민성금으로 세워졌다.

이곳 뿌쉬낀 동상 옆에 매년 시인의 생일인 6월 6일에 모스크바 사람들과 모스크바의 손님들이 모인다. 사람들이 동상에 와서 좋아하는 시인에게 꽃을 바친다. 그리고 그들 중 누군가가 꼭 다음과 같은 뿌쉬낀의 문장을 상기한다:

"나는 자신에게 인간의 손으로 만들어지지 않은 기념비를 세웠다.

그곳에 이르는 국민의 오솔길은 잡초가 우거지지 않을 것이다."

온종일 동상 옆에서는 뿌쉬낀 축제인 시의 축제가 계속된다. 시인들, 작가들, 배우들, 노동자들과 학생들이 출연한다. 그들은 뿌쉬낀의 시들을 읽고, 뿌쉬낀에 대한 시들을 읽는다. 외국의 시인들과 작가들은 자신의 번역본들을 읽는다. 뿌쉬낀의 언어가 영어와 프랑스어, 독일어, 스페인어, 힌디어와 뱅갈어로 울린다.

벌써 어둡고, 긴 여름날이 끝나가지만, 동상 옆의 사람들은 위대한 시인의 시를 계속해서 읽는다. 그(뿌쉬낀)에 대한 사랑이 그들을 단결시켰다.

제 23 과

■ 본 문

5월 2일

　5월 축제에 나의 오랜 친구인 안드레이가 끼예프로부터 내게 왔다. 안드레이는 나와 마찬가지로 학생이다. 그는 의대에서 공부하고, 나는 종합대학교에서 공부한다.
　5월 1일 저녁 때 우리는 축제의 모스크바를 따라 산책했다. 그리고 5월 2일에는 우리 학교 선생님인 따찌야나 이바노브나에게 갔다.
　매년 5월 2일에 따찌야나 이바노브나의 제자들은 그녀의 집에서 모였다. 이미 학교를 마친 그녀의 이전의 제자들도 왔다. 전통이 되어버린 이 만남은 오래전에 시작되었다. 그때 우리는 8학년에서 공부했다. 우리 학년은 사이가 좋았다. 우리는 자주 함께, 극장, 연극 공연장, 행군을 갔다. 축제일에는 우리 집이나 안드레이의 집에 모였다. 그는 그 당시 모스크바에 살았었다. 한번은 5월 2일에 우리는 함께 시내로 가서, 산책을 하고, 전광장식을 보고 우리 집이나 안드레이 집으로 가기로 결정했었다.
　우리가 지하철에서 나왔을 때 우리의 생물 선생님인 따찌야나 이바노브나를 만났다. 우리는 서로 인사했고, 따찌야나 이바노브나에게 축제일을 축하했다. 따찌야나 이바노브나는 시내에 살았다. 그래서 우리는 그녀를 (집까지) 바래다 주기로 결심했다. 우리가 그녀의 집까지 갔을 때 따찌야나 이바노브나는 우리를 초대했다. 그녀의 집에서는 오늘 그녀의 이전 제자들이 모이기 때문에 아마도 우리가 그들과 인사를 나누는 것도 재미있을 것이라고 그녀는 말했다.
　우리는 3층으로 올라갔다. 따찌야나 이바노브나의 크지 않은 쾌적한 아파트에 그녀의 제자들이 모였다. 즐겁고 재미있었다. 따찌야나 이바노브나의 이전 제자들은 자기들의 일에 대해 이야기했고, 옛 학교의 이야기를 회상했다. 우리에게 어떻게 공부하는지, 어떻게 사는지, 무엇이 되고 싶은지를 물었다. 그 후에 노래를 부르고, 춤을 추었고, 집에서 만든 만두와 함께 차를 마셨다.
　헤어질 때 우리는 기념사진을 찍었다. 우리학교의 전통은 이렇게 세워졌다. 이제는 매년 5월 2일 우리는 우리 옛 선생님의, 손님을 좋아하는 집에 간다.

■ 대 화

올레그 : 민호야, 안녕!
민　호 : 안녕, 올레그!
올레그 : 하키하러 가지 않을래?
민　호 : 갈 수 없어. 나는 공부해야 돼. 다음 수요일에 러시아어 시험이 있거든.
올레그 : 오늘이 수요일이니까 일주일 후구나.
민　호 : 응, 내 친구는 이번 월요일에 필기시험이 있었어. 어려웠대.
올레그 : 그렇지만 너는 러시아어를 잘하잖아.
민　호 : 그럴지 모르지만, 나는 쓰는 것을 잘 못하거든.
올레그 : 내가 네 시험공부를 도와줘도 괜찮겠니?
민　호 : 물론, 만약 네가 시간이 있으면.
올레그 : 미안하지만 오늘은 안 돼. 내일 수업 끝나고 만나자. 나는 4시에 끝나. 4시에 열람실에서 기다려

일주일 내내 같이 공부하자. 5점으로 합격할 거야.

민 호: 4점만 받으면 좋겠는데, 그럼 안녕 올레그, 고맙다.

올레그: 아직 천만에. 안녕.

아버지들과 아이들

한번은 수학 선생님이 광산대학에서 시험을 치렀다. 저명한 수학자요 물리학자이며 천문학자인 레오나르드 에일레르의 손자인 에일레르라는 학생이 시험을 보러 교수에게 왔다.

그 학생은 대답을 아주 못했다. 교수는 그에게 다른 시험 문제를 주었다. 결과는 마찬가지였다. 그러자 교수는 학생에게 시험 성적표를 주고 말했다: 자신의 손으로 2점을 스스로 매기시오. 그렇게 유명한 가문의 사람에게 나는 2점을 줄 수가 없어요.

■ 연습문제

1. 1. В следующую среду. 2. В прошлый вторник.
3. В эту среду. 4. В этот понедельник.
5. В прошлую пятницу. 6. В следующую субботу.
7. В прошлое воскресенье. 8. На следующий день.

2. (а) 1. Да, но не в этот, а в прошлый.
2. Да, но не в этот, а в прошлый.
3. Да, но не в это, а в прошлое.
4. Да, но не в эту, а в прошлую.
5. Да, но не в эту, а в прошлую.

(б) 1. Да, но не в этот, а в следующий.
2. Да, но не в эту, а в следующую.
3. Да, но не в эту, а в следующую.
4. Да, но не в этот, а в следующий.
5. Да, но не в это, а в следующее.

3. (а) 1. Каждое утро она ходит в школу.
2. Каждый вечер он ходит в читальный зал.
3. Каждую субботу они ходят в кино.
4. Каждое воскресенье мы ходим в бассейн.

(б) 1. Каждое лето мы ездим на север.
2. Каждую осень она ездит на Украину.
3. Каждую зиму он ездит в деревню.
4. Каждую весну они ездят на юг.

4. 1. Весь день. 3. Всю неделю. 5. Весь месяц.
2. Весь вечер. 4. Всё лето. 6. Весь год.

6. 1. Сколько времени ты провёл (вы провели) в Москве?

2. Как ча́сто ты занима́лся (вы занима́лись) ру́сским языко́м?
3. Как ча́сто ты ходи́л (вы ходи́ли) в теа́тр?
4. Когда́ в Москве́ начина́ются вече́рние спекта́кли?
5. Ско́лько вре́мени (как до́лго) иду́т спекта́кли?
6. Как ча́сто ты ката́лся (вы ката́лись) на лы́жах?
7. Когда́ ты тепе́рь пое́дешь (когда́ вы тепе́рь пое́дете) в Москву́?

7. **(а)** Встре́тимся по́сле рабо́ты. Поговори́м по́сле ле́кции. Позвони́ мне по́сле конце́рта. Подойди́ ко мне по́сле его́ докла́да.
   (б) 1. До рабо́ты. 2. До ле́кции.
         3. До конце́рта. 4. До его́ докла́да.

8. **(а)** 1. Пе́рвое сентября́. Пе́рвого сентября́.
         2. Двена́дцатое января́. Двена́дцатого января́.
         3. Два́дцать четвёртое января́. Два́дцать четвёртого января́.
         4. Седьмо́е февраля́. Седьмо́го февраля́.

9. 1. ничего́. 2. никто́. 3. нигде́. 4. никуда́. 5. никогда́

■ 독해 및 청취

막씸 고르끼

러시아 쏘비에트시대의 작가 막씸 고르끼(알렉쎄이 막씨모비치 뻬쉬꼬프)는 1868년 3월 28일에 니쥐니 노브고로드시에서 태어났다. 지금 이 도시는 고르끼시라고 불린다.

그의 아버지가 죽었을 때 알료샤는 4살이었다. 아버지가 죽은 후 어린 알료샤는 할아버지인 바씰리 까쉬린의 가정에서 살게 되었다. 어린아이가 할아버지 집의 생활에 익숙해지는 것은 쉽지 않았다.

알료샤의 할아버지는 박정한 사람이었다. 집에서는 모두들 그를 두려워했다. 그러나 이 집에는 알료샤에게 친한 친구인 할머니 아꿀리나 이바노브나가 있었다. 후에 자전적 소설 『유년시대』에서 고르끼는, 할머니는 "곧 일생동안 친구였으며, 내 마음에 가장 가까운 사람이었으며, 가장 이해심 있고 친근한 사람이었다"라고 썼다. 세상에 대한 그녀의 사심없는 사랑은 알료샤를 (정신적으로) 풍요롭게 했으며, 어려운 인생을 살아가기 위한 힘을 주었다.

알료샤는 학교에서 고작 2년 동안 공부했다. 10세에 그는 일하기 시작했다. 처음에 그는 신발가게에서 일했으며, 후에는 제도사의 도제가 되었으며, 그후에는 기선에서 요리사 조수로 일했다. 요리사 미하일 아끼모비치 쓰무리는 알료샤가 책들을 좋아하도록 가르쳤다. 책들은 알료샤에게 새로운 세계를 열었고, 인생이 얼마나 풍요롭고 다채로운지를 보여 주었으며, 중요한 것은 인생에서 그가 혼자가 아니라는 확신을 주는 것이다.

1884년에 고르끼는 까잔으로 떠나갔다. 그는 대학입학을 꿈꾸었다. 그러나 고르끼는 교육을 받을 수 없었다 : 국민학교 2학년 수료자에게는 대학에 입학할 자격이 주어지지 않았다. 그에게는 인생이 대학이 되었다.

고르끼는 많이 여행했다. 그는 걸어서 북에서 남까지 전 러시아를 횡단했고, 우끄라이나, 끄림, 까프까즈에 갔었다. 1891년 11월에 고르끼는 찌플리쓰에 도착했다. 바로 이곳에서 그는 1892년에 익명 막씸 고르끼로 출판한 그의 첫번째 단편소설을 썼다.

젊은 작가의 이름은 매우 빠르게 널리 알려졌다. 러시아에서, 특히 젊은이들 사이에서 고르끼의 인기는 대단했다.

고르끼의 중편과 단편소설들, 그의 희곡, 자전적 3부작인 『유년시대』『사람들 속에서』『나의 대학들』은 러시아 민중의 궁핍한 생활을 반영했다. 러시아뿐만 아니라 외국의 많은 극장들은 고르끼의 희곡들을 성공적으로 상연했다.

10월 사회주의 혁명 후에 고르끼는 젊은 쏘비에트 문학의 발전을 위해 많은 일을 했다. 고르끼에게 왔었던 젊은 작가들은 항상 도움, 충고와 지원을 받았다. 많은 쏘비에트의 작가들과 시인들은 그들의 인생에서 고르끼의 도움과 지원이 얼마나 중요한 역할을 했는가에 대해서 썼다.

저명한 쏘비에트의 교육자인 안똔 쎄묘노비치 마까렌꼬는, 고르끼는 그에게 "작가이었을 뿐 아니라 인생의 선생이었다"라고 말했다.

고르끼는 1936년 6월 18일에 죽었다. 그러나 작가의 책들은 살아 있다. 그것들은 세계의 여러 언어로 번역되어 있다.

제 24 과

■ 본 문

끼쥐 섬

러시아 북부의 자연은 놀랄 만큼 아름답다. 매년 수천의 러시아 및 외국 관광객들이 북부에 온다. 특히 많은 관광객들이 오네쥐스꼬예 호수의 수많은 섬 중의 하나인 끼쥐 섬에 자주 온다.

이곳에서 관광객들은 북부 자연의 아름다움만을 보는 게 아니다. 이 섬에는 러시아의 나무건축물의 독특한 기념물들이 있다. 러시아의 거장들이 여기에 200년 이상이 된 아름다운 종합 건축물을 지었다.

섬에서 가장 크고 아름다운 교회인 쁘레오브라줸스까야 교회의 설립에 관한 전설이 있다. 전설은 나무로 이 가장 아름다운 교회를 건축한 늙은 거장에 대한 이야기이다. 거장의 유일한 도구는 도끼였다. 거장이 일을 마치고 자신의 손으로 만든 작품인 아름다운 교회를 바라보았을 때, 그는 비록 일생동안 짓는다고 해도 더 좋게는 아무것도 지을 수 없을 것이라는 것을 알았다. 그러자 거장은 자기 도끼를 오네쥐스꼬예 호수에 던져버리고 섬으로부터 떠났다. 사람들은 늙은 거장에 대해 더 이상 듣지 못했다. 그러나 그의 교회는 섬에 서 있다. 그리고 이 교회를 보는 모든 사람은 재능있는 러시아의 거장에 대한 전설을 상기한다.

■ 대 화

올레그: 민호야, 안녕! 어제 어디에 갔었니? 어제 초대하고 싶었어. 그래서 저녁 때 내내 너한테 전화를 했었지.

민 호: 나는 늦게 돌아왔어. 내 친구집에 갔었거든.

올레그: 누구네 집에?

민 호: 예비학부에서부터 알게 된 한 학생의 집에. 너는 그를 모르지.

올레그: 그는 모스크바에 온 지 오래 되었니?

민 호: 몇 달 되었어. 그러나 이미 많은 것을 보았지. 그는 건축에 관심이 있는데 그것이 그의 미래의 전공이지. 어제 그는 우리에게 "러시아 건축의 기념물들"이라는 비디오필름과 슬라이드들을 보여

주었어.

올레그: 그가 손수 슬라이드를 만들었니?

민 호: 아니, 일부는 샀고, 또 일부는 또한 미래의 건축가인 러시아 친구가 그에게 선물했어. 우리는 또한 매우 아름다운 사진첩 『모스크바』『뻬제르부르그』『끼예프』『끼쥐』를 보았어. 끼쥐가 내게는 무척 마음에 들었어. 너 그곳에 가 보았니?

올레그: 응, 한 번. 한 번 더 가고 싶어. 특히 따냐가 그곳에 가 보지 않았거든. 나도 역시 내가 직접 만든 슬라이드와 사진들을 가지고 있어. 와서 봐.

민 호: 고맙다. 꼭 갈게!

■ 연습문제

1. **(а)** 1. Нет, там нет гости́ниц.   2. Нет, там нет музе́ев.
    3. Нет, там нет фа́брик.   4. Нет, там нет лаборато́рий.
    5. Нет, там нет общежи́тий.

    (б) 1. Нет, здесь не бу́дет стадио́нов.
    2. Нет, здесь не бу́дет школ.
    3. Нет, там не бу́дет санато́риев.
    4. Нет, здесь не бу́дет лаборато́рий.
    5. Нет, там не бу́дет поликли́ник.

2. 1. ... на́ших преподава́телей   2. ... э́тих студе́нтов
   3. ... у на́ших студе́нток   4. ... э́тих де́вушек
   5. ... от свои́х подру́г.   6. ... мои́х това́рищей.
   7. ... изве́стных компози́торов.

3. 1. мои́х роди́телей.   2. её сынове́й.
   3. от свои́х дочере́й.   4. у свои́х бра́тьев.
   5. свои́х сестёр.   6. от свои́х дете́й.

4. 1. ... кни́жных магази́нов   2. ... вече́рних газе́т
   3. ... англи́йских журна́лов   4. ... а́втора интере́сных расска́зов
   5. ... тала́нтливых мастеро́в   6. ... молоды́х архите́кторов.

5. 1. Каки́х?   2. Для каки́х?   3. До каки́х?
   4. По́сле каки́х?   5. Каки́х?   6. Каки́х?
   7. У каки́х?   8. Каки́х?

6. **(а)** 1. — Прости́те, пожа́луйста, у вас нет больши́х тетра́дей? — Больши́х нет, мо́жет быть, возьмёте ма́ленькие?
    2. — У вас нет чёрных ру́чек? — Чёрных нет, мо́жет быть, возьмёте си́ние?

    (б) — У вас есть тёмные костю́мы (бе́лые пла́тья, све́тлые плащи́, чёрные шля́пы, се́рые руба́шки, кра́сные га́лстуки)? — Тёмных нет (бе́лых нет, све́тлых нет, чёрных нет, се́рых нет, кра́сных нет).

7. (а) 1. А когда́ они́ верну́тся со стадио́на?
2. А когда́ он вернётся из санато́рия?
3. А когда́ вы вернётесь из библиоте́ки?
(б) 1. А когда́ он возвраща́ется с заня́тий?
2. А когда́ они́ возвраща́ются с экску́рсий?
3. А когда́ вы возвраща́етесь из похо́дов?

9. 1. себя́   2. у себя́   3. к себе́   4. о себе́   5. с собо́й   6. к себе́

11. пое́хать / вы́шел / пошли́ / подошли́ / ушёл (отошёл) / дое́хали / вы́шли и пошли́ / подошли́ / пое́хали / е́хали / прие́хали.

■ 독해 및 청취

헤밍웨이의 집

1964년 처음으로 나는 기록영화 "헤밍웨이가 살았던 곳"을 통해 쿠바에 있는 헤밍웨이의 집을 보았다. 이 영화를 만든 사람은 꼰스딴찐 씨모노프인데, 나는 오랫동안 기억하고 있었다. 그후로 좋아하는 작가의 집을 보고 싶은 꿈은 나를 떠나지 않았다.

드디어 나는 여기 쿠바에 있다. 러시아 작가와 기자들의 그룹인 우리는 쿠바에 이주일 동안 머무를 것이다. 그리고 이미 오늘 벌써 우리는 헤밍웨이가 살았던 곳에 갈 것이다.

쿠바에 있는 헤밍웨이의 집은 유명한 집이다. 여기에서 그는 『누구를 위하여 종은 울리나』『노인과 바다』『대양의 섬들』 등을 집필했다.

언덕 위에 있는 넓은 하얀 집에서 레네 빌리야레알이 우리를 맞이한다. 그는 오랫동안 헤밍웨이 집에서 봉사했다. 지금 그는 박물관지기이다. 아직 어릴 때에 헤밍웨이에게 온 그는 헤밍웨이를 '아버지 헤밍웨이' 라고 부른다.

집의 대부분은 약 8,000권의 책이 소장되어 있는 아름다운 도서관이 차지한다. 헤밍웨이는 일생 동안 책들을 수집했다. 그는 스페인어, 이탈리아어, 프랑스어, 독일어, 그리고 아프리카의 한 언어조차도 훌륭하게 구사했다. 그의 도서관에는 영국, 프랑스, 이탈리아, 스페인, 독일 작가들의 책들이 있다. 이 모든 책을 헤밍웨이는 원서로 자유롭게 읽었다.

그러나 책들은 도서관에만 있는 게 아니었다. 그것들은 식당을 제외한, 집의 모든 방에 있었다. 목욕탕에 조차도 크지 않은 서가가 걸려 있다. 우리는 그의 집무실로 들어간다. 이것은 그의 작업실이다. 벽에는 커다란 하얀 장이 있는데, 그 속에 작가는 원고와 초고를 보관했다. 크지 않은 책상이 있고, 옆에는 안락의자가 있다. 헤밍웨이는 책상에 앉아서 작업하지 않았다. 여기 책상에서는 그의 공식적인 모임과 담화가 이루어졌다. 창가에는 높지 않은 하얀 사무용 책상이 서 있는데, 이것은 작가가 집필하는 곳이다. 그 위에는 타자기가 있다. 여기 사무용 책상에서 헤밍웨이는 자기의 책들을 썼다.

이 집의 각 방에서와 마찬가지로 집무실에도 서가들, 책들, 책들, 책들 …이 있다.

응접실, 도서관, 집무실에는 그가 여행할 때마다 세계의 여러 나라에서 가지고 온 작가의 기념품들과 사냥 전리품들이 있다. 여기에는 가면들, 나무조상과 뼈로 만든 조상들, 사자 및 영양들의 머리들, 물소머리, 사자와 레오파드의 가죽들이 있다. 도서관에서 우리는 헤밍웨이와 함께 우정을 나누었던 피카소의 조각을 보았다.

 헤밍웨이의 박물관인 집을 둘러보는 관광이 끝난다. 우리는 레네와 작별하고, 작가의 일생에 대해 설명해 준 데 대해 그에게 감사한다.

 — 내가 살아 있는 한 여기에 있는 모든 것들이 아버지 헤밍웨이 때 있었던 것과 같이 남아 있도록 지킬 것입니다 — 라고 레네는 말한다. — 나는 가능한 한 많은 전세계 사람들이 헤밍웨이를 알게 되고, 그를 좋아하기를 바랍니다.

 우리는 떠나간다. 나는 마지막으로 언덕 위의 하얀 집을 바라본다. 나는 다시 여기에 돌아오기를 바란다. 그래서 나는 집에게 "안녕!"이라고 말하지 않고, "안녕! 다시 만날 때까지!"라고 말한다.

제 25 과

■ 본 문

의사 옐레나

 그녀의 어린 환자들이 그녀를 부르듯이 "의사 옐레나"인 옐레나 싸간두꼬바는 여러 해를 어린이 요양소의 주임의사로 북부지역에서 보냈다.

 병원들, 종합병원들, 요양소들은 지금은 최북단 지역에서 일반적인 현상이다. 그러나 북쪽민족의 어느 한 언어에도 "병원", "의사"라는 단어가 없었다. 단지 무당들만이 사람들을 치료했다.

 어부이자 사냥꾼의 딸인 옐레나 싸간두꼬바는 북방민족의 하나인 한띠의 최초의 의사가 되었다.

 옐레나는 어릴 때부터 공부하고 싶어했다. 그때에 북쪽마을들에는 이미 첫번째 학교들이 문을 열었었다. 레나는 학교를 졸업하는 자는 큰 도시에서 계속 공부할 수 있다는 것을 알았다. 처음에 레나는 농학자가 되고 싶어했으나 그녀의 계획들은 예기치 않게 바뀌었다. 그녀는 심하게 앓았다. 그리고 그들의 마을에 도착한 러시아 외과의사인 미하일 이바노비치가 그녀를 치료했다. 의사와의 만남은 옐레나의 운명을 바꾸었다. 그녀는 의사가 되기로 결심했다.

 최북단지역에서 일하는 것은 쉽지 않다. 혹독한 날씨, 먼 거리는 특히 의사의 업무를 어렵게 만든다. 의사는 어쨌든 어느 때나, 어떠한 날씨에도 환자에게 갈 준비가 되어 있어야만 했다.

 그러나 의사의 적지 않은 노고와 새로운 생활조건의 창조는 성과를 거두었다. 최근 몇 년 동안에 최북단 지역에서 사람의 수명은 두 배로 늘었다.

북방 민족들의 언어들

 1930년에 레닌그라드에 (그때는 성 뻬쩨르부르그가 그렇게 불리었다) 우리나라 북쪽 영토의 넓은 지역에 살고 있는 민족체들을 위한 북방민족연구소가 세워졌다. 북방의 26민족는 자신의 문자를 가지지 못했다. 이 민족체들을 위해 학자들은 알파벳을 만들기 시작했다. 2차 세계대전은 그들의 일을 방해했다. 전쟁이 끝난 후 학자들은 이 작업을 계속했다. 이 작업에는 니브흐인 작가인 블라지미르 싼기도 참여했다.

 니브히는 북방민속들 가운데 하나인데, 이들을 위해 전쟁전에 만들어진 알파벳은 그리 성공적이지 못했다. 여기 작가인 싼기와 어문학자인 갈리나 오따이나는 새로운 알파벳을 만들었고, 그 후에는 새 교과서들도 만들었다. 지금 니브흐의 아이들은 싼기와 오따이나의 교재로 모국어를 공부하고 있다.

 러시아의 다른 민족들의 언어들과 마찬가지로 북방민족의 언어들 — 이것은 국가의 재산이다. 만약 언어가 문자를 가지지 못하고 사라지게 된다면, 이것은 국가의 문화와 전 인류의 문화를 위해서는 대단한 손실이다. 바로 이것이 각 민족체가 자기 문자를 가지고, 자기 문화를 보존하고 발전시키도록 러시아가 배려하는 이유이다.

■ 대 화

올레그: 민호야. 벌써 모스크바 날씨에 익숙해졌니?
민 호: 물론. 그것은 별로 그렇게 어렵지 않았어. 그런데 왜 묻지?
올레그: "러시아 겨울의 환송" 축제날에 너를 **ВДНХ**(국민경제업적전시장)에 초대하고 싶어. 너 이 축제에 대해 들어 보았니?
민 호: 들어 보았어. 기꺼이 너와 함께 가지.
올레그: 네 마음에 들 것이라고 생각해. 배우들이 등장할 거야. 민속춤을 보고, 러시아 음악들을 들어 봐. 우리는 러시아의 삼두마차를 탈 수 있고, 사모바르(물주전자)로 차를 좀 마시고, 그리고 물론 팬케이크도 먹을 수 있어.
민 호: 언제 가는데?
올레그: 내일. 10시에 **ВДНХ** 입구에서 만나자.
민 호: 따냐도 가니?
올레그: 그래, 나따샤도.
민 호: 아주 좋아! 내일 보자!
올레그: 내일 만나자!

■ 연습문제

3. **(а)** 1. В э́том клу́бе выступа́ло мно́го поэ́тов и писа́телей.
    2. На ве́чере бы́ло мно́го де́вушек.
    3. У нас бы́ло мно́го друзе́й.
    4. У них бы́ло мно́го дете́й.
   (б) 1. В го́роде бы́ло ма́ло гости́ниц, магази́нов, па́рков, музе́ев.
    2. Там бы́ло ма́ло больни́ц и поликли́ник.
    3. Туда́ идёт ма́ло авто́бусов и тролле́йбусов.
    4. На второ́м этаже́ бы́ло ма́ло аудито́рий и лаборато́рий.
   (в) 1. Здесь бу́дет не́сколько общежи́тий.
    2. Я взял не́сколько газе́т и журна́лов.
    3. Он получи́л не́сколько пода́рков.
    4. Она́ получи́ла не́сколько пи́сем из до́ма.

4. 1. сту́ла / сту́льев   2. кре́сла   3. ножа́ / ноже́й
   4. ло́жки / ло́жек   5. ви́лки / ви́лок   6. ча́шки
   7. стака́на / стака́нов.

5. 1. Оди́ннадцать рубле́й.
   2. Три́дцать рубле́й.
   3. Два́дцать три рубля́.

242

4. Два рубля́.
   5. (Оди́н) рубль два́дцать четы́ре (копе́йки).
   6. Се́мьдесят три копе́йки.
   7. Двена́дцать копе́ек.
   8. Три́дцать пять копе́ек.
   9. Две копе́йки.

9. 1. друг с дру́гом / друг дру́га / друг дру́гу / друг о дру́ге / друг дру́га
   2. друг с дру́гом / друг дру́га / друг с дру́гом / друг дру́гу

10. рабо́тает / ста́ла / учи́лась / стать / измени́лись / стать / око́нчила / продолжа́ла / ле́чит

■ 독해 및 청취

표도르 미하일로비치 도스또예프스끼

표도르 미하일로비치 도스또예프스끼 — 세계에서 가장 잘 알려진 작가의 하나이다. 그의 책들은 50개 이상의 언어로 번역되어 있고, 여러 나라의 수백만의 독자들이 그것들을 읽었고 또 읽고 있다.

표도르 미하일로비치는 1821년 모스크바의 의사의 집안에서 태어났다. 표도르 미하일로비치에게는 여섯 형제가 있었다. 도스또예프스끼의 가정에서는 책을 좋아했다. 흔히 저녁 때에 온 가족이 모였고, 표도르나 그의 형제들이 소리내어 읽었다. 표도르 미하일로비치는 어려서부터 문학을 좋아했다. 그는 많이 읽었고, 뿌쉬낀, 레르몬또프, 괴테, 발자크를 잘 알았다.

1838년에 표도르 미하일로비치는 뻬쩨르부르그 공병기사학교에 들어갔다. 이곳 전문대학에서 그는 자신의 첫 드라마를 쓰기 시작했다. 1843년에 도스또예프스끼는 학교를 졸업했다. 그러나 기사의 직업은 그의 흥미를 끌지 못했다. 그래서 그는 문학작품을 쓰기 시작했다.

1846년에 도스또예프스끼는 자기의 최초의 장편소설 『가난한 사람들』을 썼는데, 이것은 평범한 사람들의 어려운 생활에 대한 소설이었다. 가난은 그들에게서 영혼, 선량함, 인간성을 죽이지 못했다.

젊은 작가의 이름은 곧 유명해졌다. 시인인 Н. А. 네끄라쏘프, 문학평론가인 В. Г. 벨린스끼 등 많은 사람들이 도스또예프스끼의 첫번째 책을 높이 평가했다. 러시아 문학에 새로운 커다란 재주꾼이 등장했다. 벨린스끼는 도스또예프스끼에게 다음과 같이 썼다 : "예술가로서 당신에게는 진실이 열려 있습니다… 당신의 재능을 존중하고 믿음을 가지고 위대한 작가가 되십시오."

1847년에 도스또예프스끼는 М. В. 뻬뜨라쉐프스끼의 혁명서클의 회원이 되었다. 곧 도스또예프스끼와 서클의 다른 참여자들이 체포되었다. 도스또예프스끼는 사형선고를 받았다. 그는 사형장에 끌려갔다. 그러나 마지막 순간에 선고가 4년 징역으로 바뀌었다.

도스또예프스끼는 4년을 징역으로, 5년을 유형지에서 보냈다. 1859년에야 그는 뻬쩨르부르그로 돌아왔다.

"민중의 힘, 지혜, 재능"을 파괴하는 징역에서 사람들이 받는 고통들을, 도스또예프스끼는 책 『죽음의 집의 기록』에서 묘사하였다.

1866년에 도스또예프스끼는 뛰어난 사회 심리학적 소설 중의 하나인 『죄와 벌』을, 1880년에는 『까라마조프가의 형제들』을 발표했다.

도스또예프스끼는 아이들이 울고, 눈물이 흐르고, 사람들이 고통받는 세계에 대해 반대한다. 그는 인생을 개조하고, 아이들과 어머니들이 울지 않도록, 그리고 지구상에 고통과 눈물이 없도록 무엇인가를 하려고 꿈꾼다. 도스또예프스끼는 다음의 저작들에서 계속해서 선과 진실을 찾으려고 했다. 죽음은 작가가 이 거대한 작업을 완성하지 못하도록 방해하였다. 도스또예프스끼는 1881년 1월 28일에 죽었다.

그러나 도스또예프스끼의 저작들은 살아 있다. 도스또예프스끼는 우리의 위대한 동시대인으로 남아 있다. 친기즈 아이뜨마또프는 우리 시대에도 "도스또예프스끼의 근심스러운 경종이 인간성과 인본주의에 호소하고 있다"고 쓰고 있다.

인간과 민중에 대한 사랑, 민중을 고통으로부터 해방시키고자 하는 염원은 위대한 휴머니스트 도스또예프스끼의 모든 작품 속에 나타난 주된 사상이다. 도스또예프스끼는 다른 사람들과는 달리 러시아 민중이 겪은 고통의 깊이를 보았지만, 조국의 밝은 미래를 믿었다.

러시아와 외국의 작가들과 비평가들은 이 위대한 예술가, 심리학자, 휴머니스트, 모욕받고 학대받는 자들의 보호자인 도스또예프스끼를 높이 평가한다. 미국의 작가 테오도어 드라이저, 이탈리아 작가 알베르토 모라비아, 일본작가 코보 아베 등 많은 사람들이 도스또예프스끼에 관해 썼다. 고르끼는 똘스또이와 도스또예프스끼에 관해 다음과 같이 말했다 : 〈똘스또이와 도스또예프스끼―이 두 위대한 천재는 자신이 가진 재능의 힘으로 세계를 흔들었으며, 둘 다 모두 동등하게 셰익스피어, 단테, 세르반테스, 루소, 괴테와 같은 위대한 인물들의 대열에 선다.〉

제 26 과

■ 본 문

다게스딴의 국민시인

1983년에 수백만의 쏘비에트 사람들은 텔레비전으로 야회 연주회를 보았다. 이 연주회에서는 라쑬 감자또프의 시와, 그의 시로 작곡된 노래들이 연주되었다.

다게스딴의 국민시인인 라쑬 감자또프는 1983년에 60세가 되었다. 텔레비전으로 중계한 야회는 우리 나라에서 재능있고 사랑받는 시인의 대작의 결산이었다.

라쑬 감자또프는 짜드의 작은 산간마을의 유명한 다게스딴의 시인인 감자뜨 짜다싸의 가정에서 태어났다. 어려서부터 그는 조국을 좋아했다. 조국의 테마는 감자또프의 주요테마이다. 그래서 그의 책 중 하나는 『나의 다게스딴』이라고 불린다. 이 책에서 라쑬 감자또프는 자기 조국에 대해 다음과 같이 쓰고 있다 : "다게스딴 ― 너는 나에게는 어머니이다… 다게스딴은 나의 사랑이며 나의 맹세이다… 너만이 나의 모든 책의, 모든 내 인생의 주요테마이다."

라쑬은 처음에는 다게스딴에서 공부했다. 여기서 그는 초등학교와 사범전문학교를 마쳤다. 선생으로 일했으며, 후에 신문에서 일했다. 라쑬은 일찍 시를 쓰기 시작해서, 1937년에는 최초의 자기 시를 출판했다. 젊은 시인은 계속 공부하고 싶어서 모스크바로 가서 문학대학에 입학했다. 문학대학에서 라쑬 감자또프에게는 많은 러시아의 시인친구들이 있었다. 감자또프는 러시아의 시가를 좋아하여 러시아 시인들의 시들을 자기 모국어로 번역하였다. 그리고 감자또프의 시들은 러시아어로 번역되기 시작하였다. 그렇게 다게스딴 시인의 이름은 러시아 독자에게 알려지기 시작하였다.

감자또프의 모국어는 다게스딴 민족어 중 하나인 아바르(고대 터어키족)어이다. 이 언어로 감자또프는 자기의 시들을 쓴다. 이 언어에 대해 그는 애정을 가지고 다음과 같이 말한다 : "내가 들은 첫 단어들은 아바르단어들이다. 어머니가 내게 불러준 첫노래는 아바르노래였다. 아바르어는 나의 모국어가 되었다. 이것은 내가 가지고 있는, 나뿐만 아니라 모든 아바르민족이 가지고 있는 가장 고귀한 것이다."

 모국어, 조국에 대한 사랑은 가장 아름다운 시인 "모국어"의 주요테마이다. 〈다른 나라 말은 누군가를 병으로부터 치료하지만, 나는 다른 나라 언어로 노래할 수 없다. 만약 내일 내 언어가 사라진다면, 나는 오늘 죽을 준비가 되어 있다.〉 풍부한 다국적 쏘비에트 문학의 대표자인 라쑬 감자또프의 시들은 러시아 독자들에게만 유명한 게 아니다. 그의 시들은 세계의 많은 언어로 번역되고 있다.

■ 대 화

올레그: 안녕! 너 어제 저녁 때 집에 있었니?
민 호: 아니. 어제 나는 야회에 갔었어.
올레그: 어떤 야회에?
민 호: 예비학부학생들의 야회에. 그들의 연주회는 러시아어로 진행되었어. 나는 그들이 러시아어를 얼마나 잘했는지 놀랐어. 그들은 모스크바에 온 지 3개월밖에 되지 않았거든.
올레그: 연주회는 좋았니?
민 호: 응. 많은 시와 노래, 심지어 러시아 민속춤들도 있었지. 거기서 우리 학생들을 만났는데 그들도 역시 연주회를 좋아했어.
올레그: 거기서 또 누구를 만났는데?
민 호: 내 이웃인 안드레이와 우리 그룹에서 온 아가씨들. 그들도 역시 연주회가 좋다고 말했어.
올레그: 전부 이해했니?
민 호: 거의 전부. 내게는 "학들"이란 노래가 마음에 들었어. 나는 모든 단어들을 이해하지는 못했지만, 이해한 단어들은 아름답고 슬픈 것이었어. 멜로디도 아름답고.
올레그: 나도 역시 그 노래를 좋아해. 그 노래의 가사는 다게스딴의 시인인 라쑬 감자또프가 썼지. 그는 많은 좋은 시들을 썼지. 나는 그의 책 두 권을 가지고 있어. 만약 원하면 가져다 읽어.
민 호: 좋아.

■ 연습문제

 2. 1. Свои́х дете́й.   2. Свои́х сынове́й.   3. Его́ дочере́й.
    4. Враче́й.   5. Инжене́ров.   6. Арти́стов.
    7. Э́тих де́вушек.   8. Свои́х подру́г.   9. Свои́х сестёр.

 3. (а) 1. свои́х бра́тьев   2. э́тих де́вочек
     3. но́вых учи́тельниц   4. э́тих певцо́в
     5. э́тих молоды́х архите́кторов   6. э́тих писа́телей
   (б) 1. после́дние статьи́   2. э́ти шко́лы
     3. свои́ пе́рвые кни́ги   4. сего́дняшние газе́ты
     5. твои́ уче́бники   6. ва́ши пи́сьма.

 4. 1. на́ших но́вых това́рищей   2. на́ших но́вых друзе́й
    3. на́ших но́вых студе́нтов   4. на́ших но́вых студе́нток
    5. на́ших но́вых преподава́тельниц.   6. на́ших но́вых преподава́телей

 5. 1. Мы слу́шали изве́стных поэ́тов и писа́телей.

2. Я ви́дел знамени́тых актёров.

3. Мы слу́шаем молоды́х певи́ц.

4. Я ви́дел э́тих футболи́стов.

5. Я хорошо́ зна́ю э́тих тала́нтливых архите́кторов.

9. (а) 1. Пусть позвони́т за́втра.   2. Пусть напи́шет за́втра.
3. Пусть приглася́т за́втра.   4. Пусть поздра́вит за́втра.
5. Пусть пое́дут за́втра.   6. Пусть даст за́втра.

(б) 1. Попроси́ Андре́я, пусть он ку́пит, он идёт в магази́н.
2. Попроси́ Оле́га, пусть он ку́пит, он идёт в кио́ск.
3. Попроси́ Ми́шу, пусть он ска́жет, он идёт к Ми́нхо.
4. Попроси́ Ната́шу, пусть она́ возьмёт, она́ идёт в библиоте́ку.
5. Попроси́ Ни́ну, пусть она́ переведёт, она́ зна́ет англи́йский.
6. Попроси́ Оле́га, пусть он откро́ет, он сиди́т у окна́.

10. пое́хали / вы́шли / подошли́ / пое́хали / дое́хали / вы́шли / пошли́ / пошли́ / пришли́ / прие́хали / е́здить / ходи́ть

11. 1. стро́или / постро́или   2. гото́вились / подгото́вился
3. сдава́ть / сдал   4. перево́дят / перевели́
5. успева́ю / не успе́л

■ 독해 및 청취

작가, 시인, 가수

약간 우울하고, 약간 비웃는 듯한 검은 눈의 시선과 어린이의 미소를 가진 크지 않은 마른 사람, 그의 이름은 널리 알려진 불라트 아꾸드좌바이다. 그의 현명하고, 훌륭한 재능은 오래전에 그리고 확고하게 러시아뿐만 아니라 외국의 독자와 청자들의 사랑과 감사를 차지했다. 불라트 아꾸드좌바는 작가이며, 시인이자 가수이며, 그가 자신의 시로 쓴 노래들의 연주자이다. 그의 책들은 세계의 여러 언어로 번역되며, 아주 다양한 직업과 국적의 사람들이 그의 노래를 알고 좋아한다.

불라트 아꾸드좌바는 1924년 5월 9일 모스크바에서 태어났다. 불라트의 가족은 아르바트의 거리에 살았으며, 이 거리는 훗날 많은 그의 시와 노래의 테마가 되었다. 이곳 아르바트에서 그는 성장했고, 아르바트의 뜰에서 놀았으며, 일생동안 자기 어린 시절의 거리들과 골목길들을 기억하고 있었다.

위대한 조국전쟁이 시작되었을 때 불라트는 지원병으로 9학년을 떠나 전선에 나갔다. 전선에서 그는 심하게 부상당했다.

전쟁 후에 불라트 아꾸드좌바는 대학의 어문학부를 마치고 처음에는 학교선생으로, 후에는 편집자로 일했다.

그의 첫번째 노래는 아꾸드좌바가 아직 대학생이었던 1946년에 쓰여졌다.

아꾸드좌바는 무엇에 대해 쓰는가? 그의 시들의 테마는 인간의 전 인생, 즉 슬픔과 기쁨, 사랑과 우정, 인생과 죽음이다. 아꾸드좌바 시의 주요테마는 인간, 인생에 대한 사랑, 선에 대한 사랑이다.

러시아 작가들 중 하나인 미하일 쁘리쉬빈은 "창작의 비밀은 사랑에서 찾아야 한다"고 쓰고 있다. 아꾸드좌바의 노래들 – 이것은 "사랑의 지배하에 있는 희망의 작은 오케스트라"이다. (그의 노래 중 하나의 후렴인) 이 단어들은 모든 그의 시의 의미를 아주 정확하게 표현하고 있다.

— 서로서로에게 듣기 좋은 말들을 합시다. 이 모든 것이 사랑의 행복한 순간들입니다.

아꾸드좌바는 한 노래에서 노래한다.

— 친구들이여 손을 잡읍시다. 한 사람씩 사라지지 않도록.

그는 「친구들의 연합」이라는 노래에서 이렇게 노래한다. 이 노래는 1986년에 싸라또프에서 있었던 제1차 전연방 아마추어 노래 경연장에서 국가처럼 울려 퍼졌다. 모든 강당의 사람들이 작가와 함께 그 노래를 불렀다.

아꾸드좌바는 많은 영화와 연극들을 위한 노래를 만들었다. 그리고 보통 그것들(노래들)은 독자적인 인생을 살기 시작한다.

불라트 아꾸드좌바는 시인과 가수일 뿐 아니라, 그는 작가로서 재미있는 역사 소설들의 저자이다.

그럼에도 불구하고 무엇보다도 그에게 폭넓은 명성을 가져다 준 것은 그 자신이 연주한 노래들이다. 그의 노래를 외우다시피 알고 있는 사람들은 그의 연주회들에 한번 또 한번 간다. 그리고 매번 아꾸드좌바의 놀라운 재능과의 만남은 그들에게 새로운 기쁨을 선물하며, 오랫동안 기억된다.

제 27 과

■ 본 문

러시아의 박물관들에 대하여

모스크바의 라브루쉰 골목에 하얗고 붉은 벽돌로 된 높지 않은 건물이 서 있다. 이것은 러시아와 쏘비에트 예술의 유명한 박물관인 국립 뜨레찌야꼬프 미술관이다.

이 박물관은 1856년에 빠벨 미하일로비치 뜨레찌야꼬프가 세웠다. 거의 40년 동안 빠벨 미하일로비치는 그림들을 수집했다. 그는 러시아 회화작품들을 풍부하게 수집했다. 그 수집품에는 고대 러시아 예술의 기념물들, 18세기와 19세기의 러시아 예술품, 그 시대의 유명한 미술작품들이 있다.

1872년에 뜨레찌야꼬프는 자신의 수집품을 위해서 특별한 미술관을 세웠다. 그리고 1892년에 미술관을 모스크바시에 기증했다. 미술관은 그 건립자인 유명한 러시아 사람인 빠벨 미하일로비치 뜨레찌야꼬프의 이름을 지니고 있다.

매년 뜨레찌야꼬프 미술관의 수집품이 늘어난다. 1917년 후로 다민족 쏘비에트 예술부서가 그의 수집품을 보충했다.

뜨레찌야꼬프 미술관의 전시는 우리로 하여금 수천년의 러시아 미술사를 알게 한다: 여기에는 러시아의 성상, 초상화, 러시아 자연의 그림과 국민생활을 그린 그림들이 있다. 러시아와 쏘비에트 작가들의 그림들에서 우리는 나라의 역사와 그 오늘을 본다.

또 하나의 러시아 및 쏘비에트 예술의 대규모 박물관은 뻬쩨르부르그에 있는 러시아 박물관이다. 그것은 1898년에 미하일로프 궁전의 건물에서 개관되었다. 이 박물관의 홀들에는 11세기부터 현재까지의 러시아 예술작품들이 전시되고 있다. 이 수집품들이 없이는 러시아의 거장들에 대한 우리들의 생각도 완전하지가 못할 것이다.

뜨레찌야꼬프 미술관과 러시아 박물관에는 자주 우리 나라의 여러 박물관에서 온 그림전시회가 있다. 동시에 러시아의 여러 도시들에서는 모스크바와 뻬쩨르부르그의 두 개의 큰 박물관에서 가져온 그림들의 전시회가 열린다. 그러한 전시회들에서는 러시아와 쏘비에트 작가들의 작품들을 볼 수 있다. 그것들은 우리로 하여금 우리나라의 풍부한 문화와 예술을 알게 한다.

■ 대 화

올레그: 민호야, 너 모스크바의 어떤 박물관에 가 봤니?
민 호: 뜨레찌야꼬프 미술관과 역사박물관에 가 봤어.
올레그: 동방민족 예술관에는 가 보지 않았니?
민 호: 아직 못 가 봤어.
올레그: 일요일날 나랑 같이 가지 않을래?
민 호: 좋아. 가자. 그런데 거기에 뭐가 있는데?
올레그: 지금 거기에서는 니꼴라이 레리흐와 스뱌또슬라프 레리흐의 전시회가 있어. 너 이 미술가들 아니?
민 호: 조금 알아. 이 사람들은 인도에 살았던 러시아 미술가들이지?
올레그: 응. 니꼴라이 레리흐와 그 아내는 인도로 가서 죽을 때까지 거기에서 살았어. 그 아들인 스뱌또슬라프 레리흐도 역시 미술가인데, 지금도 거기에 살고 있어. 나는 이 미술가들을 매우 좋아해. 단지 나만이 아니야: 그들의 전시회에는 항상 많은 사람들이 오지.
민 호: 나도 역시 그들의 그림을 좋아해. 나는 아버지 레리흐와 아들 레리흐의 몇 가지 그림들을 보았어.
올레그: 이 전시회는 매우 재미있다고들 하던데, 많은 새로운 것들을 보게 될 거야.

■ 연습문제

2. 1. на интере́сных вы́ставках
2. в музе́ях Петербу́рга
3. на конце́ртах
4. на фа́бриках и заво́дах
5. на (в) специа́льных поезда́х
6. в кио́сках

3. 1. ... о но́вых спекта́клях
2. ... о после́дних фи́льмах
3. ... о его́ лу́чших карти́нах
4. ... об изве́стных худо́жниках
5. ... о вели́ких фи́зиках
6. ... об э́тих замеча́тельных матема́тиках
7. ... о молоды́х врача́х
8. ... о после́дних экза́менах
9. ... о мои́х сёстрах
10. ... о свои́х бра́тьях

4. 1. В вече́рних. О вече́рних.   2. В ю́жных. О ю́жных.
     3. В но́вых, высо́ких. О но́вых, высо́ких.   4. В ста́рых. О ста́рых.
     5. В се́верных. О се́верных.

5. 1. О каки́х?   2. О каки́х?   3. В каки́х?
     4. В каки́х?   5. На каки́х?   6. На каки́х?

6. 1. от ста́рших бра́тьев / о ста́рших бра́тьях
     2. ру́сских подру́г / о ру́сских подру́гах
     3. изве́стных архите́кторах / изве́стных архите́кторов
     4. на́ших преподава́телей / о на́ших преподава́телях
     5. в рабо́чих клу́бах
     6. совреме́нных худо́жников / о совреме́нных худо́жниках

8. 1. встре́чу / встреча́ю   2. подари́ть   3. познако́мился   4. взял

10. 1. принесла́   2. привёз   3. привы́к   4. перевёл   5. вы́росли

■ 독해 및 청취

병사의 아들

아발베끄는 전선에서 죽은 자기 아버지를 기억하지 못한다. 그는 처음으로 극장에서 아버지를 보았는데 그때 아발베끄의 나이는 약 다섯 살이었다.

작업이 끝난 뒤 영화를 보여 주기 시작했다. 영화는 전쟁에 관한 것이었다. 아발베끄는 어머니와 함께 앉았는데, 그는 화면 속에서 총격전이 있을 때마다, 어머니가 몸을 부르르 떠는 것을 느꼈다. 그에게는 별로 무섭지 않았으며, 파시스트들이 쓰러질 때 가끔 즐겁기조차 했다. 우리편이 쓰러졌을 때는 그들이 나중에 일어날 것이라고 생각했다.

전쟁이 계속되었다. 지금 스크린에는 포병들이 나타났다. 그들은 7명이었다. 그들 중 한 명은 크지 않은 키의 검은 머리를 가진 사람이었는데, 러시아 사람과 닮지 않았다.

갑자기 어머니는 조용히 말했다:

— 얘야, 저 사람이 너의 아버지다……

왜 그녀는 그렇게 말했을까? 왜? 아마도 우연일 거야. 어쩌면 남편을 회상했기 때문이고, 실제로 스크린에 나타난 군인은 그들 집에 걸려 있는 그 낡은 전쟁 사진의 아버지와 매우 닮았다.

소년은 믿었다. "얘야, 저 사람이 너의 아버지다."라고 어머니가 말씀하셨던 바로 그 순간부터 스크린의 군인은 그의 아버지가 되었다. 소년은 이미 자기 아버지에 대해서처럼 그에 대해서 생각했다. 그리고 그의 어린 마음에는 그에 대한 아들의 사랑과 자징힘의 새로운 감정이 싹텄다. 그는 군인인 자기 아버지에 대해서 얼마나 자부심을 가졌던가. 바로 이 사람이 진짜 아버지야! 이 순간부터 전쟁은 이미 소년에게 우스운 것이 아니었으며, 어떻게 사람들이 쓰러지는가 하는 것에는 아무것도 즐거운 것이 없었다. 전쟁은 위험하고 무서운 것이 되었다. 그는 처음으로 가까운 사람에 대한, 그에게는 항상 부족했던 사람에게 닥친 공포감을 경험했다.

스크린에서 전쟁은 계속되었다. 독일 탱크들이 나타났다. 소년은 놀라서 "아빠, 탱크들이 와요. 탱크들이!"라고 아버지에게 말했다. 탱크들은 많았고, 그것들은 앞으로 움직이면서 대포들을 쏘았다. 한 포병이 쓰러졌고, 두 번째 세 번째 군인들이……(뒤를 이어 쓰러졌다)…… 그리고 이제는 단지 아버지만 남았다. 그는 손에 수류탄을 들고 탱크를 향해 천천히 갔다. "서, 움직이지 마!"라고 아버지는 외치고 수류탄을 던졌다. 이 순간에 그에게 총알이 날아왔고, 아버지는 쓰러졌다.

갑자기 영사기가 조용해졌다. 전쟁이 끝났다. 이것은 한 부분의 끝이었다. 영사기사는 불을 켰다. 그때 친구인 소년들이 앉아 있던 첫 번째줄로 소년이 달려갔다. 그에게 그들의 의견은 가장 중요했다.

― 얘들아, 이 사람이 우리 아버지야! 너희들 봤어? 사람들이 우리 아버지를 죽였어…… ― 그는 소리쳤다.

아무도 이러한 일을 예기치 않았다. 그래서 도대체 무슨 일이 일어나고 있는지 이해할 수 없었다. 사람들은 놀라서 소년을 바라보고는 침묵을 지켰다. 오래 전에 죽은 군인의 아들인 그는 계속해서 자기의 의견을 증명하기 시작했다. "너희들 봤니? 이사람이 우리 아버지야! 사람들이 그를 죽였어."라고 그는 말했다. 그리고 왜 사람들이 자기와 똑같이 자기 아버지를 부러워하지 않는지 이해하지 못했다.

그때 국민학교 학생인 한 이웃소년이 그에게 진실을 말해 주기로 가장 먼저 결심했다: ― 이 사람은 너의 아버지가 아니야, 너 무슨 소리 하는 거야. 이 사람은 배우라고. 못 믿으면 영사기사 아저씨한테 물어봐. ―

그러나 영사기사는 침묵을 지켰다. 어른들은 소년으로부터 그의 슬프고도 매우 아름다운 환상을 뺏지 않으려고 했다.

― 아니야, 이 사람은 우리 아버지야. 우리 아버지라고! ―하고 병사의 아들은 계속했다.

― 어떤 병사가 너의 아버지라고? 어떤 병사가? ― 이웃의 소년이 묻기 시작했다.

― 그는 수류탄을 들고 탱크로 다가갔어. 너 정말 못 봤니? 그는 이렇게 쓰러졌어! ―

소년은 자기 아버지가 쓰러진 것과 똑같이 쓰러졌다. 그는 스크린 앞에 꼼짝 않고 누워 있었다. 사람들은 무의식 중에 웃기 시작했다. 그러나 그는 죽은 듯이 누워 있었다. 그리고 웃지 않았다. 어색한 고요함이 깃들었다. 그리고 그때 모든 사람들은 애처롭고 엄격한 어머니가 아들에게 다가가는 모습을 보았다. 그녀의 눈에는 눈물이 고였다.

그녀는 아들을 일으켰다:

― 가자, 얘야, 가자. 그 사람은 너의 아버지였어.― 그녀는 그에게 조용히 말을 하고 그를 데리고 갔다. 겨우 이제야 인생에서 처음으로 소년은 갑자기 슬프고 괴로워졌다. 단지 지금에야 그는 아버지를 잃는다는 것이 무엇을 의미하는지를 이해했다. 그는 울고 싶었다. 그는 어머니를 바라보았다. 그러나 어머니는 말이 없었다. 그도 침묵을 지켰다. 그는 어머니가 자기의 눈물을 보지 않아서 기뻤다.

그는 이 시간 후로 자기 속에 오래 전에 전쟁에서 죽은 아버지가 살기 시작했다는 사실을 알지 못했다.

제 28 과

■ 본 문

안돈 빠블로비치 체호프의 편지들

K.C. 알렉쎄예프(K.C. 스따니슬랍스끼에게)

1901년 1월 2일, 니짜

대단히 존경하는 꼰스딴찐 쎄르게예비치, 어제야 당신의 편지를 받았습니다. 새해를 축하합니다! 새로운 행운을 빕니다. 그리고 바랄 수 있다면 당신이 새로 짓게 될 새로운 극장에 대해 축하합니다.

마리아 뻬뜨로브나의 새해를 축하하며, 그녀에게 정중한 인사를 드리며, 모든 일이 잘 되기를, 특히 건강을 기원합니다.

나를 이렇게 기쁘게 해 준 당신의 편지에 대해 진심으로 감사합니다. 그럼 안녕.

당신의 체호프

К.Д. 발몬뜨에게

1902년 1월 1일 얄타

그리운 꼰스딴찐 드미뜨리예비치, 새해를 축하하며, 새로운 행운을 빕니다!

시골에서 지루하지요? 아니야! 얄타는 완전히 여름 날씨이죠. 그래서 언짢죠.

… 추위와 북쪽 사람들이 그립습니다.

아내는 축일에 온다고 약속했습니다. 똘스또이에게는 가 보지 못했습니다. 조만간 갈 것입니다.

아무것도 새로운 것이 없습니다. 모든 것이 전과 같지요. 건강하고, 행복하고, 즐겁게 지내십시오. 그리고 가끔씩이라도 편지 주십시오.

당신을 사랑하는 체호프

당신의 부인에게 내 안부와 새해 축하를 전해 주십시오.

А.М. 뻬쉬꼬프에게(М. 고르끼에게)

1902년 6월 11일 모스크바

친애하는 알렉쎄이 막씨모비치, 나는 모스크바에 있습니다. 얼마나 더 이곳 모스크바에 있게 될지 알 수 없습니다. 아내는 아프고…

아마도 다음 주에는 그녀가 수술을 받게 될 것 같습니다.

희곡을 보내시오. 기꺼이, 아니 그 이상의 즐거움으로 읽겠습니다. 예까쩨리나 빠블로브나와 아이들에게 안부 전해 주십시오. 건강하시길…

당신의 체호프

О.Л. 끄니뻬르

1900년 8월 9일 얄타

사랑하는 나의 올랴, 나의 연인, 안녕!

오늘 당신의 편지를 받았소. 당신이 떠난 뒤 첫 편지를 읽었습니다. 그 후 또 한번 읽었습니다. 그리고 여기 당신에게 편지를 씁니다. 나의 배우여.

…나는 얄타에서 지루합니다… 어제는 알렉쎄예프가 왔었지요. 희곡에 대해서 말했는데, 늦어도 9월까지는 끝내겠다고 약속했습니다. 얼마나 내가 현명한지 알지요.

지금 내게는 당신이 문을 열고 들어오는 것 같답니다. 그러나 당신은 들어오지 않고, 지금 연습중에 있지요. 얄타와 나에게 더 멀리 떨어져 있습니다.

안녕, 아름다운 소녀여.

당신의 안또니오

О.Л. 끄니뻬르

1901년 2월 17일 로마

나의 연인이여, 나는 약 2시간 후면 북쪽 러시아로 떠납니다. 이곳은 이미 매우 춥습니다. 눈이 옵니다.

그래서 나폴리에 가고 싶은 생각이 전혀 없습니다. 그러니 지금 얄타로 편지를 쓰시오.
  자, 이제 당신을 안고, 강한 키스를 합니다. 누구도 나만큼 당신을 사랑하지 않는다는 것을 잊지 마시오.

당신의 안또니오

■ 대 화

올레그: 안녕, 민호야. 어디에 가니?
민　호: 우체국에. 부모에게 전보를 치고, 누나, 형, 친구에게 편지 몇 장 보내려고.
올레그: 나는 등기소포를 보내야 돼. 같이 가자.

우체국에서

— 등기편지를 어디에서 받지요?
— 왼쪽으로 3번 창구에서.
— 감사합니다.

— 어디에서 소포를 받지요?
— 1번 창구에서.
— 전보는요?
— 전보는 2층에서.
— 감사합니다.
— 천만에요.

— 봉투는 얼마입니까?
— 6까뻬이까입니다.
— 이 엽서는요?
— 5까뻬이까입니다.
— 봉투 하나와 엽서 2장, 그리고 5꼬뻬이까짜리 우표를 주세요.
— 여기 있습니다.
— 감사합니다.

편지 견본들

안부 편지(비공식적 편지)

85년 12월 6일

안녕, 올레그!
  어제 네 편지 받았다. 네가 편지를 써서 매우 기뻤다(네 편지를 받고 매우 기뻤다). 나는 일주일 예정으로 모스크바에 가려고 해. 15, 16일경에 도착할 거야. 도착하면 전화할게. 나는 별일 없어.
  따냐에게 안부전해 줘!
  곧 만날 때까지 안녕!

니꼴라이

공식적 편지

85년 3월 23일

존경하는 알렉싼드르 니꼴라예비치!
　당신의 글을 다 읽었습니다. 매우 재미있었습니다. 당신에게 몇가지 질문이 있습니다. 주말에 저는 모스크바에 있을 것입니다. 우리는 서로 만나서 이야기할 수 있을 것입니다. 만약 어렵지 않다면(가능하다면), 10일 저녁 저에게 전화해 주십시오. 번호는 121-38-15입니다.

뻬뜨로프 올림

축하 전보

안부 전보	공식적 전보
니나야, 생일 축하해!	존경하는 니꼴라이 쎄르게예비치
건강과 행운, 성공을 빈다	새해를 맞이하여 축하 인사를 드립니다.
따냐가	행운과 장수를 기원합니다.
	뻬뜨로프 올림

■ 연습문제

1. 1. ... мла́дшим бра́тьям　　　2. ... свои́м сёстрам
　3. ... ста́рым друзья́м　　　4. ... свои́м подру́гам
　5. ... э́тим студе́нтам　　　6. ... на́шим гостя́м.

2. 1. (В Ки́ев) к свои́м де́тям.　　　2. К свои́м роди́телям.
　3. К свои́м това́рищам.　　　4. К рабо́чим э́той фа́брики.
　5. К свои́м преподава́телям.　　　6. К свои́м студе́нткам.

3. 1. изве́стным фи́зикам
　2. знамени́тых учёных
　3. молоды́х специали́стов / молоды́м специали́стам.
　4. бу́дущим врача́м / бу́дущих враче́й / бу́дущнм врача́м
　5. иностра́нных журнали́стов / иностра́нным журнали́стам
　6. америка́нских космона́втов / американским космона́втам.

4. 1. От каки́х?　　2. Каки́х?　　3. Каки́м?
　4. Каки́м?　　5. По́сле каки́х?　　6. В каки́х?
　7. К каки́м?

5. 1. Кому́ (Каки́м студе́нтам) он помога́ет?
　2. К како́му экза́мену они́ гото́вятся?
　3. Кому́ (каки́м преподава́телям) они́ бу́дут сдава́ть экза́мены?
　4. Где (у кого́) он был?
　5. О чём они́ говори́ли?

7. 1. кото́рый / кото́рого / кото́рому / с кото́рым / о кото́ром
   2. в кото́ром / кото́рый / о кото́ром / кото́рым
   3. кото́рая / кото́рую / на кото́рой / о кото́рой.

8. 1. в кото́рой он роди́лся / в кото́рую он е́здил / из кото́рой он прие́хал
   2. в кото́ром он живёт / в кото́рый он прие́хал / из кото́рого он прие́хал.

10. (а) — ... где приём заказны́х пи́сем?
    — ... где приём телегра́мм?
    (б) Да́йте, пожа́луйста, оди́н конве́рт (откры́тку, ма́рку за 5 копе́ек).

■ 독해 및 청취

안똔 빠블로비치 체호프

1996년에 우리는 중요한 날, 즉 위대한 러시아 작가인 안똔 빠블로비치 체호프의 탄생 136주년을 축하했다.

구멍가게 주인이자 농노의 손자인 안똔 빠블로비치는 1860년에 아조프해의 강변도시인 따간로크에서 태어났다. 체호프는 일찍이 일하기 시작하여 가족을 돕기 시작했다. 그래서 중학교에서 공부하면서 그는 가족을 위해 돈을 벌려고 가르쳤으며, 아버지 가게에서 일을 했다.

중학교를 마치고 안똔 빠블로비치는 모스크바대학의 의학부에 입학했다. 대학에서 공부하는 동안에 그는 자신의 첫번째 유머집을 발간한다. 1884년에 그의 최초의 단편집이 발간되었다. 체호프는 유명한 작가가 된다. 체호프의 모든 창작은 러시아국민의 생활과 밀접하게 관련되어 있다.

"우리 모두는 국민이며, 우리가 하는 모든 더 좋은 것은 국민적 문제이다"라고 체호프는 썼다. 체호프가 좋아하는 주인공은 항상 일을 하는 사람인 농민들과 일하는 지성인들이다.

"게으른 생활은 신성할 수 없다"라고 체호프 주인공 중 하나인 아스뜨로프 박사(바냐 아저씨에 나오는) 말한다. 체호프는 노동의 위대한 힘, 일하는 사람들을 믿었다. 그는 자기 조국의 더 나은 미래를 꿈꾸었고, 전 러시아가 아주 훌륭한 정원이 될 때를 꿈꾸었다.

"젊고, 힘있고, 활기가 있는 동안에 선을 행하는 것을 싫어하지 마라!"라고 체호프는 젊은이들에게 호소했다. 체호프 자신은 자기 국민에게 봉사하는 것을 주저하지 않았다. 직업상 의사인 그는 사람들을 무료로 치료해 주었고, 자기 돈으로 시골병원을 지었으며, 그에게 오는 모든 사람들을 도왔다. 그리고 물론 무엇보다도 먼저 그는 작가로서 자신의 책들, 모든 자신의 창작으로 국민과 자기 나라에 봉사했다.

작가의 일생은 짧았다. 그는 44세인 1904년에 죽었다. 그러나 그가 격무의 25년 동안 창작한 작품들은 러시아와 세계의 문학발전에 큰 역할을 하였다.

"체호프는 최근 20년 동안에 여러 나라의 젊은 작가들에게는 가장 강한 매력을 지닌 사람이었다"라고 존 골수오르시는 1928년에 썼다. 체호프 작품의 의의에 대해서 레프 똘스또이, 막씸 고르끼, 버나드 쇼 등의 작가들이 글을 썼다.

체호프의 이름을 모르는 나라는 거의 없다. 그의 책들은 세계의 여러 언어로 출판된다. 여러 나라의 사람들이 자기 시대의 가장 뛰어난 사람중의 하나이며, 총명하고 정직한 러시아 작가인 체호프의 선량하고 인정있는 재능을 좋아하고 높이 평가한다.

공식적 편지

85년 3월 23일

존경하는 알렉싼드르 니꼴라예비치!

당신의 글을 다 읽어습니다. 매우 재미있었습니다. 당신에게 몇가지 질문이 있습니다. 주말에 저는 모스크바에 있을 것입니다. 우리는 서로 만나서 이야기할 수 있을 것입니다. 만약 어렵지 않다면(가능하다면), 10일 저녁 저에게 전화해 주십시오. 번호는 121-38-15입니다.

뻬뜨로프 올림

축하 전보

안부 전보 　　　　　　　　　　　　　　　　　공식적 전보

니나야, 생일 축하해! 　　　　　　　　　　존경하는 니꼴라이 쎄르게예비치
건강과 행운, 성공을 빈다 　　　　　　　　새해를 맞이하여 축하 인사를 드립니다.
　　　　따냐가 　　　　　　　　　　　　행운과 장수를 기원합니다.

뻬뜨로프 올림

■ 연습문제

1. 1. ... мла́дшим бра́тьям　　　2. ... свои́м сёстрам
   3. ... ста́рым друзья́м　　　　4. ... свои́м подру́гам
   5. ... э́тим студе́нтам　　　　6. ... на́шим гостя́м.

2. 1. (В Ки́ев) к свои́м де́тям.　　2. К свои́м роди́телям.
   3. К свои́м това́рищам.　　　　4. К рабо́чим э́той фа́брики.
   5. К свои́м преподава́телям.　　6. К свои́м студе́нткам.

3. 1. изве́стным фи́зикам
   2. знамени́тых учёных
   3. молоды́х специали́стов / молоды́м специали́стам.
   4. бу́дущим врача́м / бу́дущих враче́й / бу́дущнм врача́м
   5. иностра́нных журнали́стов / иностра́нным журнали́стам
   6. америка́нских космона́втов / американским космона́втам.

4. 1. От каки́х?　　2. Каки́х?　　3. Каки́м?
   4. Каки́м?　　　5. По́сле каки́х?　　6. В каки́х?
   7. К каки́м?

5. 1. Кому́ (Каки́м студе́нтам) он помога́ет?
   2. К како́му экза́мену они́ гото́вятся?
   3. Кому́ (каки́м преподава́телям) они́ бу́дут сдава́ть экза́мены?
   4. Где (у кого́) он был?
   5. О чём они́ говори́ли?

7. 1. котóрый / котóрого / котóрому / с котóрым / о котóром
   2. в котóром / котóрый / о котóром / котóрым
   3. котóрая / котóрую / на котóрой / о котóрой.

8. 1. в котóрой он родѝлся / в котóрую он éздил / из котóрой он приéхал
   2. в котóром он живёт / в котóрый он приéхал / из котóрого он приéхал.

10. (а) — ... где приём заказнýх пúсем?
       — ... где приём телегрáмм?
    (б) Дáйте, пожáлуйста, одѝн конвéрт (откры́тку, мáрку за 5 копéек).

■ 독해 및 청취

안똔 빠블로비치 체호프

1996년에 우리는 중요한 날, 즉 위대한 러시아 작가인 안똔 빠블로비치 체호프의 탄생 136주년을 축하했다.

구멍가게 주인이자 농노의 손자인 안똔 빠블로비치는 1860년에 아조프해의 강변도시인 따간로크에서 태어났다. 체호프는 일찍이 일하기 시작하여 가족을 돕기 시작했다. 그래서 중학교에서 공부하면서 그는 가족을 위해 돈을 벌려고 가르쳤으며, 아버지 가게에서 일을 했다.

중학교를 마치고 안똔 빠블로비치는 모스크바대학의 의학부에 입학했다. 대학에서 공부하는 동안에 그는 자신의 첫번째 유머집을 발간한다. 1884년에 그의 최초의 단편집이 발간되었다. 체호프는 유명한 작가가 된다. 체호프의 모든 창작은 러시아국민의 생활과 밀접하게 관련되어 있다.

"우리 모두는 국민이며, 우리가 하는 모든 더 좋은 것은 국민적 문제이다"라고 체호프는 썼다. 체호프가 좋아하는 주인공은 항상 일을 하는 사람인 농민들과 일하는 지성인들이다.

"게으른 생활은 신성할 수 없다"라고 체호프 주인공 중 하나인 아스뜨로프 박사(바냐 아저씨에 나오는) 말한다. 체호프는 노동의 위대한 힘, 일하는 사람들을 믿었다. 그는 자기 조국의 더 나은 미래를 꿈꾸었고, 전 러시아가 아주 훌륭한 정원이 될 때를 꿈꾸었다.

"젊고, 힘있고, 활기가 있는 동안에 선을 행하는 것을 싫어하지 마라!"라고 체호프는 젊은이들에게 호소했다. 체호프 자신은 자기 국민에게 봉사하는 것을 주저하지 않았다. 직업상 의사인 그는 사람들을 무료로 치료해 주었고, 자기 돈으로 시골병원을 지었으며, 그에게 오는 모든 사람들을 도왔다. 그리고 물론 무엇보다도 먼저 그는 작가로서 자신의 책들, 모든 자신의 창작으로 국민과 자기 나라에 봉사했다.

작가의 일생은 짧았다. 그는 44세인 1904년에 죽었다. 그러나 그가 격무의 25년 동안 창작한 작품들은 러시아와 세계의 문학발전에 큰 역할을 하였다.

"체호프는 최근 20년 동안에 여러 나라의 젊은 작가들에게는 가장 강한 매력을 지닌 사람이었다"라고 존 골수오르시는 1928년에 썼다. 체호프 작품의 의의에 대해서 레프 똘스또이, 막씸 고르끼, 버나드 쇼 등의 작가들이 글을 썼다.

체호프의 이름을 모르는 나라는 거의 없다. 그의 책들은 세계의 여러 언어로 출판된다. 여러 나라의 사람들이 자기 시대의 가장 뛰어난 사람중의 하나이며, 총명하고 정직한 러시아 작가인 체호프의 선량하고 인정있는 재능을 좋아하고 높이 평가한다.

체호프 연극들

세계의 많고 많은 극장의 무대에서는 안똔 빠블로비치 체호프의 "갈매기", "바냐 아저씨", "세자매", "벚꽃동산" 등이 거의 100년간 상연되고 있다.

모스크바 예술극장은 당연히 체호프의 극장으로 간주된다. 이 극장의 무대에서는 체호프의 모든 희곡들이 상연되었다. 이 극장에서 체호프의 희곡을 첫번째로 상연한 것은 아직 작가가 살아 있을 때였다.

세계 극장의 무대들에서는 (여전히) 체호프극의 주인공들이 살아있고, 고민하고, 기대하고, 믿고 있다.

런던, 파리, 뉴욕, 빈, 로마, 서울, 오슬로, 헬싱키, 부다페스트 – 이것이 체호프극들이 상연되는 도시들의 완전한 목록은 전혀 아니다. 체호프 작품의 배역은 세계 많은 배우들이 좋아하는 배역이다. 유명한 영국배우인 로렌스 올리비예는 그가 좋아하는 배역으로서, "바냐 아저씨"의 의사 아스뜨로프를 꼽는다. 유명한 이탈리아의 여배우 쥴리예따 마지나는 많은 체호프극의 배역을 맡았었다. 러시아 잡지의 특파원과의 인터뷰에서 그녀는 이탈리아에는 사람들이 체호프를 좋아하고 높이 평가한다고 말했다. 자신에 대해 그녀는 다음과 같이 말했다 : "나는 도스또예프스끼, 레프 똘스또이를 매우 좋아한다. 그러나 그 누구보다도 체호프와 체호프 극이 내게 더 친밀하게 느껴진다.

훌륭하고, 젊은, 그리고 완전히 현대적인 체호프의 예술은 그렇게 살아 있다.

제 29 과

■ 본 문

네바강변의 도시

성 뻬쩨르부르그는 러시아의 가장 아름다운 도시 중의 하나이다. 도시는 네바강변에 자리잡고 있다. 성 뻬쩨르부르그에는 105개의 섬들이 있다. 도시는 섬들 위에 위치하고 있다. 그래서 그것을 흔히 "북쪽의 베네치아"라고 부른다.

이 도시를 세운 사람은 러시아 황제인 뾰뜨르 1세이다. 그는 이 도시를 1703년에 세웠다. 도시의 건설이 다 끝났을 때 도시는 러시아 정부의 수도가 되었다. 도시는 처음에는 뻬쩨르부르그라고 불리었고, 후에는 뻬뜨로그라드라고 불리었다.

1918년에 수도는 모스크바로 돌아왔다. 1924년 레닌이 죽은 후에 이 도시는 레닌그라드로 불리기 시작했다. 그러나 1991년에 그 역사적인 명칭인 성 뻬쩨르부르그, 즉 성 뾰뜨르의 도시를 되찾았다.

뻬쩨르부르그는 거대한 산업 및 문화의 중심지이다. 뻬쩨르부르그의 극장들과 박물관, 즉 러시아 박물관, 에르미따쥐는 우리나라에서만 유명한 것이 아니다.

뻬쩨르부르그의 역사적 명소들과 박물관, 그 건축기념물들은 관광객들의 관심을 끈다. 수천명의 러시아 및 외국 관광객들이 매년 뻬쩨르부르그에 들르곤 한다.

이 도시에는 많은 재미있는 전통들이 있다. 그러한 전통들 중의 하나가 "백야"라는 음악 축제이다. 이 축제는 흔히 6월에 열려서 10일간 계속된다.

성 뻬쩨르부르그에는 많은 러시아 작가들, 도스또예프스끼, 고골이 살았다. 여기 모이까 강변에는 뿌쉬낀이 말년에 살았던 집이 있다. 지금 이 집은 뿌쉬낀 박물관이다.

■ 대 화

민　호: 어제 나는 텔레비전으로 극동에 대한 "여행자 그룹"이라는 방송을 보았어. 매우 재미있던데.

올레그: "여행자 그룹"은 내가 좋아하는 방송 중의 하나야. 나는 항상 그것을 보거든. 너도 역시 그것을 좋아하니?

민　호: 응. 나는 특히 너희 나라에 대한 방송을 시청하는 것이 재미있어. 나는 이미 러시아 북부를 알고 있고 지금은 극동도 알고 있어. 시베리아와 바이칼 호수를 보고 싶어. 너의 나라는 아주 크잖아.

올레그: 그래, 매우 크지. 나는 한때 우리나라를 더 많이 여행하면서 여러 사람들과 사귀고 그들이 북쪽과 남쪽, 서쪽과 동쪽에서 어떻게 살고 일하는지를 보기 위해서 기자가 되려고 했었어.

민　호: 여행하는 것은 항상 재미있어. 나는 너의 나라에서 가능한 한 더 많이 보려고 노력하고 있어.

■ 연습문제

1. 1. ... со своими сёстрами
2. ... со старшими братьями
3. ... со своими подругами
4. ... с этими студентами
5. ... со своими старыми друзьями
6. ... с интересными людьми

2. 1. Инженерами.
2. Биологами.
3. Физиками и математиками.
4. Архитекторами.
5. Врачами.
6. Учителями (преподавателями).

3. 1. наших преподавателей / с нашими преподавателями
2. молодых рабочих / с молодыми рабочими
3. известных математиков / с известными математиками
4. талантливых художников / с талантливыми художниками
5. иностранных туристов / иностранных туристов / с иностранными туристами

4. 1. Какие?　2. Каких?　3. Каким?　4. Каких?
5. В каких?　6. С какими?　7. С какими?　8. В каких?

5. 1. Наши новые друзья.
2. У наших новых друзей.
3. Нашим новым друзьям.
4. Нашим новым друзьям.
5. К нашим новым друзьям.
6. Наших новых друзей.
7. С нашими новыми друзьями.
8. О наших новых друзьях.

6. 1. которые / которых / к которым / о которых.
2. которые / у которых / от которых / которым / с которыми.

7. 1. товарищи, с которыми Минхо живёт в общежитии.
2. студенты, с которыми мы едем на экскурсию.
3. девушки, которые работают в нашей лаборатории.
4. гости, которым я хочу показать Москву.

5. роди́тели, кото́рых она́ встреча́ла на вокза́ле.

8. 1. Это челове́к, кото́рого он зна́ет (с кото́рым он знако́м).
   2. Это де́вушка. кото́рую он зна́ет (с кото́рой он знако́м).
   3. Это писа́тель, кото́рого он лю́бит.
   4. Это кни́га, кото́рую он лю́бит.
   5. Это го́род, в кото́ром он роди́лся.
   6. Это дере́вня, в кото́рой он роди́лся.
   7. Это учёный, кото́рого все зна́ют.
   8. Это пе́сня, кото́рую написа́ли неда́вно.
   9. Это дом, кото́рый постро́или неда́вно.
   10. Это пальто́, кото́рое купи́ли неда́вно.

9. 1. ... ва́зу с цвета́ми
   2. ... портфе́ль с кни́гами и тетра́дями
   3. ... тетра́дь с э́тими упражне́ниями
   4. ... конве́рты с краси́выми ма́рками
   5. ... чемода́н со свои́ми веща́ми
   6. ... к по́лке с кни́гами.

11. 1. обьясни́ли / прочита́л / прошло́ / стал / не забы́ли / нашёл / реши́л / вспо́мнил / ста́ли / написал

■ 독해 및 청취

욕심이 없는 것에 대한 이야기

나는 여러 면에서 세상에 대한 나의 태도를 설정해 준 이야기에 관해 말하고 싶습니다.

나는 사람들에 대해서 이야기를 할 때면 언제나 그들이 좋든 나쁘든 간에 어린 시절의 이 이야기를 기억합니다.

우리는 시골에 살았습니다. 한번은 아버지가 나를 데리고 시내에 갔습니다. 우리는 신발을 사려고 했는데, 도중에 서점에 들렸던 것을 기억합니다. 거기서 나는 책을 보았습니다. 나는 그것을 손에 들었는데 책의 각 페이지에는 커다란 그림들이 있었습니다. 나는 아버지가 이 책을 사기를 매우 바랐습니다. 그러나 그는 가격을 보고 "다음 번에 사자"라고 말했습니다. 책은 비쌌습니다.

집에서 나는 저녁 내내 책에 대해서만 이야기했습니다. 드디어 이주일 후에 아버지는 나에게 돈을 주었습니다.

다음날 우리가 가게에 갔을 때 나는 섭이 났습니다 : "벌써 그 책이 팔렸을까?", 아니, 책은 그 자리에 놓여 있었습니다.

우리가 별장으로 가는 기차에 탔을 때 모든 사람들은 내가 어떤 책을 가지고 가는지 곧 알아차렸습니다. 그림들을 보기 위해서 많은 사람들이 옆에 앉았습니다. 내가 타고 있는 객실의 모든 사람들이 내 책을 보고 기뻐했습니다. 나는 30분간 관심의 대상이 되었습니다.

기차는 모스크바를 떠났습니다. 창가로 숲이 달려갔습니다. 나는 열린 창에 책을 세우고, 창뒤로 달려가는 숲과 들판들을 보았습니다. 갑자기 아, 저런! 책이 차량의 이중창 사이에서 사라졌습니다. 아직 사태의 심각성을 깨닫지 못하고 나는 놀라서 책을 잡으려고 노력했던 아버지와 옆에 앉은 비행사를 바라보았습니다. 잠시후에 차에 타고 있는 모든 사람들이 우리를 도왔습니다. 기차는 질주했습니다. 그리고 이제 벌써 곧 우리가 내릴 역입니다.

나는 울면서 기차에서 내리지 않으려고 했습니다. 비행사는 나를 안으면서 다음과 같이 말했습니다:
— 괜찮아, 기차는 아직도 많이 가야 돼. 우리가 책을 꺼내서 꼭 보내주마. 너 어디 사니?
나는 울었습니다. 그리고 말을 할 수 없었습니다. 아버지는 비행사에게 주소를 주었습니다. 다음날 아버지가 직장에서 돌아왔을 때 그는 책도 가져왔습니다.
— 찾았어요?
— 찾았어. — 아버지는 웃기 시작했습니다.
그것은 똑같은 책이었습니다. 나는 손에 책을 들고 잠이 들었습니다.
며칠 후에 우체부가 큰 소포를 우리에게 가져왔습니다. 소포에는 책과 비행사가 보낸 메모가 있었습니다 : "우리가 그것을 꺼낼 수 있을 것이라고 내가 말했었지."
하루 뒤에도 또다시 우체부가 소포를 가져왔습니다. 그리고 또 2개의 소포와, 3개의 소포, 즉 7개의 똑같은 책이었습니다.
그 후로 거의 30년이 지났습니다. 전쟁중에 책들이 분실되었습니다. 그러나 가장 중요한 것이 남았는데, 그것은 내가 알지 못하는, 그리고 얼굴조차도 기억하지 못하는 사람들에 대한 좋은 기억인 것입니다. 좋은 사람들이 나쁜 사람들보다 많다는 확신이 남아 있었습니다. 인생은 사람 속에 있는 나쁜 것에 의해서가 아니라, 그 속에 있는 좋은 것에 의해서 발전합니다.

제 30 과

■ 본 문

시베리아

그들은 비행기에서 내려서 놀라서 물었다!
— 도대체 시베리아가 어디에 있나요?
— 바로 여기가 시베리아입니다! — 그들에게 대답했다. — 바로 여기에 태양과 나무와 꽃이 있습니다. 이 모든 것이 곧 시베리아입니다. 사실, 당신들에게 곰을 보여 드릴 수 없습니다: 당직 곰이 휴가를 가서 …

혹시 우리 손님들은 이것이 농담이라는 것을 이해하지 못했을지도 모른다. 아마도 시베리아 남부에서 가장 아름다운 시기인 8월이 시작되었나 보다. 온도는 영상 20°C이고, 가나에서 온 관광객들은 따뜻한 옷을 입고 있었다. 그들은 자신들을 마중나온 시베리아 학자들이 외투를 입지 않고, 여름 옷을 입고 있는 사실에 놀랐다.

— 그런데 시베리아는 도대체 어디에 있습니까? 시베리아는 어디에 있지요? — 관광객들은 계속해서 물었다.

이 사람들은 시베리아에 도착한 첫번째 아프리카 사람들이었다. 그들 나라 가나에서 그들에게 시베리아는 얼음 덮힌 황무지로 생각되었다. "시베리아"란 도대체 무슨 뜻인가? 러시아어로 옮기면 이 단어는 "잠자는 땅"을 의미한다. 우리 손님들은 시베리아를 바로 그렇게 잠자고 있는 추운 불모의 땅으로 보려고 생각했다. 그들은 또한 고국에서 러시아 "정글", 즉 시베리아의 타이가 지역에 살고 있는 무서운 추위와 늑대와 곰들에 대해서, 그리고 개가 끄는 썰매를 타고 타이가 지역을 다니는 사람들에 대해서 읽었다.

지금 아프리카 사람들은 이 무서운 이야기들을 기억하고 놀라서 질문을 한다:

- 시베리아가 도대체 있습니까? 늑대와 곰들은 어디에 있지요?

그것들은 없지만 현대식 공항이 있다. 얼음 덮인 황무지 대신에 나무들과 꽃들이 있다. 우리가 사는 20세기에조차도 서로서로를 그렇게 모르고 있기 때문에 민족들은 많은 손해를 보고 있다.

- 겨울에 이곳은 어떻습니까? 영하 70℃입니까?

아니다. 영하 20℃에서 40℃ 사이이다. 우리는 지금 시베리아 남부에 와 있다. 그리고 우리에게 다음과 같은 속담이 있다: "시베리아에서 영하 50℃는 추위가 아니고 1,000Km는 먼 거리가 아니다."

■ 대 화

올레그: 따냐, 끼예프에서 우리에게 전보가 왔어.
따 냐: 누구한테?
올레그: 내 친구한테. 그는 휴일에 모스크바로 온대.
따 냐: 언제 도착하는데?
올레그: 12월 30일에.
따 냐: 몇 시에?
올레그: 그는 쓰지 않았어. 그러나 기차 번호는 있거든. 안내실에 전화해 볼 수 있어.

안내실

따 냐: 13번 열차가 끼예프에서 언제 도착합니까?
당직자: 23시에요.
따 냐: 감사합니다.
당직자: 천만에요.

- 비행기가 아들레르에서 언제 도착합니까?
- 노선 번호가 어떻게 되는데요?
- 237번이에요.
- 17시에요.

- 14번 기차는 뻬쩨르부르그로 언제 출발합니까?
- 16시에요.

■ 연습문제

2. 1. приéхал / приезжáет / приéхали / поéхать / вы́шли / дошлá / подошёл / поéхать / поéхали / приéхали

3. 1. прилетéл 2. уéхала 3. прихóдит
4. принóсит 5. привóзит / привезлá

4. 1. приезжáет   2. прихóдят   3. выхожý
   4. подхожý   5. ухóдят   6. принóсит

5. 1. (а) к Андрéю приезжáл брат
      (б) к Андрéю приéхал брат
   2. (а) к Олéгу приходи́л Ми́нхо
      (б) к Олéгу пришёл Ми́нхо
   3. (а) Ми́ша приноси́л свой фотоальбóмы
      (б) Ми́ша принёс свой фотоальбóмы.

8. ... из Петербýрга, ... из Москвы́, ... из Ки́ева, ... из Адлера.

9. реши́л / сказáли / уви́дел / поня́ть / садя́тся

■ 독해 및 청취

용감하게, 꼬마야!

나는 등산을 한다. 여자들이 어린 아이들을 데리고 나와 함께 케이블카로 올라간다. 꼬마들은 진짜 스키 선수처럼 옷을 입고 있다.

위에서는 부모들이 일광욕을 하고 있다. 그동안 아이들은 키가 큰 중년의 매우 힘이 센 트레이너와 나란히 서 있다. 여기 그가 세 살짜리 꼬마에게 다가와서 가볍게 그를 밀었다. 그애는 크지 않은 언덕으로부터 내려오면서 넘어지지 않으려고 노력한다. 속도는 점점 빨라지고, 꼬마는 곧 넘어진다. 트레이너는 크지 않은 목소리로 말한다: "용감하게! 용감하게! 용감하게!" 꼬마는 그럼에도 불구하고 넘어진다. 트레이너는 그 꼬마가 일어설 때까지 기다린다. 자기 제자에게 다정하게 미소를 지으며 다시 반복한다: "용감하게, 꼬마야, 용감하게!" 다시 꼬마는 밑으로 내려오면서 넘어진다. 그리고 일어나서 트레이너를 바라본다. 다시 트레이너는 그에게 다정한 미소를 보내며 자기의 오직 한 마디만을 되풀이한다: "용감하게!"

꼬마가 밑으로 내려와서 멈췄을 때 기쁨에 찬 당당한 트레이너는 웃으면서 말했다: "잘했어!" 그리고 그에게 과자를 주었다.

— 자, 받아라!
— 감사합니다!
— 넌 잘 내려왔어. 너한테 아주 만족해!
— 나는 또 내려올 수 있어요.
— 알고 있다.
— 한번 해 볼까요?
— 가자.

꼬마는 용감하게 밑으로 내려왔다.

그후에 다섯 살쯤 되어 보이는 여자 어린이가 내려왔다. 그 애는 넘어져서 울었다. 트레이너는 그 아이에게 다가가서 지팡이를 내밀었다. 어린이는 일어났고 그들은 함께 아래로 내려왔다.

— 또 한번 내려올래? — 트레이너는 밑에서 물었다.
— 당신과 함께요?
— 아니.
— 혼자요?

― 물론.
어린이는 눈을 감았다.
　　― 무섭니?
　　― 네.
　　― 뭐가 무서워?
　　― 다시 넘어질까 무서워요.
　　― 넘어졌을 때 아팠니?
어린이는 눈물을 흘리면서 웃었다.
　　― 아니오, 나는 아프지 않았어요.
　　― 자, 그것 봐……
어린이는 밑으로 내려왔다. 그리고 트레이너는 크지 않은 소리로 반복했다.
　　― 용감하게! 용감하게! 용감하게!
　나는 갑자기 나의 전 생애를 통하여 바로 저렇게 강하고 침착한 트레이너가 돌봐주면서 자신의 말을 되풀이 해주기를 원했다. 그 말은 노인들에게나 아이들에게나 아주 필요하다.

제 31 과

■ 본 문

우리의 새해맞이 나무에 대하여

　12월 31일부터 1월 1일의 새해를 맞이하는 밤에 친척이나 친구들을 손님으로 초대하는 것은 오래 전부터 전통이 되었다. 아름다운 새해맞이 나무가 있는 밤의 축하식탁에 앉아서 우리는 새해를 맞이한다.
　왜 전나무가 우리에게서 새해명절의 상징이 되었을까?
　약 300년 전에 러시아 황제인 뾰뜨르 1세는 새해 명절에 대한 특령을 공표하였다. 뾰뜨르의 명령에 의하면 1700년 1월 1일에 모든 사람들은 집들을 전나무와 소나무가지들로 장식하고, "즐거움의 표시"로 반드시 서로서로 새해를 축하해 주어야만 했다.
　이날 모스크바에서는 대포를 쏘고, 거리와 광장들에서는 불꽃놀이를 했다.
　그 후로 우리는 아름다운, 즐거움을 주는 전나무와 함께 새해를 맞이한다.
　새해를 맞이하는 밤의 정각 12시에 끄레믈궁의 탑시계의 종소리를 라디오와 텔레비전으로 중계한다. 바로 이 순간에 새해가 온다.
　새해, 이것은 새로운 계획과 희망이다.
　새해를 축하합니다! 새로운 행운을 빕니다. 친구들이여!
　매일 그리고 매시간 당신으로 하여금 새로운 깃을 얻게 하라.
　당신의 지혜가 선량하게 되고, 마음이 어질게 되게 하라.
　친구들이여, 나는 진심으로 당신에게 모든 좋은 일을 바랍니다.
　친구들이여, 좋은 모든 것은 우리에게 거저 주어지는 게 아닙니다.

■ 대 화

따 냐: 올레그, 뻬쩨르부르그의 니나로부터 편지 받았어.
올레그: 뭐라고 썼는데?
따 냐: 바빠서 오랫동안 편지를 못 썼다고 쓰고 있어. 다가오는 새해를 축하한다면서 명절에 우리가 올 수 있는지 묻고 있어. 자 읽어 봐: "만약 가능하면 새해에 우리 집에들 오라구. 어머니와 아버지가 기뻐하실 거야."
올레그: 올해에는 우리가 갈 수 없지만, 내년에는 그들의 집에서 극장과 박물관에 가면서 방학의 일부를 보낼 것이라고 써.
따 냐: 아마 편지쓰는 것은 이미 늦었어. 내일 그녀에게 전화할게. 알다시피 나따샤도 역시 새해맞이에 우리를 초대한대. 그녀는 우리를 교외로 초대한대. 그들은 친구들과 함께 진짜 전나무 숲에서 새해를 맞이하고 싶대.
올레그: 그러면 좋지. 아침에는 스키를 탈 수 있을 거야.

■ 연습문제

2. 1. что   2. чтóбы   3. что
     4. чтóбы   5. что   6. чтóбы

3. 1. ли   2. Éсли   3. ли   4. Éсли
     5. ли   6. Éсли   7. ли   8. Éсли

4. 1. Врач спросил Тáню, как онá себя́ чу́вствует.
     2. Ми́нхо спроси́л, когдá прилетáет Андрéй.
     3. Ни́на спроси́ла, что зáвтра идёт в теáтрах.
     4. Олéг спроси́л меня́, какóй экзáмен я сдаю́ ...
     5. Ми́нхо спроси́л дéвушек, как они́ собирáются провести́ прáздники.
     6. Я спроси́л Тáню, где онá реши́ла встречáть Нóвый год.

5. 1. Ми́нхо сказáл, что он хóчет послáть домóй письмó и бандерóль.
     2. Брат написáл, что он был óчень зáнят.
     3. Сестрá Ни́ны написáла ей, что её письмó онá получи́ла.
     4. Сестрá попроси́ла передáть привéт Тáне.
     5. Олéг сказáл Ми́нхо, что емý нрáвятся стихи́ Гамзáтова.
     6. Олéг сказáл Ми́нхо, чтóбы он прочитáл егó стихи́.

6. 1. Тáня спроси́ла Олéга, бы́ли ли ужé вечéрние газéты. Олéг отвéтил, что их ещё нé было.
     2. Олéг попроси́л Тáню позвони́ть в спрáвочное бюрó. Тáня сказáла, что онá ужé позвони́ла.
     3. Натáша спроси́ла Ни́ну, давнó ли онá окóнчила институ́т. Ни́на отвéтила, что онá окóнчила институ́т два гóда назáд.

4. Олег спросил Минхо, умеет ли он кататься на лыжах? Минхо ответил, что умеет.

5. Андрей спросил Минхо, поедет ли он домой ... Минхо ответил, что ещё не решил.

6. Миша спросил Олю, трудная ли это статья. Оля сказала, что очень трудная и попросила Мишу помочь перевести статью.

7. (а) 1. Послали ли вы телеграмму родителям?

2. Знаете ли вы его адрес?

3. Пришлёте ли вы мне эти книги?

4. Говорил ли он вам об этом?

5. Сможете ли вы прочитать его статью?

6. Помните ли вы, что ...

(б) 1. Открылась ли уже выставка Рериха, не знаю.

2. Идёт ли этот фильм в нашем кинотеатре?

3. Вернулся ли он уже из отпуска?

4. Сдал ли он зачёт по математике?

5. Кончились ли уже у них занятия?

6. Закрылась ли уже столовая?

8. 1. Скажи ей, что я обязательно позвоню.

2. Скажи ей, что я обязательно приглашу её.

3. Скажи ей, что я обязательно дам ей этот журнал.

4. Скажи ей, что я обязательно встречу её.

5. Скажи ему, что я обязательно помогу ему.

6. Скажи ему, что я обязательно выступлю.

10. (а) Передайте привет и поздравления вашему брату (вашей сестре, вашим родителям, вашим друзьям, Нине, Андрею).

11. 1. родных и знакомых / родных и знакомых / с родными и знакомыми / родным и знакомым

2. об экзаменах / к экзаменам / экзамены / экзаменов

3. зимних каникул / зимних каникул

4. новых районов / в новых районах / о новых районах

12. 1. спешат / сделать / позвонить / сказать / послать / поздравить / написать / сделал / послал / купил / забыл / поехал / ждать

■ **독해 및 청취**

어머니에 대한 전설

가장 늙은 사람들조차도 기억하지 못할 만큼 그렇게 먼, 먼 옛날에 크고 착한 야나강이 노인들에게 청춘을 가져다 주었을 때, 어느 마을에 라나라는 한 소녀가 살았다. 그녀는 마을에서 가장 아름다운 소녀였다. 어느 누구도 라나보다 더 잘 노래하거나 춤을 출 수 없었다.

한번은 라나가 춤추고 나서 앉아서 쉬고 있을 때 그녀에게 늙은 아그도가 다가왔다.

– 웃고 있구나, 라나, 물론 너는 젊고 예쁘지. 그러나 항상 그럴 수는 없어. 나도 예뻤었지. 세월이 지나면, 너의 검은 머리는 백발이 되고, 검은 눈들은 광채를 잃고, 너는 지금 나처럼 이렇게 늙고 밉게 될거야. – 아그노는 말했다.

라나는 유쾌하게 웃었다.

– 그러나 우리에게는 청춘을 되돌려 줄 수 있는 착한 강이 있어요. 당신도 역시 그 선량함을 이용했지요.

– 그래, 나는 이미 내 두 번째 청춘을 살았다. 그런데 야나는 그것(청춘)을 단 한 번만 선물하지 – 아그도는 대답했다.

– 라나! 오호! 라나! – 마을에서 가장 잘 생기고, 가장 용감한 젊은이 뉴르군은 소녀를 부르고 있다.

라나는 곧 뉴르군의 아내가 되었다. 지금 그녀는 더 이상 친구들의 그룹에서 춤을 추지 않는다. 시간이 없었다. 아침부터 저녁까지 남편과 아내는 일을 했다. 라나에게는 6명의 아이가 있었다. 그러나 큰 아이들은 심한 병으로 죽었고, 두 아들은 밀림에서 죽었으며, 한 아들은 강에 떠내려갔고, 단지 막내아들만 남았다. 라나는 그를 매우 사랑했다.

어느날 뉴르군이 밀림에서 돌아오지 않았다. 그후로 그녀는 혼자 일했다.

빨리 그리고 슬그머니 라나에게 노년이 찾아왔다. 그녀의 검은 머리가 백발이 되었고, 두 눈은 빛을 잃었다.

"나는 곧 야나강에 가서 내게 청춘을 돌려달라고 부탁해야지. 나는 강에게 내 인생이 얼마나 힘들었는지 말할테야. 내 아들이 내가 이전에 젊었을 때와 똑같은 나를 볼 수 있게 되기를 내가 얼마나 원하는지 강에게 말하겠어. 그는 젊고 아름다운 어머니를 훨씬 더 사랑할거야." – 라나는 생각했다.

아들이 6살이 되었을 때 라나는 길떠날 준비를 하였다.

– 엄마, 떠나세요? – 나는 안 데리고요?

소년은 놀라서 물었다.

– 아니, 이번에는 데리고 갈 수 없어. 얘야. 그러나 기다려. 내 곧 돌아오마.

– 엄마, 나는 나무 아래에서 기다리겠어요.

강에 이르는 길은 어려웠다 : 라나는 동토지대와 어두운 밀림을 지나서 갔다. 그녀의 다리는 피곤해서 아팠다. 그러나 드디어 그녀 앞에는 거대한 강이 빛나기 시작했다. 라나는 천천히 물 속으로 들어갔다.

– 오, 선량한 강이여, 내 말 좀 들어보오. 내 백발을, 눈물로 생기없는 내 두 눈을 보고, 내게 젊음을 선물하거나!

야나강은 갑자기 소리를 내기 시작하더니, 푸른 파도를 높이 일으켰다. 그리고 잠시후 강가로 젊은 미인이 걸어나왔다.

– 야나강아, 고맙다! 당신에게 감사합니다. 푸른 파도여! – 라나는 외쳤다. 그녀는 강가까지 짚고 왔던 지팡이를 내던졌다. 그리고 가볍게 마을로 달렸다.

나무 근처에 그녀의 아들이 앉아 있었다.
– 내 아들아, 얘야! – 소년은 어머니를 향해 달리기 시작했다.
– 엄마! 엄마!
그러나 거기서 그는 멈추었다.
– 나는 이 분이 우리 엄마라고 생각했는데…
– 얘야, 그래 나야. 너는 네 엄마도 몰라보니?
소년은 큰 소리로 울기 시작했다.
– 가세요! 나는 당신을 몰라요! 우리 엄마는 세상에서 제일 아름다웠어요. 그녀는 그렇게 하얀 머리를 가지고 있었어요.
– 울지마, 얘야, 믿어. 나는 네 엄마야. 착한 야나강이 내게 젊음을 돌려주었다. 내가 다시 젊어졌는데 너는 정말 기쁘지 않니?
그러나 아들은 그녀를 바라보려고 하지 않고 울었다.
어머니는 마음이 아팠다. 그녀는 단지 아들만을 위해서 젊고 예쁘게 되기를 원했다.
라나는 다시 야나강이 흐르는 곳으로 갔다. 다시 그녀는 밤낮으로 동토지대와 밀림을 지나서 갔다. 다시 그녀는 강가에 도착해서 천천히 푸른 물 속으로 들어갔다.
– 오, 위대한 강아, 젊음의 비싼 선물을 주어서 고맙다! – 라나는 조용히 말했다.– 그러나 나는 네게 그것을 돌려주마. 아이의 사랑이 아름다움이나 젊음보다 더 소중하다. 오, 강아, 나를 용서해다오. 그러나 단지 이전의 늙은 라나로 만들어주기만 하렴!…
야나강은 어두워지고, 소리를 내며 파도를 일으켰다. 파도가 사라졌을 때 강 가운데에는 늙은 백발의 여인이 서 있었다.
– 오, 강아, 고맙다! – 라나는 말하고 천천히 마을로 갔다.
그녀가 마을로 돌아왔을 때 기쁨에 찬 아들이 그녀를 향해 달려나왔다 :
– 엄마! 엄마가 얼마나 오랫동안 없었는지 몰라!
– 얘야, 나의 아들아! – 라나는 조용히 말했다.
그후로 야나강은 누구에게도 젊음을 돌려주지 않았다.

제32과

■ 본 문

단꼬의 심장

옛날에 어떤 사람들이 세상에 살고 있었다. 이 사람들은 쾌활하고, 강하고, 용감한 사람들이었다. 그러나 마침내 그들에게 어려운 시대가 도래했다. 어느날 강하고 사악한 적들이 와서 이 사람들을 멀리 숲속으로 내쫓았다. 그곳은 춥고 어두웠다. 햇빛이 거기에는 들지 않았다.
그래서 여인들과 아이들은 울기 시작했고, 남자들은 어떻게 숲으로부터 빠져나갈 것인지 궁리하기 시작했다. 그러기 위해서는 두 가지 길이 있었다: 하나는 뒷쪽으로 거기에는 강하고 악한 적들이 있었으며, 다른 하나는 앞쪽으로 그곳에는 큰 나무들이 서 있었다. 사람들은 오랫동안 생각을 했고, 벌써부터 적에게 가서 그에게 자유를 바치기를 원했다. 거기에서 단꼬라 불리는 한 용감한 젊은이가 사람들에게 말했다:
– 우리가 무엇을 기다리고 있는거죠? 일어나서 숲으로 갑시다. 숲도 끝이 있을 거요. 갑시다! 자!
사람들은 그를 바라보고 그가 그들보다 더 용감하고 훌륭하며, 모든 사람을 구출할 수 있다는 것을 알았다.

― 우리를 데리고 가요! ― 그들은 말했다.

단꼬는 그들을 데리고 갔다. 이것은 어려운 길이었다. 그들은 오랫동안 걸어갔다. 숲은 더욱더 어두워졌고, 힘은 더 없어졌다! 드디어 사람들은 젊고 경험도 없는 단꼬가 괜히 그들을 데리고 왔다고 말하기 시작했다. 그러나 그는 용감하게 앞으로 걸어갔다.

그러나 언젠가 심한 뇌우가 시작되었다. 숲속은 가장 어두운 밤에서와 같이 그렇게 어두워졌다. 나무들이 소리내기 시작했다. 사람들은 놀라서 멈추었다. 바로 비와 숲의 소음 속에서 지치고 심기가 나쁜 그들은 단꼬를 심판하기 시작했다.

― 너는 우리를 숲속으로 데려왔어. 우리는 지쳐서 더 이상 걸을 수가 없다. 지금 우리는 죽어가고 있어. 그러나 네가 먼저 죽어야 해. 이것은 네가 우리를 이곳으로 데리고 왔기 때문이야.

― 당신들은 "이끌어 다오"라고 말했고, 나는 데리고 왔습니다. 나는 당신들을 돕고 싶었어요. 그런데 당신들은? 당신들은 자신을 위해 무엇을 했습니까? ― 단꼬는 소리쳤다.

그러나 사람들은 그의 말을 듣지 않았다.

― 너는 죽어! 너는 죽어야 해! ― 그들은 소리쳤다.

숲은 점점 더 소란해졌다. 단꼬는 구출해 주려고 했던 사람들을 바라보고, 그들이 짐승과 같은 사람들이라는 것을 알았다. 그는 사람들을 사랑하여 자기가 없으면 그들은 죽을 수밖에 없을 것이라고 생각했다. 그의 가슴은 그들을 구하려는 바램으로 불탔다.

― 사람들을 위해 내가 무엇을 하지!? ― 단꼬는 우뢰보다 더 큰소리로 외쳤다.

갑자기 그는 가슴으로부터 자기 심장을 끌어내어 그것은 머리 위로 높이 들어올렸다. 그것은 태양처럼 눈부시게 태양보다 더 눈부시게 불탔다. 그리고 모든 숲이 사람들에 대한 위대한 사랑의 횃불 앞에서 조용해졌다.

― 갑시다! ― 단꼬는 소리치고 앞으로 달려갔다.

그는 자기의 심장을 높이 들어서 사람들에게 길을 비추었다. 사람들은 그의 뒤를 따라 달려갔다. 이제 그들은 빨리 그리고 용감하게 달렸다.

단꼬는 항상 앞에 있었다. 그의 심장은 더욱더 불탔다. 드디어 숲이 끝났다. 앞에서 태양이 비쳤고, 강이 태양에 빛났다. 고요하고 어두운 저녁, 자유로운 땅에서의 첫 저녁이었다.

늠름한 미남인 단꼬는 자유의 땅을 바라보고는 기뻐서 웃기 시작하였다. 그리고는 쓰러져 죽었다.

옆에서는 그의 용감한 심장이 계속해서 불타고 있었다.

■ 대 화

올레그: 민호야, 너 왜 생물학자의 전공을 택했니? 네 가족에 생물학전공자들이 있니?

민 호: 아니. 어머니와 누나는 어문학전공이고, 아버지는 경제학전공자야. 그러나 우리가족은 모두 학술적 대중문학을 매우 좋아해. 부모님께서는 항상 나와 누나에게 대중적인 생물, 화학, 물리학 책들을 사주셨어. 지금 나는 언제 내가 다른 과목들보다 생물학에 관심을 가지게 되었는지 기억조차 못해. 대학에서 나는 운이 좋았어: 우리한테는 매우 훌륭한 생물선생님이 있었거든. 아마 이분이 내가 가장 좋아하는 선생님이었을 거야. 어느 누구도 자기과목을 더 잘, 그리고 더 재미있게 설명할 수 없었어.

올레그: 나는 전공을 선택하기 어려웠어. 학교에서 나는 여러 과목들을 좋아했어. 예를 들면, 나는 생물학 못지않게 문학을 좋아했어.

민 호: 그럼에도 불구하고 생물학자가 되었지.

올레그: 아마도 어머니가 생물학을 가르친 학년에서 내가 공부했기 때문일 거야. 우리 학년에서 10명이

생물학자가 되었지. 어머니는 자기 과목을 우리가 좋아하도록 가르칠 수 있었지.

■ 연습문제

3. (а) Интере́сный — интере́снее — са́мый интере́сный; прекра́сный — прекра́снее — са́мый прекра́сный; пра́вильный — пра́вильнее — са́мый пра́вильный; свобо́дный — свобо́днее — са́мый свобо́дный; сме́лый — смеле́е — са́мый сме́лый; си́льный — сильне́е — са́мый си́льный; сла́бый — слабе́е — са́мый сла́бый; весёлый — веселе́е — са́мый весёлый; тру́дный — трудне́е — са́мый тру́дный; удо́бный — удо́бнее — са́мый удо́бный.

(б) Молодо́й — моло́же — са́мый молодо́й; ста́рый — ста́рше — са́мый ста́рый; хоро́ший — лу́чше — са́мый лу́чший; плохо́й — ху́же — са́мый плохо́й; большо́й — бо́льше — са́мый большо́й; ма́ленький — ме́ньше — са́мый ма́ленький; просто́й — про́ще — са́мый просто́й; лёгкий — ле́гче — са́мый лёгкий.

(в) Тепло́ — тепле́е; хо́лодно — холодне́е; ско́ро — скоре́е; по́здно — по́зже; ра́но — ра́ньше; ча́сто — ча́ще; мно́го — бо́льше; ма́ло — ме́ньше.

4. 1. Да, брат ста́рше сестры́.
2. Да, сестра́ моло́же бра́та.
3. Да, на́ша кварти́ра бо́льше их кварти́ры.
4. Да, моя́ ко́мната ме́ньше её ко́мнаты.
5. Да, он прие́хал по́зже меня́.
6. Да, второ́й но́мер журна́ла интере́снее пе́рвого.
7. Да, ваш дом вы́ше на́шего.
8. Да, э́то ле́то тепле́е про́шлого.
9. Да, о́зеро Байка́л глу́бже Оне́жского.

5. 1. Вы пришли́ по́зже меня́.
2. Я быва́ю здесь ре́же, чем он.
3. Та́ня говори́т по-англи́йски ху́же Оле́га.
4. Ста́рый текст трудне́е, чем но́вый.
5. Экза́мен сдать трудне́е, чем зачёт.
6. Вчера́ бы́ло холодне́е, чем сего́дня.
7. Петербу́рг ме́ньше Москвы́.

7. 1. Та́ня — моя́ са́мая лу́чшая подру́га.
2. Матема́тика — мой са́мый люби́мый предме́т.
3. Э́то ле́то бы́ло са́мое холо́дное.
4. ... э́то для меня́ са́мый лу́чший о́тдых.

5. Данко был самым смелым человеком.

6. Это был самый трудный путь.

7. Новосибирск – самый крупный город в Сибири.

8. Амур – самая большая река...

9. 1. Вы не могли бы помочь...? 2. Вы не могли бы купить...?
3. Ты не мог бы прийти... 4. Он не мог бы позвонить...?
5. Она не могла бы перевести...? 6. Таня не могла бы прислать...?

10. 1. поедем / поехали
2. будет заниматься / занимался
3. пойдём / пошли
4. посмотрю / посмотрел

11. 1. Если бы ты дал мне словарь, я перевёл бы этот текст.
2. Если бы ты прочитал этот рассказ, он понравился бы тебе.
3. Если бы он хотел, он мог бы взять эту книгу...
4. Если бы она интересовалась биологией, она пошла бы на эту лекцию.
5. Если бы я встретил его, я пригласил бы его к нам.
6. Если бы она поехала к родителям, она послала бы им телеграмму.

12. (а) 1. Если бы у меня было время, я пришёл бы к тебе. Если бы у меня не было времени, я не пришёл бы к тебе.
2. Если бы я любил химию, я поступил бы на этот факультет. Если бы я не любил химию, я не поступил бы на этот факультет.

(б) 1. Если бы он волновался, он не сдал бы экзамен. Если бы он не волновался, он сдал бы экзамен.
2. Если бы мне помешали, я не кончил бы эту работу. Если бы мне не помешали, я кончил бы эту работу.

■ 독해 및 청취

꼰스딴찐 폐오크쯔스또프

사람은 자기도, 자기 자신의 일도 찾아내지 못하고 평생을 살아갈 수 있다. 이것은 많은 사람들이 경험을 통해 알고 있다.

늦게 발견할 수 있다. 그리고 이것도 많은 사람들이 알고 있다. 인생의 목표에 대해서 말하자면 그것은 한 가지이다. 즉, 자기의 일을 찾아서 그것을 자기 이외에는 아무도 할 수 없도록 행하는 것이다.

이점에 있어서 모든 사람이 성공하는 것은 아니다.

바로 이렇기 때문에 그 인생을 선택된 목표에 대한 끊임없는 노력으로 설정하고 있는 사람들은 언제나 우리의 감탄을 불러 일으킨다.

나는 자신의 일생을 언젠가 선택한 길을 따라 가가린이 비행하기 이전부터 우주에 가고자 열망했던 한 사람에 대해 이야기하고자 한다.

나는 학자이며 우주인인 꼰스딴찐 페오크찌스또프에 대해서 이야기하겠다.

보로네쥐 출신의 회계사인 페오크찌스또프의 가족에는 아들이 두 명 있었다. 동생인 꼬스쨔 페오크찌스또프는 열 살때 찌올꼬프스끼의 책 "혹성간의 여행"을 읽고 인간을 학문적인 지식욕이 부족하다고 비난했다. 그는 찌올꼬프스끼의 생각을 아직까지도 (사람들이) 실현시키지 못했다는 사실을 무엇에 의해서도 다른 사람에게 설명할 수 없었다. 그는 이 일을 자신의 의무로 여겼다.

사람들은 다양하다. 다니엘 데포는 57세에 자기의 첫 소설 "로빈슨크루소"를 썼고 볼프강 모짜르트는 이미 7살 때 4개의 소나타를 작곡했다…

회계사 페오크찌스또프의 작은 아들은 신동이 아니었다. 그러나 3학년짜리 이 아이는 남은 학습의 기간을 계산하여 1964년에 달로 비행할 것이라고 말했다.

1941년 6월에 전쟁이 시작되었다. 전쟁은 달에 대해 꿈을 꾸었던 많은 소년들을 앗아갔다. 꼬스쨔의 형도 곧 죽었다. 42년 여름에 (그는 그때 학생이었다) 꼬스쨔는 전선으로 달려갔다. 전선에서 꼰스딴찐 페오크찌스또프는 정찰병이었다.

정찰병 페오크찌스또프는 몇 번이나 전선을 넘나들었다.

전선을 넘나들기 5번째, 그때 그는 16살이었는데, 꼬스쨔는 심한 부상을 입었다. 어머니는 아들을 군인병원에서 찾아내어 그를 중앙아시아로 데려왔다.

건강이 회복된 후 배움의 시간이 시작되었다.

이제 페오크찌스또프는 바우만 대학의 학생이다. 학생 페오크찌스또프는 놀라울 만큼 많이 공부를 했다. 우주에 대한 꿈들이 완전히 현실적인 목표가 되었다. 페오크찌스또프는 부러울 만큼 집요하게 이 목표를 향해 갔다. 그는 친구들에게 자기의 연극표나 극장표를 주고, 진로에서 자기를 방해할 수 있었던 모든 것을 거절하는 것을 배웠다. 무엇인가가 목표에 대한 그의 노력을 방해했을 때 친구들은 페오크찌스또프에게 말했다: "슬퍼하지 마. 별들이 너를 기다릴거야…" 그러나 이 학자는 별들이 자기를 기다리는 것을 원치 않았다. 그는 서둘렀다.

우주에 개 벨까와 스뜨렐까가 비행한 후에 이미 우주에는 사람이 비행할 수 있다는 것이 명백해졌다. 그때 페오크찌스또프는 – 그러나 그 혼자는 아니었다. – 유인 우주선의 최초 비행에 자기가 타는 것을 제안했다. 그 제안은 받아들여지지 않았다. 꼰스딴찐 페오크찌스또프는 집요했다. 그는 증명했고, 설득하였으며, 부탁했다. 그러나 …

그 자신도 최초의 우주여행은 이상적인 건강과 많은 비행경험이 있는 사람이 해야만 한다는 사실을 잘 이해하고 있었다. 이러한 특성을 유리 가가린이 지니고 있었다. 꼰스딴찐 페오크찌스또프는 유감스럽게도 그것들을 지니고 있지 않았다.

마침내 그는 양보했다. 그는 3년 후에 이 대화(화제)에 돌아오기 위하여 양보했다.

1964년 10월 12일 우주선 "보스호드"는 지구위성의 궤도에 진입시켰다. 탑승요원들은 우주비행사 꼬마로프와 우주연구원 페오크찌스또프와 우주인 의사 에고로프였다. 학자 우주인인 페오크찌스또프가 자기의 비행중에 행한 우주에서의 최초의 과학 실험들은 외계에서 미래의 과학적인 작업의 출발점이 되었다. "인간이 우주로 향한 창을 열었다. 그리고 그는 중요하고 긴 연구들을 위하여 다시 그 문으로 들어간다"라고 페오크찌스또프는 말했다.

1986년 4월 12일 세계는 인류최초의 우주비행, 즉, 유리 가가린의 비행 25주년을 축하했다.

우주에서 과학적인 연구들은 지금은 많은 과학자들의 관습적인 일이 되어 있다. 학자 우주인인 꼰스딴찐 페오크찌스또프가 이 일에 초석을 놓았다.

우주에서 만남

1975년 7월에 우주에서 소련우주선 "쏘유즈-19"와 미국우주선 "아폴로"의 승무원들이 만났다.

소련우주인들인 알렉쎄이 레오노프와 발레리 꾸바쏘프, 미국우주인 토마스 스테포드, 벤스 브란트와 도널드 슬레이톤은 우주에서 공동실험을 하였다.

소련 및 미국 우주인들의 공동작업은 평화적 목적에서 우주연구의 근본적인 가능성을 증명했다. 이것은 우주선 "쏘유즈-19"와 "아폴로"승무원들의 공동비행이 가지는 중요한 의의 중의 하나이다.

제33과

■ 본 문

첫번째 선생님

1924년의 일이었다. 그때 나는 14살이었다. 지금 우리의 집단 농장이 있는 곳에 크지 않은 끼르끼즈 마을이 있었다. 가을에 우리 마을에 군복을 입은 낯선 사람이 도착했다. 그 사람의 이름은 듀이쉔이었다. 그는 학교를 열어 아이들을 가르치기 위해서 마을에 왔다고들 했다. "학교" "학습"과 같은 단어들은 그 당시 우리에게는 생소했다. 그것들이 무엇을 의미하는지 우리는 그렇게 잘 이해하지 못했다.

학교 건물은 없었다. 듀이쉔은 수업을 시작하기 위하여 낡은 창고를 직접 수리했다. 드디어 우리는 처음으로 학교에 가게 되었다. 이 날을 나는 결코 잊을 수가 없다. 우리는 마루에 앉았다. 듀이쉔의 학교에는 책상들이 없었다. 우리 선생님은 우리 모두에게 공책과 연필을 주고 다음과 같이 말했다: ― 나는 여러분 어린이들이 읽고 계산할 수 있도록 가르칠 것입니다. 문자와 숫자를 어떻게 쓰는지 보여 줄 것입니다. 나는 내가 알고 있는 모든 것을 여러분에게 가르칠 것입니다.

실제로 그는 놀라운 인내력을 보이면서 자신이 알고 있는 모든 것을 우리에게 가르쳤다. 그는 연필 잡는 법을 우리에게 보여 주었으며, 모르는 단어들을 우리에게 열심히 설명했다.

지금 이것에 대해 생각하면, 스스로 잘 읽지도 못하며 교과서 한 권, 철자독본 하나 가지고 있지 않았던 이 무식한 사람이 어떻게 아버지와 할아버지, 증조부들도 무식했던, 아이들을 가르칠 수 있는 그렇게 엄청난 일을 하기로 결심할 수 있었는지 이해할 수 없다.

듀이쉔은 할 수 있는 만큼 우리를 가르쳤다. 그러나 우리에 대한 선량함과 사랑, 그의 열정은 헛되지 않았다. 듀이쉔은 자기 마을 이외에는 아무것도 모르는 우리 끼르끼즈의 아이들에게 전세계를 열어 주는 업적을 달성했다. 우리는 이 큰 세계에 많은 사람들이 살고 있고, 레닌이 사는 도시 모스크바도 있다는 것을 알았다.

듀이쉔은 우리에게 미래의 삶에 대해서 이야기했고, 우리는 곧 우리에게 (사람들이) 새로운 학교를 지어 줄 것이라고 믿었다. 이 학교에서는 학생들이 책상에 앉을 것이며 그들은 많은 책과 공책을 갖게 될 것이다.

듀이쉔의 학교에서 읽고 쓰기를 공부한 우리들 중 많은 사람들이 계속 공부하기 위하여 도시로 갔다. 나도 역시 도시로 갔다. 그 후에 모스크바에서 공부하여 박사가 되었다. 그러나 지금도 나는 왜 내가 학자가 되었는지를 알고 있다. 왜냐하면 1924년에 나의 첫 선생님인 듀이쉔이 나에게 읽고 쓰기를 가르쳤기 때문이다. 그는 나를 믿고 도시로 공부하도록 보냈다. 나는 이것을 절대로 잊을 수 없다. 나는 나의 집단농장으로 돌아와 젊은이들에게 듀이쉔이 어떤 선생님이었는지를 이야기하지 않으면 안 된다. 나는 집단농장에 지은 새 학교를 우리의 첫번째 선생님이었던 듀이쉔 학교라고 불러야 한다고 생각한다.

■ 대 화

민 호: 어제 너에게 전화했었어. 올레그야. 우리 집에 초대하고 싶었거든. 사람들이 좋은 몇 개의 카세트 테이프와 판들을 가져왔어. 그런데 네가 집에 없더라.

올레그: 어제가 나의 첫 선생님의 기념일이었어. 나는 그녀의 집에 있었거든. 나와 함께 같은 교실에서 배운 모든 사람들이 왔었어. 올 수 없었던 사람은 전보를 보내왔어.

민 호: 좋은 선생님이니?

올레그: 그래. 매우. 그후에 여러 반의 많은 좋은 선생님들이 계셨지 : 사랑하는 수학 선생님, 문학 선생님, 생물 선생님. 그러나 첫번째 선생님을 나는 일생 동안 기억했지.

민 호: 기념일을 어떻게 보냈니?

올레그: 우리는 그녀를 위해서 작은 연주회를 준비했고, 우리의 학창시절을 회상했고, 많은 농담을 했어. 대체로 즐겁고 재미있었어. 그리고 놀라운 것은 그녀가 우리 모두를 기억하고 있고 누가 어디에서 공부하고 있고, 누가 어떤 사람이 되었는지를 알고 있었어. 30년 재직기간 동안에 얼마나 많은 제자들이 있었겠니? 알다시피 나는 우리 학교에 가 보았고 모든 사람들을, 특히 우리 첫번째 선생님을 보아서 매우 기뻤어.

■ 연습문제

2. 1. Изуча́я / изучи́в   2. Приходя́ / Придя́
   3. Де́лая / Сде́лав   4. Сдава́я / Сдав

3. 1. Он сиде́л на дива́не и смотре́л ...
   2. Он разгова́ривал со мной и клал кни́ги ...
   3. Когда́ он отвеча́л на экза́мене, он ... волнова́лся.
   4. Когда́ он уезжа́л из Москвы́, он ... оставля́л ...
   5. Когда́ она́ отдыха́ла на ю́ге, она́ мно́го пла́вала.
   6. Когда́ Ни́на встре́тила ... сестру́, она́ пое́хала ...
   7. Когда́ он верну́лся домо́й, он рассказа́л ... (он верну́лся ... и рассказа́л ...).
   8. Когда́ он уе́хал ..., он оста́вил ...
   9. Он подплы́л к бе́регу и вы́шел ... (Когда́ он подплы́л ..., он вы́шел ...)
   10. Я подошёл к остано́вке и уви́дел ... (Когда́ я подошёл ..., я уви́дел ...)
   11. Он посмотре́л но́вый фильм и рассказа́л о нём ... (Когда́ он посмотре́л ..., он рассказа́л ...)

5. (а) 1. ... това́рищ, живу́щий ... (око́нчивший ...)
   2. ... това́рища, живу́щего ... (око́нчившего ...)
   3. ... с това́рищем, живу́щим ... (око́нчившим ...)
   4. ... това́рищу, живу́щему ... (око́нчившему ...)
   5. ... у това́рища, живу́щего ... (око́нчившего ...)
   6. ... о това́рище, живу́щем ... (око́нчившем ...)

(б) 1. ... де́вушка, рабо́тающая ... (написа́вшая ...)
2. ... де́вушку, рабо́тающую ... (написа́вшую ...)
3. ... с де́вушкой, рабо́тающей ... (написа́вшей ...)
4. ... де́вушке, рабо́тающей ... (написа́вшей ...)
5. ... у де́вушки, рабо́тающей ... (написа́вшей ...)
6. ... о де́вушке, рабо́тающей ... (написа́вшей ...)

6. (а) 1. ... студе́нт, хорошо́ зна́ющий ...
2. ... де́вушку, говоря́щую ...
3. ... с дру́гом, рабо́тающим ...
4. ... о роди́телях, живу́щих ...
5. ... арти́стам, игра́ющим ...
6. ... това́рища, интересу́ющегося ...
7. ... студе́нтов, занима́ющихся ...
8. ... к профе́ссору, чита́ющему ...
9. ... об учёном, изуча́ющем ...

(б) 1. ... о писа́телях, прие́хавших ...
2. ... со студе́нтом, выступа́вшим ...
3. ... дру́гу, пригласи́вшему ...
4. ... у това́рища, уже́ сда́вшего ...
5. ... со студе́нтами, сиде́вшими ...
6. ... о друзья́х, верну́вшихся ...
7. ... де́вушку, откры́вшую ...
8. ... сестре́, присла́вшей ...
9. ... с това́рищами, е́здившими ...

8. 1. постро́ившего / постро́енный 2. напи́санная / написа́вший
3. приглашённые / пригласи́вшие 4. ку́пленный / купи́вшего
5. забы́тые / забы́вший 6. откры́вшая / откры́тую
7. полу́ченное / получи́вшую

9. 1. Делега́ция, при́нятая ре́ктором ... Ре́ктор, приня́вший делега́цию ...
2. ... журна́лы, принесённые мне ... Това́рищ, принёсший ...
3. ... пе́сни, испо́лненные молоды́м певцо́м ... У певца́, испо́лнившего ...
4. Фотоальбо́м, пока́занный мне ... Де́вушка, показа́вшая ...
5. Зада́ча, решённая дру́гом ... ... дру́гу, реши́вшему ...
6. ... пе́сня, спе́тая студе́нтами ... ... студе́нтов, спе́вших ...
7. В телегра́мме, по́сланной им ... ... с това́рищем, посла́вшим ...
8. ... пода́рок, ку́пленный сестре́. Де́вушка, купи́вшая ...

10. 1. Это шко́ла, кото́рую постро́или неда́вно.
2. Это университе́т, кото́рый основа́ли неда́вно.

3. Это кни́га, кото́рую опубликова́ли давно́.
4. Это расска́з, кото́рый перевели́ на ру́сский язы́к.
5. Это телегра́мма, кото́рую посла́ли вчера́.
6. Это письмо́, кото́рое получи́ли неда́вно.
7. Это пе́сня, кото́рую написа́ли неда́вно.
8. Это пробле́ма, кото́рую изуча́ют давно́.

11. 1. при́нят / при́нятыми 2. сда́нных / сда́ны.
3. организо́ван / организо́ванном 4. откры́та / откры́тую
5. постро́ена / постро́енной 6. осно́ван / осно́ванном
7. переведены́ / переведённые

■ 독해 및 청취

압하즈의 고령자들

왜 어떤 사람들은 100~120세까지 오래 사는가? 왜 그들은 그렇게 오래 살고도 신체적인 활동성과 좋은 기억력을 보존하는가? 그들의 장수의 원인은 어디에 있는가? 이것은 단지 학자들만의 관심사는 아니다.

90세 이상 된 사람들인 고령자들은 우리나라의 여러 지역에 살고 있다. 그러나 학자들은 그 가운데에 특히 많은 고령자가 있는 사람들 그룹과 전체 민족조차도 존재한다는 것을 지적하였다. 그러한 민족 중의 하나가 압하즈 사람들이다. 까프까즈에 있는 압하즈에는 100세 이상의 사람들이 거의 200명 가량 살고 있다. 압하즈의 고령자들은 오래 전부터 세계 여러 나라 학자들의 관심을 끌고 있다. 러시아와 외국의 기자들은 압하즈의 잦은 손님들이다. 압하즈의 고령자들에 대해서 학술 논문들, 기사들을 쓰고, 텔레비전으로 방송한다. 압하즈의 고령자들에 대한 방송들은 프랑스와 이탈리아의 텔레비전으로 방송되었다.

압하즈의 고령자들과 만났던 모든 사람들이 지적하는 하나는 노동 활동성과 인생에 대한 적극적 참여이다. 보통 그들은 모두 집단농장과 집에서 일을 하고, 일과 충고로 젊은이들을 돕는다. 그들의 경험과 인생에 대한 지식은 어려운 상황에서 올바른 해답을 발견하도록 도와준다.

까프까즈 국민들의 민족 문화는 늙은 세대 사람들에 대한 깊은 존경을 심어 주며, 동시에 노인들이 인생에서 낙오되지 않을 뿐만 아니라 항상 무언가에 있어서 젊은 사람보다 앞서게 될 것을 강요한다. 바로 그래서 젊은 사람들은 늙은 사람들의 충고와 권고에 귀를 기울인다.

이곳 압하즈에는 고령자들의 연주단인 노래와 춤의 독특한 연주단이 있다. 이 연주단의 독주자들 가운데 한 사람은 105세가 넘었다. 이 연주단은 나라를 많이 순회하면서 청중들에게 큰 인기를 끄는 연주회들을 개최한다.

그러면 장수의 비결은 도대체 어디에 있는가? 이 질문에 간단히 대답하는 것은 불가능하다. 이것에 대한 대답으로는 진지한 논문으로도 부족할 것이다. 한 가지는 분명히 말할 수 있다: 마음의 활기와 생활의 활동성이 상수를 족진하는 중요한 요인들이 뒤다.

단어사전

А

а́вгуст 8월
автóбус 버스
а́втор 저자, 지은이
агронóм 농학자
а́дрес 주소
азиáтский 아시아의
Азия 아시아
айл (중앙 아시아의) 마을
актёр (남) 배우
актри́са (여) 배우
алфави́т 알파벳, 자모
Амéрика 미국, 아메리카
аметикáнец 미국 남자
америкáнка 미국 여자
анги́на 후두염
англи́йский 영국의
англичáнин 영국 남자
англичáнка 영국 여자
Англия 영국
а́нгло-рýсский 영-러의
ансáмбль (남) 앙상블, 협주, 연주단
апельси́н 귤, 오렌지
апрéль 4월
аптéка 약국, 약방
аркти́ческий 북극의
а́рмия 군대
арти́ст (남) 배우, 가수
арти́стка (여) 배우, 가수
архитéктор 건축가
архитектýра 건축학, 건축 양식
архитектýрный 건축의
астронóм 천문학자
аудитóрия 강당, 강의실
афори́зм 금언, 경구
Áфрика 아프리카
африкáнец 아프리카인
аэропóрт 공항

Б

бáбушка 할머니
балéт 발레
балкóн 발코니
бандерóль (여) 인쇄물, 소포
банк 은행
бассéйн 수영장
бéгать (бегý, бежи́шь, ... бегýт) (불완) 달리다
бедá 불행
бéдный 가난한, 불쌍한
без ~없이
безлю́дный 사람이 살지 않는
безýмный 미친, 어리석은
бéлый 하얀
бельё 속옷, 시트
бéрег 강변
бесéдовать (бесéдую, бесéдуешь) (불완).
 с кем? 담화하다
библиотéка 도서관
билéт 1. 표 2. 시험표
биóлог 생물학자
биолóгия 생물학
благодари́ть (불완) кого? за что? 감사하다
блестéть (불완) 반짝이다, 빛나다
бли́же 더 가까운
бли́зкий 가까운, 친한
бли́зко 가깝게, 친하게
блины́ (복) 펜 케이크
блю́дце 받침 접시
богáтство 부귀, 풍부
богáтый 부유한
бой 차임
бóлее¹ 더욱(~보다)
бóлее², тем бóлее 하물며, 더구나
болéзнь (여) 병, 질병
болéть (불완) чем? 병을 앓다 (완) заболéть
 병에 걸리다
больни́ца 병원
бóльно 아프게
больнóй¹ 아픈, 병든

больно́й² 환자
бо́льше 보다 많이, 보다 크게
большо́й 큰
борщ 보르시치(고기와 야채를 넣은 수프)
борьба́ 1. 투쟁 2. 레슬링
боти́нки (복) 구두
боя́ться (бою́сь, бои́шься) (불완) кого́? чего́? 무서워하다, 걱정하다
брат 형제
брать (беру́, берёшь) (불완) что? кого́? (완) взять 1. 쥐다, 잡다 2. 빌리다
броса́ть (불완) что? куда́? (완) бро́сить 던지다
бро́сить (бро́шу, бро́сишь) (완) 던지다
брю́ки (복) 바지
бу́дущее 미래
бу́дущий 1. 미래의 2. 다음의
бу́ква 문자
буква́рь (남) 철자책
бума́га 종이
бутербро́д 샌드위치
буфе́т 매점, 식당
буфе́тчица 식당 여종업원
быва́ть (불완), (완) побыва́ть 있다, 일어나다; 방문하다
бы́вший 전의, 예전의
бы́стро 빨리
быть (бу́ду, бу́дешь) (불완) ~이다, 존재하다

В

в (во) (+대격 또는 전치격) ~에, ~로
ваго́н 차, 차량
ва́жный 중요한
ва́за 꽃병
ва́нная 욕실
вдруг 갑자기
ве́домость 통지서, 보고서
ведь ~이 아닌가, 정말로, 과연
везде́ 어느 곳이든
везти́ (везу́, везёшь) (불완) кого́? что? 운반하다
век 세기
вели́кий 위대한
велосипе́д 자전거

ве́рить (불완) кому́? чему́? во что? в кого́? (완) пове́рить 믿다, 신뢰하다
ве́рно 확실히
верну́ть (완) что? кому́? куда́? 돌려주다
верну́ться (완) куда́? 돌아오다
ве́рный 옳은, 성실한
вероя́тно 확실히
вуртолёт 헬리콥터
ве́рхний 위의
ве́село 즐겁게, 즐겁게 보내다
весе́нний 봄의
вусёлый 즐거운
весе́лье 즐거움, 오락
весна́ 봄
весно́й 봄에
вести́ (веду́, ведёшь) (불완) кого́? что? 인도하다, 이끌다
весь (вся, всё, все) 모든
ве́тер 바람
ве́тка 나뭇가지
ве́чер 1. 저녁 2. 저녁 파티
вече́рний 저녁의
ве́чером 저녁에
ве́шать (불완) что? 걸다
вещь (여) 사물, 물건
взять (возьму́, возьмёшь) (완) что? кого́? 1. 잡다 2. 빌리다
вид 종류
ви́деть (ви́жу, ви́дишь) (불완) что? кого́? 보다
визи́т 방문
ви́лка 포크
виногра́д 포도
висе́ть (불완) 걸다
вме́сте 함께
вме́сто ~대신에
внеза́пно 갑자기
вниз 아래로
внизу́ 아래에
внима́ние 주의, 주목
внима́тельно 주의깊게
внук 손자
внутри́ 안에
вну́чка 손녀
во́время 제때에, 때마침
вода́ 물

водить (вожу́, во́дишь) (불완) *что? кого?* 인도하다, 이끌다
возвраща́ть (불완) *что? кому?* 돌려주다
возвраща́ться (불완) *куда?* 돌아오다
возить (вожу́, во́дишь) (불완) *кого? что?* 운반하다
война́ 전쟁
войти́ (войду́, войдёшь) (완) 들어가다
вокза́л 기차역
волейбо́л 배구
волк 늑대
волнова́ться (волну́юсь, волну́ешься) (불완) 걱정하다, 염려하다
во́лосы (복) 머리카락
вообще́ 대체로
вопро́с 질문
воспомина́ние 추억, 회상
восста́ние 봉기, 폭동
восто́к 동쪽
восто́чный 동쪽의, 동양의
вот 여기에 ~이 있다
впереди́ 앞에, 앞서서
вперёд 앞으로
впро́чем 그렇지만
враг 적
врач 의사
вре́мя 시간
вре́мя го́да 계절
всегда́ 항상, 언제나
всего́ 1. 모두 2. 단지
всё 모든 것
всё же 그래도
всё-таки 그럼에도 불구하고
вспомина́ть (불완) *кого? что? о ком? о чём?* (완) **вспо́мнить** 기억하다, 회상하다
вспо́мнить (완) *кого? что? о ком? о чём?* 기억하다, 회상하다
встава́ть (встаю́, встаёшь) (불완), (완) **встать** 일어나다
встать (вста́ну, вста́нешь) (완) 일어나다
встре́ча 만남, 회합
встреча́ть (불완) *кого? что?* (완) **встре́тить** 만나다, 마주치다
встреча́ться (불완) *с кем?* (완) **встре́титься** 만나다
встре́тить (встре́чу, встре́тишь) (완) *кого? что?* 만나다, 마주치다
встре́титься (встре́чусь, встре́тишься) (완) *с кем?* 만나다
вся́кий 1. 어떤 2. 모든
вто́рник 화요일
вход 입구
входи́ть (вхожу́, вхо́дишь) (불완), (완) **войти́** 들어가다
вчера́ 어제
вчера́шний 어제의
выбира́ть (불완) *что? кого?* (완) **вы́брать** 선택하다
вы́брать (вы́беру, вы́берешь) (완) *что? кого?* 선택하다
вызыва́ть (불완) *кого? что?* (완) **вы́звать** 1. 불러내다 2. 불러일으키다
вы́звать (вы́зову, вы́зовешь) (완) *кого? что?* 1. 불러내다 2. 불러일으키다
вы́йти (вы́йду, вы́йдешь) (완) 나가다, 떠나다
вы́пить (вы́пью, вы́пьешь) *что?* (완) 다 마셔버리다
вы́полнить (완) *что?* 수행하다
выполня́ть (불완) *что?* (완) **вы́разить** 수행하다
выража́ть (불완) *что?* (완) **вы́разить** 표현하다
вы́разить (вы́ражу, вы́разишь) (완) *что?* 표현하다
вы́расти (완) 자라다
вырыва́ть (불완) *что? отку́да?* (완) **вы́рвать** 뜯어내다
вы́рвать 뜯어내다
выска́зывание 의견, 발화
высо́кий 높은, 키 큰
высоко́ 높이
вы́ставка 전시회
выступа́ть (불완), (완) **вы́ступить** 출연하다
вы́ступить (вы́ступлю, вы́ступишь) (완) 출연하다
вы́ход 출구
выходи́ть (выхожу́, выхо́дишь) (불완), (완) **вы́йти** 나가다, 떠나다

Г

газе́та 신문
галере́я 화랑
га́лстук 넥타이
где 어디에
гео́лог 지질학자
гимна́стика 체조
гита́ра 기타
гла́вное 중요한 것
гла́вный 중요한, 주된
гла́вным о́бразом 주로, 특히
глаз 눈
глубо́кий 깊은
глу́пый 어리석은
говори́ть (불완) *что? кому? о чём? о ком?* (완) **сказа́ть** 말하다
год 해, 년
годи́ться (гожу́сь, годи́шься) (불완) *кому?* 적당하다
голова́ 머리
го́лос 목소리
голубо́й 하늘색의, 푸른
гора́ 산
го́рдый 자랑스러운, 당당한
горе́ть (불완) 타다
го́рло 목
го́рный 1. 산의 2. 광산의
го́род 도시
гостеприи́мный 손님을 좋아하는, 손님을 잘 대접하는
гости́ница 호텔
гость (남) 손님, 방문객
госуда́рство 국가
госуда́рственный 국가의, 국립의
гото́в 준비된
гото́вить (гото́влю, гото́вишь) (불완) *что?* 준비하다, 요리하다
гото́виться (гото́влюсь, гото́вишься) (불완) *к чему?* 준비하다
гра́дус 도(度)
гра́мота 읽고 쓰기
гра́мотный 읽고 쓸 줄 아는
грани́ца 경계

грипп 독감, 유행성 감기
гроза́ 뇌우, 소나기
гро́мко 크게
гру́стно 슬프게, 슬픈
гру́стный 슬픈
гу́бы (복) 입술
гуля́ть (불완) 걷다
гумани́ст 휴머니스트, 인도주의자

Д

да 예, 그래
дава́ть (даю́, даёшь) (불완) *что? кому?* (완) дать 주다
давно́ 1. 오래 전에 2. 오래 전부터
дагеста́нский 다게스딴의
да́же ~도, ~조차
далеко́ 멀리
да́льний 먼, 멀리 떨어진
да́льше 더 멀리
дари́ть (불완) *что? кому?* (완) **подари́ть** 주다
да́ром 1. 헛되이 2. 공짜로
да́та 날짜
дать (дам, дашь, даст, дади́м, дади́те, даду́т) (완) *что? кому?* 주다
дверь (여) 문
дво́йка (5점 만점에서) 2점
дворе́ц 궁전
де́вочка 어린 소녀
де́вушка (10대의) 소녀
де́душка 할아버지
дежу́рная 당직자(여)
дежу́рный 당직의
дека́брь 12월
де́лать (불완) *что?* (완) **сде́лать** ~을 하다, 만들다
де́ло 일, 작업
день (남) 날
день рожде́ния 생일
де́ньги 돈
дереве́нский 시골의
дере́вня 시골
де́рево 1. 나무 2. 목재

держа́ть (불완) *что? кого?* 쥐고 있다, 지탱하다
де́ти (복) 어린이들
де́тство 어린 시절
в де́тстве 어릴 적에
де́тский 어린이의
деше́вле 더 싼
дёшево 값싼, 값싸게
джу́нгли 밀림
диало́г 대화
дива́н 안락의자, 소파
ди́кий 야생의
днём 낮에
до 전에, ~앞에, ~까지
до востре́бования (우편물에 대해) 유치로
до свида́ния 안녕(작별인사)
доброта́ 친절
до́брый 친절한
добыва́ть (불완) *что?* (완) добы́ть 얻다
добы́ть (добу́ду, добу́дешь) (완) *что?* 얻다
доезжа́ть (불완) *до чего?* (완) дое́хать 도착하다
дое́хать (дое́ду, дое́дешь) (완) *до чего?* 도착하다
дождь (남) 비
дождли́вый 비오는
дойти́ (дойду́, дойдёшь) (완) *до чего?* 도착하다(걸어서)
докла́д 보고(서)
до́ктор 박사, 의사
до́ктор нау́к 박사(학위의)
документа́льный 서류의, 문서의
до́лго 오랫동안
до́лжен ~해야 한다
дом 집
дом о́тдыха 휴양을 위한 건물
до́ма 집에
дома́шний 집에서 만든, 집의
домо́й 집으로
допо́лнить (완) *что? кого?* 보충하다
дополня́ть (불완) *что? кого?* (완) допо́лнить 보충하다
доро́га 1. 길 2. 도로
до́рого 소중한
дорого́й 비싼, 소중한, 사랑하는

дороги́е (복) 사랑하는 사람들
до сих по́р 지금까지
доходи́ть (дохожу́, дохо́дишь) (불완) *до чего?* (완) дойти́ 도착하다(걸어서)
дочь 딸
драгоце́нный 값비싼
дра́ма 극, 희극
драмати́ческий 희극의
древнеру́сский 고대 러시아의
дре́вний 오랜, 고대의
друг 친구
друго́й 다른
дру́жба 우정
дру́жеский 정다운, 다정한
дру́жный 친한, 화목한
ду́мать (불완) *о ком? о чём?* 생각하다
дуть (불완) 바람이 불다
дух 정신, 영혼
душа́ 영혼, 마음
дыша́ть (불완) 숨쉬다

Е

Евро́па 유럽
европе́йский 유럽의
еди́нственный 유일한
ежего́дно 매년
ежего́дный 매년의
е́здить (е́зжу, е́здишь) (불완) (타고) 가다
е́ловый 전나무의
е́сли 만약 ~라면
есте́ственный 자연의
есть (быть, име́ть) 있다, 가지다
есть (ем, ешь, ест, еди́м, едя́т) (불완) *что?* 먹다
е́хать (е́ду, е́дешь) (불완) (타고) 가다
ещё 여전히, 아직

Ё

ёлка 신년 트리, 크리스마스 트리

Ж

жаль 가엾은, 딱한
жа́ркий 더운, 뜨거운
жать ру́ку *кому́?* 악수하다
ждать (불완) *кого́? что?* (완) **подожда́ть** 1. 기다리다 2. 기대하다
жела́ние 희망
жела́ть (불완) *кому́? чего́?* (완) **пожела́ть** 바라다, 희망하다
жена́ 아내
же́нский 여자의
же́нщина 여자
жёлтый 노란
живопи́сный 회화의, 그림같이 아름다운
жи́вопись (여) 회화
живо́т 뼈, 복부
живо́тное 동물
жизнь (여) 인생, 생활, 삶
жи́тель 주민
жить (живу́, живёшь) (불완) 살다
жура́вль (남) 학
журна́л 잡지
журнали́ст 신문기자
журна́льный сто́лик 간이책상

З

за 1. ~뒤에 2. ~때문에, 위하여
заблуди́ться (완) 길을 잃다
заболе́ть (완) *чем?* 병에 걸리다
забыва́ть (불완) *кого́? что? о ком? о чём?* (완) **забы́ть** 잊다
забы́ть (забу́ду, забу́дешь) (완) *кого́? что? о ком? о чём?* 잊다
заво́д 공장
за́втра 내일
за́втрак 아침식사
за́втракать 아침식사하다
за́втрашний 내일의
задава́ть (задаю́, задёшь) (불완) *что? кому́?* (완) **зада́ть** 주다; **здава́ть вопро́с** 질문하다

зада́ча 1. 숙제 2. 과업, 과제
задава́ть (задаю́, зада́шь, зада́ст, задади́м, задади́те, зададу́т) (완) *что? кому́?* 주다; **зада́ть вопро́с** 질문하다
зада́ча 1. 과제 2. 문제
заинтересова́ть (заинтересу́ю, заинтересу́ешь) (완) *кого́? чем?* 흥미를 일으키다
заинтересова́ться (완) *чем? кем?* 흥미·관심을 갖다
заказно́й 주문의
зака́нчивать (불완) *что? что де́лать?* (완) **зако́н-чить** 끝내다
зако́нчить (완) *что? что де́лать?* 끝내다
закрыва́ть (불완) *что* (완) **закры́ть** 닫다
закрыва́ться (불완), (완) **закры́ться** 닫히다
закры́тый 1. 닫힌 2. 내부의
закры́ть (закро́ю, закро́ешь) (완) *что?* 닫다
закры́ться (완) 닫히다
зал 홀, 강당
заме́тить (заме́чу, заме́тишь) (완) *кого́? что?* 깨닫다, 눈치채다
замеча́тельный 뛰어나다
замеча́ть (불완) *кого́? что?* (완) **заме́тить** 깨닫다, 눈치채다
замолча́ть (완) 침묵하다
занаве́ска 커튼
занима́ться 공부하다
за́нят 바쁜
заня́тие 학과공부
за́пад 서쪽
за́падный 서쪽의
за́пах 냄새, 향기
за́пись (여) 기록
запла́кать (запла́чу, запла́чешь) (완) 울음을 터뜨리다
запо́лнить (완) *что?* 채우다, 써넣다
заполня́ть (불완) *что?* (완) **запо́лнить** 채우다, 써넣다
засмея́ться (засмею́сь, засмеёшься) 웃다, 웃음을 터뜨리다
затрудни́ть (완) *кого́? чем?* 어렵게 만들다
затрудня́ть (불완) *кого́? чем?* (완) **затруд-ни́ть** 어렵게 만들다
зачёт 시험
зашуме́ть (зашумлю́, зашуми́шь) (완) 소리

내기 시작하다
зверь (남) 동물, 짐승
звони́ть (불완) *кому́?* (완) **позвони́ть** 전화걸다
зда́ние 건물, 빌딩
здесь 여기(에)
здоро́ваться (불완) *с кем?* (완) **поздоро́ваться** 인사하다
здоро́вый 건강한
здоро́вье 건강
здра́вствуй(те) 안녕(하십니까?)(인사)
зелёный 녹색의
земля́ 1. 지구 2. 땅
зе́ркало 거울
зима́ 겨울
зи́мний 겨울의
зимо́й 겨울에
злой 악한
знако́м *с кем? с чем?* 친분이 있는, 잘 아는
знако́мить *кого́? с кем?* 소개하다
знако́миться (знако́млюсь, знако́мишься) (불완) *с кем? с чем?* (완) **познако́миться** 만나다
знако́мство 친분, 가까움
знако́мый¹ 잘 아는
знако́мый² 친지, 친구
знако́мые (복) 친구들
знамени́тый 유명한
зна́ние 지식
знать (불완) *кого́? что?* 알다
зна́чит 바꿔 말하면, 요컨데
зна́чить (불완) *что?* 의미하다
зо́нтик 우산
зуб 이, 치아

И

и 그리고
игра́ 놀이, 경기
игра́ть (불완) *во что? на чём?* 놀다
идти́ (иду́, идёшь) (불완) 걷다, 걸어가다
из ~로부터, ~에서
изве́стный 유명한
издава́ть (издаю́, издаёшь) (불완) *что?* (완) **изда́ть** 출판하다
изда́ть (완) *что?* 출판하다
измени́ть (완) *что? кого́?* 변경하다, 바꾸다
измени́ться (완) 바뀌다
изменя́ть (불완) *что? кого́?* (완) **измени́ть** 변경하다, 바꾸다
изменя́ться (불완), (완) **измени́ться** 바뀌다
и́зредка 가끔
нзуча́ть (불완) *что?* (완) **изучи́ть** 배우다, 연구하다
изучи́ть (완) *что?* 배우다, 연구하다
и́ли 혹은, 또는
ико́на 성상
иллюмина́ция 전기장식
име́ть (불완) *что?* 갖다, 소유하다
и́мя 이름
и́ндекс (почто́вый) 우편번호
инди́йский 인도의
инжене́р 엔지니어, 기사
иногда́ 때때로, 가끔
иностра́нный 외국의
институ́т 대학, 연구소
инструме́нт 도구, 악기
интере́с 관심, 흥미
интере́сно 재미있는
интере́сный 흥미있는, 재미있는
интересова́ть (интересу́ю, интересу́ешь) (완) *кого́?* 흥미를 끌다
интересова́ться (불완) *кем? чем?* 흥미를 갖다
интернациона́льный 국제적인
иска́ть (ищу́, и́щешь) (불완) *кого́? что?* 찾다
иску́сство 예술
испо́лнить (완) *что?* 실행하다, 수행하다
исполня́ть (불완) *что?* (완) **испо́лнить** 실행하다, 수행하다
испуга́ться (완) *кого́? чего́?* 놀라다
исто́рик 역사가, 사학자
истори́ческий 역사의
исто́рия¹ 역사
исто́рия² 이야기
исцели́ть (완) *кого́? от чего́?* 치료하다, 고치다
исцеля́ть (불완) *кого́? от чего́?* (완) **исцели́ть** 치료하다, 고치다
исчеза́ть (불완), (완) **исче́знуть** 사라지다
исче́знуть (완) 사라지다

итóг 총계, 총액
ию́ль 7월
ию́нь 6월

К

к (+여격) ~로, ~쪽으로
кабинéт 연구실, 서재; рентгéновский кабинéт X-ray실
кáжется ~인 것 같다
кáждый 모든, 각각의
как ~처럼
как обы́чно 통상적으로, 보통
как прáвило 대체로
какóв 어떤, 어떤 종류의
какóй 어떤, 무슨
какóй-нибýдь 어떤
какóй-то 어떤
календáрь (남) 달력
кани́кулы (복) 방학, 휴가
капýста 양배추
карандáш 연필
кáрта 지도
карти́на 그림, 사진
картóфель (구어 картóшка) (남) 감자
кáсса 계산대
кассéта 카세트
кастрю́ля 냄비
катáться (불완) на чём? ~ на лы́жах 스키타다 ~ на сáнках 썰매타다
кафé 카페
кáчество 질, 품질
квартúра 아파트
кефи́р 끼피르(발효우유)
киломéтр 킬로미터
кинó 영화관, 영화
кинотеáтр 영화관
киóск 가판대
кирги́зский 끼르끼즈의
кирпи́ч 벽돌
класс 교실
класть (кладý, кладёшь) (불완) что? кудá? (완) положи́ть 놓다, 설치하다
кли́мат 기후

климати́ческий 기후의
клуб 클럽
ключ 열쇠
кля́тва 맹세
кни́га 책
кни́жный 책의
кни́жный шкаф 책장
ковёр 카페트
когдá 언제
колбасá 소시지
коллéдж (단과)대학
коллéкция 수집
колхóз 콜호즈(집단농장)
колхóзник 집단농장의 농부
комáнда 팀
кóмната 방
кóмпас 나침반
компóт 과일조림
композúтор 작곡가
комсомóлец 공산청년동맹원
конвéрт 봉투
конгрéсс 의회
конéц 끝
конéчно 물론
консéрвы 통조림
конститýция 헌법
конферéнция 회의
конфéта 사탕
концéрт 음악회
кончáть (불완) что? что дéлать? (완) кóнчить 끝내다, 졸업하다
кончáться (불완) 끝내다
кончáть (불완) что? что дéлать? 끝내다, 졸업하다
кóнчиться (완) 끝나다
копéйка 까페이까
коридóр 복도
кори́чневый 갈색의
корреспондéнция 우편물
космонáвт 우주비행사
космонáвтика 우주비행학
кóсмос 우주
костю́м 양복
котóрый (관계대명사) 어떤 (사람, 사물)
кóфе 커피

кóфта (여성용) 자켓
кóшка 고양이
край 영토, 지방
красáвец 미남
красáвица 미녀
красúво 아름답다
красúвый 아름다운
крáсный 빨간, 붉은
красотá 미, 미모
крéпко 굳게, 단단하게
крéсло 안락의자
кричáть (кричу́, кричи́шь) (불완) *что? кому?* 소리치다
крúкнуть (완) *что? кому?* 소리치다
кровáть (여) 침대
крýпный 큰, 대규모의
крупнéйший 가장 큰
к сожалéнию 불행히도
кстáти 1. 때마침 2. ~하는 김에 3. 그래서
кто 누구
ктó-нибудь 누군가
ктó-то 누군가
кудá 어디로
кудá-нибудь 어딘가로
культýра 문화
культýрный 문화의, 교양있는
купúть (куплю́, кýпишь) (완) *что? кому? для кого?* 사다
кýрица 1. 암탉 2. 병아리
кусóк 조각
кýхня 부엌

Л

лаборатóрия 실험실, 연구소
лáгерь (남) 캠프
лáмпа 램프, 등
легéнда 전설
легкó 쉽다
ледянóй 얼음의
лежáть 있다, 누워 있다
лекáрство 약
лéкция 강의
лес 숲

летáть (불완) 날다
летéть (лечу́, лети́шь) (불완) 날다
лéтний 여름의
лéто 여름
лéтом 여름에
лечúть (불완) *кого?* 다루다
лечь (ля́гу, ля́жешь, ... ля́гут) (완) *куда?* 눕다
лёгкий 1. 가벼운 2. 쉬운
лёд 얼음
ли ~인지 아닌지
лист 나뭇잎
листóк 서식용지
литератýра 문학
литератýрный 문학의
лицó 얼굴
лоб 이마
лóдка 배
ложúться (불완) *куда?* (완) **лечь** 눕다
ложúться спать 잠자러 가다
лóжка 숟가락
лóшадь (여) 말
лук 양파
лунá 달
луч 빛, 광선
лýчше 더 나은, 더 좋은, 더 잘하는
лýчший 가장 좋은
лы́жи (복) 스키
любúмый 좋아하는
любúтель 애호가
любúть (люблю́, лю́бишь) (불완) *кого? что? что дéлать?* 좋아하다, 사랑하다
любóвь (여) 사랑
лю́ди (복) 사람들

М

магазúн 상점
май 5월
мáленький 작은, 어린
мáло 적은, 부족한
малогрáмотный 무식한
мáльчик 소년
мáма 엄마, 어머니

ма́рка 우표
март 3월
маршру́т 경로, 노선
ма́сло 버터
ма́стер 대가, 거장
матема́тик 수학자
матема́тика 수학의
матч 경기, 시합
мать 어머니
маши́на 1. 자동차 2. 기계
ме́бель (여) 가구
медве́дь (남) 곰
ме́дик (남) 의사
медици́на 의학
медици́нский 의학의
медици́нская сестра́ 간호사
ме́жду ~사이에, ~중에
междунаро́дный 국제의
ме́лкий 얕은
мело́дия 선율, 멜로디
ме́ньше 더 작은, 더 적은
ме́сто 장소
ме́сяц 월, 달
метр 미터
метро́ 지하철
мечта́ 꿈
мечта́ть (불완) о ком? о чём? 꿈꾸다
меша́ть (불완) кому? что де́лать? 방해하다
миллио́н 100만
ми́лый 사랑스런
мини́стр 장관
ми́нус 마이너스
мину́та 분
мир¹ 세계
мир² 평화
мирово́й 세계의
ми́тинг 집회
мла́дший 손아래의
мно́гие (복) 많은 사람들
мно́го 많이
мно́гое 많은 것
многонациона́льный 다민족의
многоуважа́емый 대단히 존경하는
многочи́сленный 수많은, 다수의
мо́жет быть 아마도

мо́жно 가능한, 할 수 있는
молодёжь (여) 젊은이
молоде́ц 좋은 사람! 잘한!
молодо́й 젊은
мо́лодость 젊음
молоко́ 우유
молча́ть (불완) 침묵하다
мо́ре 바다
моро́з 영하, 추위
морко́вь (여) 당근
москви́ч (남) 모스크바 사람
москви́чка (여) 모스크바 사람
моско́вский 모스크바의
мост 다리
мочь (могу́, мо́жешь, ... мо́гут) (불완) что (с)де́лать? ~할 수 있다
му́дрость 지혜
муж 남편
мужчи́на 남자
музе́й 박물관
му́зыка 음악
музыка́льный 음악의
музыка́нт 음악가
мы́ло 비누
мысль (여) 사상, 생각
мя́со 고기
мяч 공

Н

на (+대격 또는 전치격) ~위에, ~에
на́бережная 부두
наве́рное 틀림없이, 확실히
наве́рх 위로
наверху́ 위에
на́волочка 베갯잇
над (+조격) ~위에
наде́жда 희망
наде́яться (불완) на кого́? на что? 1. 바라다 2. 기대하다
на днях 요즘
наза́д 앞으로
называ́ть (불완) что? кого́? как? (완) назва́ть 부르다

называ́ться (불완) 불리다
найти́ (найду́, найдёшь) (완) *кого? что?* 발견하다
наконе́ц 결국, 마침내
накрыва́ть (накры́ть) на стол 식사 준비를 하다
нале́во 왼쪽으로
на па́мять 기념으로
написа́ть (напишу́, напи́шешь) (완) *что? кому? о ком? о чём?* 쓰다
напра́во 오른쪽으로
напра́сно 헛되이, 쓸데없이
напро́тив ~에 대하여
наро́д 민중, 국민
наро́дность 민족, 국민성
наро́дный 국민의
наря́дный 화려한
населе́ние 주민, 인구
населя́ть *что?* 거주시키다
насто́льная ла́мпа 스탠드, 책상용 램프
настоя́щий 실제의, 진짜의
наступа́ть (불완), (완) **наступи́ть** 오다, 시작되다
наступи́ть (완) 오다, 시작되다
нау́ка 과학, 학문
научи́ть (완) *кого? чему?* 가르치다
научи́ться (완) *чему?* 배우다
нау́чно-популя́рный 인기과학의
нау́чный 과학의
находи́ть (нахожу́, нахо́дишь) (불완) *что? кого?* (완) **найти́** 발견하다
находи́ться (нахожу́сь, нахо́дишься) (불완) 있다, 위치하다
на ходу́ 진행중에
национа́льный 민족의, 국가의
нача́ло 시초, 시작
нача́ть (начну́, начнёшь) (완) *что? что де́лать?* 시작하다
нача́ться (완) 시작되다
начина́ть (불완) *что? что де́лать?* (완) **нача́ть** 시작하다
начина́ться (불완), (완) **нача́ться** 시작되다
не ~이 아닌
не́бо 하늘
невозмо́жно 불가능하다

неда́вно 최근에
недалеко́ 멀지 않은
неде́ля 주, 주일
недо́лго 잠시
незнако́мый 알지 못하는, 익숙치 않은
неизве́стно 알려지지 않다
неизве́стный 알려지지 않은, 이름없는
не́жный 친절한, 부드러운
не́когда 시간이 없다
не́который 어떤
нелегко́ 쉽지 않다
нельзя́ 불가능하다, 해서는 안 된다
немно́го 약간
необы́чный 보통이 아닌, 평소와 다른
неожи́данно 갑자기, 뜻밖에
нео́пытный 경험없는
непло́хо 나쁘지 않은
непо́лный 가득차지 않은, 불완전한
непоня́тный 이해할 수 없는
не́сколько 약간, 몇몇
не́сколько раз 몇 번
несомне́нно 확실히
нести́ (несу́, несёшь) (불완) *что?* 가지고 가다, 나르다
нет 아니오
не то́лько, но и... ~뿐만 아니라 ~도
неудо́бно 불편하다
неуже́ли 정말인가?
не́что 무엇인가
нигде́ 아무데도 ~않다·없다
ни́жний 아래의
ни́зкий 낮은
никогда́ 결코
никуда́ 아무데도 ~하지 않는다
ничего́ 괜찮다
ничто́ 아무것도 ~않다·없다
но 그러나
нового́дний 신년의
новосе́лье 집들이
но́вость 새소식, 뉴스
но́вый 새로운
нога́ 발, 다리
но́ги (복) 발, 다리
но́мер[1] 여관의 번호붙은 방
но́мер[2] 번호

норма́льный 정상적인, 보통의
нос 코
носи́ть (ношу́, но́сишь) (불완) *что? кого?*
  1. 나르다 2. 입고 있다
носки́ (복) 양말
ночь (여) 밤
но́чью 밤에
ноя́брь 11월
нра́виться (нра́влюсь, нра́вишься) (불완) *кому?* 마음에 들다
ну́жно 필요하다, 해야 하다
ну́жный 필요한
нуль 영, 제로

О

о, об (обо) (+전치격) ~에 대하여
обе́д 식사
обе́дать (불완) 식사하다
обеща́ть (불완) *что? кому?* 약속하다
обита́емый 사람이 살고 있는
обнима́ть (불완) *кого?* (완) **обня́ть** 안다, 포옹하다
обня́ть (обниму́, обни́мешь) (완) *кого что?* 안다, 포옹하다
образе́ц 예, 견본
образова́ние 교육
образо́ванный 교육받은
о́бувь (여) 신발
обуча́ться (불완), (완) **обучи́ться** 배우다
общежи́тие 기숙사
объясни́ть (완) *что? кому?* 설명하다
объясня́ть (불완) *что? кому?* (완) **объясни́ть** 설명하다
обыкнове́нный 보통의, 평범한
обы́чно 보통; **как обы́чно** 통상적으로
обы́чный 보통의
обяза́тельно 반드시
обяза́тельный 1. 의무적인 2. 필수적인
о́вощи (복) 야채, 채소
огро́мный 거대한
огуре́ц 오이
одева́ться (불완), (완) **оде́ться** 옷입다
оде́жда 의복

оде́ться (оде́нусь, оде́нешься) (완) 옷을 입다
одея́ло 담요
одна́жды 어느날, 언젠가
одна́ко 그런데
о́зеро 호수
ока́нчивать (불완) *что?* (완) **око́нчить**
  1. 끝내다 2. 졸업하다
окно́ 창문
о́коло 주위에, 근처에
око́нчить (완) *что?* 1. 끝내다 2. 졸업하다
октя́брь 10월
октя́брьский 10월의
олимпиа́да 올림픽
омыва́ть 주위를 흐르다
опа́здывать (불완), (완) **опозда́ть** 늦다, 지각하다
опера́ция 수술
опозда́ть (완) 늦다, 지각하다
опубликова́ть (опублику́ю, опублику́ешь) (완) *что?* 발표·공포하다
о́пыт 경험
о́пытный 경험있는, 숙련된
опя́ть 다시
организова́ть *что?* 조직·구성하다
оригина́л, в оригина́лу 원래
освети́ть (освещу́, освети́шь) (완) *что?* 비추다
освеща́ть (불완) *что?* (완) **освети́ть** 비추다
осе́нний 가을의
о́сень (여) 가을
о́сенью 가을에
осма́тривать (불완) *кого? что?* (완) **осмотре́ть** 둘러보다, 검사하다
осмотре́ть (완) *кого? что?* 둘러보다, 검사하다
основа́тель 창립자
основа́ть (완) *что?* 창립·건설하다
осо́бенно 특별히, 특히
остава́ться (остаю́сь, остаёшься) (불완), (완) **оста́ться** 1. 머물다 2. 남다
оста́вить (оста́влю, оста́вишь) (완) *что? кому?* 남기다, 두고 가다
оставля́ть (불완) *что? кому?* (완) **оста́вить** 남기다, 두고 가다
остана́вливаться (불완), (완) **останови́ться** 멈추다, 중지하다

останови́ться (остановлю́сь, остано́вишься) (완) 멈추다, 중지하다
остано́вка 정류장
оста́ться (оста́нусь, оста́нешься) (완) 1. 머물다 2. 남다
о́стров 섬
от ~부터, ~에서
отве́т 대답, 답
отве́тить (отве́чу, отве́тишь) (완) *кому? на что?* (**на вопро́с** 등) 대답하다
отвеча́ть (불완) *кому? на что?* (완) **отве́тить** 대답하다
отдава́ть (отдаю́, отдаёшь) (불완) *что? кому?* (완) **отда́ть** 돌려주다
о́тдых 휴식
отдыха́ть (불완) 휴식하다, 쉬다
оте́ц 아버지
открыва́ть (불완) *что?* (완) **откры́ть** 열다
открыва́ться (불완), (완) **откры́ться** 열다
откры́тка 엽서
откры́тый 1. 열린 2. 공공연한
откры́ть (откро́ю, откро́ешь) (완) *что?* 열다
откры́ться (완) 열리다
отку́да 어디에서
отме́тить (отме́чу, отме́тишь) (완) *что?* (명절 따위를) 축하하다, 표시하다
отме́тка 표시, 점수
отмеча́ть (불완) *что?* (완) **отме́тить** (명절 따위를) 축하하다, 표시하다
отноше́ние 태도, 관계
отойти́ (отойду́, отойдёшь) (완) 멀어지다, 떠나다
отпра́виться (отпра́влюсь, отпра́вишься) (완) 출발하다
отправля́ться (불완), (완) **отпра́виться** 출발하다
отпра́здновать (отпра́здную, отпра́зднуешь) (완) *что?* 축하하다
о́тпуск 휴가
отремонти́ровать (отремонти́рую, отремонти́руешь) (완) *что?* 수선하다
отры́вок 발췌, 단편
отходи́ть (отхожу́, отхо́дишь) (불완), (완) **отойти́** 멀어지다, 떠나다
о́тчество 부칭

отъе́зд 출발
официа́льный 공식의, 형식적인
охо́та 욕망, 열의
охо́тник 사냥꾼
охо́тно 기꺼이
о́чень 매우
очки́ (복) 안경
ошиба́ться (불완) *в ком? в чём?* (완) **ошиби́ться** 실수하다, 틀리다
ошиби́ться (완) *в ком? в чём?* 실수하다, 틀리다
оши́бка 실수

П

па́дать (불완), (완) **упа́сть** 떨어지다
па́лец 손가락
пальто́ 외투
па́мятник 기념비, 기념물
па́мятник архитекту́ры 고적
па́мять (여) 기억, 추억
па́па 아빠
па́рень 젊은이, 청년
парк 공원
патрио́т 애국자
па́хнуть (완) 향기가 나다, 냄새가 나다
пацие́нт 환자
певе́ц (남)가수
певи́ца (여)가수
педаго́г 교사, 선생님
педагоги́ческий 교육의, 교육적인
пенсионе́р 연금수령자
первонача́льный 최초의, 원시의
перевести́ (переведу́, переведёшь) (완) *что?* 번역·통역하다
перево́д 번역
переводи́ть (перевожу́, перево́дишь) (불완) *что?* (완) **перевести́** 번역·통역하다
перево́дчик 번역·통역가
передава́ть (передаю́, передаёшь) (불완) *что? кому?* (완) **переда́ть** 보도하다, 전하다
переда́ть (переда́м, переда́шь, переда́ст, передади́м, передади́те, передаду́т) (완) *что? кому?* 보도하다, 전하다
переда́ча 방송, 프로그램

переéхать (переéду, переéдешь) (완) 이사하다
переры́в 휴지, 휴식
переса́дка (기차, 버스 등을) 갈아타기
переу́лок 골목, 골목길
перча́тки (복) 장갑
пе́сня 노래
петь (пою́, поёшь) (불완) *что?* 노래하다
печа́ль (여) 슬픔
пешко́м 걸어서
пиани́но 피아노
пиани́ст 피아니스트
пиджа́к 신사복(상의)
пиро́г 파이
пиро́жное (속을 채워 넣은) 작은 케이크
писа́тель 작가
писа́ть (пишу́, пи́шешь) (불완) *что? кому́? о чём? о ком?* (완) **написа́ть** 쓰다
пи́сьменный 글로 쓴
пи́сьменный стол 책상
пи́сьменность 문헌
письмо́ 편지
пить (пью, пьёшь) (불완) *что?* 마시다
пла́вать (불완) 1. 수영하다 2. 항해하다
пла́кать (пла́чу, пла́чешь) 울다
план 계획
пла́тье 원피스, 의복
плащ 방수망토, 비옷
плита́ (주방용) 곤로, 레인지
плот 뗏목
пло́хо 나쁘게, 서툴게
лпохо́й 나쁜, 서툰
пло́щадь (여) 광장
плыть (плыву́, плывёшь) (불완) 1. 수영하다 2. 항해하다
плюс 플러스, 더하여
по ~을 따라서, ~의 위를
по-англи́йски 영어로
побе́да 승리
побере́жье 해안
поблагодари́ть (완) *кого́? за что?* 감사하다
побыва́ть (완) 들리다, 방문하다
пове́рить (완) *кому́? чему́? во что? в кого́?* 믿다, 신뢰하다
пове́сить (пове́шу, пове́сишь) (완) *что? куда́?* 걸다

повторе́ние 반복, 되풀이
погиба́ть (불완), (완) **поги́бнуть** 죽다, 멸망하다
поги́бнуть (완) 죽다, 멸망하다
погово́рка 속담, 격언
пого́да 날씨
под ~아래에
подари́ть (완) *что? кому́?* 주다
пода́рок 선물
пбдвиг 공적, 공훈, 위업
подготови́тельный 준비의, 예비의
подгото́виться (подгото́влюсь, подгото́вишься) (완) *к чему́?* 준비하다
подгото́вка 준비
поднима́ть (불완) *что?* (완) **подня́ть** 들어올리다, 일으키다
поднима́ться (불완), (완) **подня́ться** 오르다, 일어서다
подня́ть (подниму́, подни́мешь) (완) *что?* 들어올리다, 일으키다
подня́ться (완) 오르다, 일어서다
подожда́ть (완) *кого́? что?* 기다리다
подойти́ (подойду́, подойдёшь) (완) *к кому́? к чему́?* 다가오다, 접근하다
подру́га 여자친구
поду́мать (완) *о ком? о чём?* (잠시)생각하다
поду́шка 베개
подходи́ть (подхожу́, подхо́дишь) (불완) *к кому́?* (완) **подойти́** 다가오다, 접근하다
пбезд 기차
пое́здка 여행
пое́хать (пое́ду, пое́дешь) (완) (타고) 가다
пожа́луй 1. 아마, 어쩌면 2. ~일지도 모른다
пожа́луйста 제발, 어서
пожела́ние 희망
пожела́ть (완) *кому́? чего́?* 희망하다
поза́втракать (완) 아침식사하다
позади́ ~뒤에
позвони́ть (완) *кому́?* 전화걸다
пбздний 때늦은, 늦은
пбздно 늦게
поздоро́ваться (완) *с кем?* 인사하다
поздрави́тельный 축하의
поздра́вить (поздра́влю, поздра́вишь) (완) *кого́? с чем?* 축하하다

поздравле́ние 축하
поздравля́ть (불완) кого? с чем? (완) поздра́вить 축하하다
по́зже 더 늦게, 더 나중에
познако́мить (완) кого? с кем? 소개하다
познако́миться (познако́млюсь, познако́мишься) (완) с кем? с чем? 만나다, 아는 사이가 되다, 사귀다
пойти́ (пойду́, пойдёшь) (완) 걷다, 가다
пока́ ~하는 동안에, 당분간
показа́ть (покажу́, пока́жешь) (완) что? кому? 보여주다, 제시하다
пока́зывать (불완) что? кому? (완) показа́ть 보여주다, 제시하다
покупа́ть (불완) что? кому? (완) купи́ть 사다, 구입하다
пол 마루
по́ле 들, 들판
поле́зные ископа́емые 유용광물
поликли́ника 보건소, 진료소, (입원시설이 없는) 병원
по́лка 선반
по́лный 가득찬, 완전한
полови́на 절반, 1/2
положи́ть (완) что? куда? 놓다, 두다
полоте́нце 수건, 타월
получа́ть (불완) что? (완) получи́ть 얻다, 받다
получи́ть (완) что? 얻다, 받다
полчаса́ 반시간, 30분
по́люс, по́люс хбло́да 한극
помеша́ть (완) кому? 방해하다
помидо́р 토마토
по́мнить (불완) кого? что? 기억하다
помога́ть (불완) кому? (완) помо́чь 돕다, 도와주다
по-мо́ему 내 생각으로는, 내 의견으로는
помо́чь (помогу́, помо́жешь, ... помо́гут) (완) кому? 돕다, 도와주다
по́мощь (여) 노움, 원조
понеде́льник 월요일
понима́ть (불완) что? кого? (완) поня́ть 이해하다
понра́виться (понра́влюсь, понра́вишься) (완) кому? 마음에 들다

поня́тно 알기 쉽게, 분명히
поня́тный 이해할 수 있는, 명료한
поня́ть (пойму́, поймёшь) (완) что? кого? 이해하다
пообе́дать (완) 점심식사하다
пообеща́ть (완) кому? что? 약속하다
поплы́ть (поплыву́, поплывёшь) (완) 1. 수영하다 2. 항해하다
попра́виться (попра́влюсь, попра́вишься) (완) 낫다, 건강이 회복되다
поправля́ться (불완), (완) попра́виться 낫다, 건강이 회복되다
попроси́ть (попрошу́, попро́сишь) (완) кого? что (с)де́лать? 묻다
попроща́ться (완) с кем? с чем? 작별하다, 작별인사하다
популя́рный 인기있는
пора́ ~할 때이다
пора́довать (пора́дую, пора́дуешь) (완) кого? чем? 기쁘게 하다
по-ра́зному 여러가지로
портре́т 초상화
портфе́ль (여) 서류가방
по-ру́сски 러시아어로
по-сво́ему 자기방식대로, 나름대로
посети́тель 손님, 방문객
посети́ть (посещу́, посети́шь) (완) кого? что? 방문하다
посеща́ть (불완) кого? что? (완) посети́ть 방문하다
посла́ть (пошлю́, пошлёшь) (완) что? кому? 보내다
по́сле ~후에
после́дний 최후의, 마지막의, 최근의
посло́вица 속담, 격언
послу́шать (완) что? кого? 듣다
посмотре́ть (완) что? 보다
посове́товать (посове́тую, посове́туешь) (완) кому? что (с)де́лать? 충고하다, 권하다
поспеши́ть (완) куда? 서두르다
поспо́рить (완) с кем? 논쟁하다
посреди́не ~의 한가운데의
поста́вить (поста́влю, поста́вишь) (완) что? куда? 놓다, 두다
постара́ться (완) что сде́лать? 노력하다

по-ста́рому 전과 같이, 본래대로

посте́ль (여) 침대

постро́ить (완) *что?* 세우다, 건설하다

поступа́ть (불완) *куда?* (완) **поступи́ть** 들어가다, 입학하다

поступи́ть (поступлю́, посту́пишь) (완) *куда?* 들어가다, 입학하다

посу́да 식기

посыла́ть (불완) *что? кого? куда?* (완) **посла́ть** 보내다

посы́лка 소포

поте́ря 상실, 손실, 손해

потеря́ть *что?* 잃다

потоло́к 천장

пото́м 그 후에, 다음에

пото́мок 후손

потому́ что 왜냐하면

потре́бовать (потре́бую, потре́буешь) (완) *чего?* 요구하다, 필요하다

поу́жинать (완) 저녁식사하다

похо́д 행군, 원정

поцелова́ть (поцелу́ю, поцелу́ешь) (완) *кого? что?* 키스하다

почему́ 어째서 **вот почему́** 바로 ~하기 때문이다

по́чта 우체국

почти́ 거의

почу́вствовать себя́ (почу́вствую, почу́вствуешь) (완) *как?* 느끼다

поэ́зия 시

поэ́т 시인

поэ́тому 따라서, 그러므로

появи́ться (появлю́сь, поя́вишься) (완) 나타나다

появля́ться (불완), (완) **появи́ться** 나타나다

пра́вда 진리, 진실

пра́вило 규칙

пра́вильно 옳게, 정확하게

пра́дед 증조부

пра́здник 경축일, 휴일

пра́здничный 휴일의, 축제기분의, 떠들썩한

пра́здновать (пра́здную, пра́зднуешь) (불완) *что?* 축하하다

предме́т 대상, 학과목

представи́тель 대표

представле́ние 관념, 제시, 소개

прекра́сный 훌륭한

пре́мия 상여금

преподава́тель (남)교사, 강사

преподава́тельница (여)교사, 강사

преподава́ть (преподаю́, преподаёшь) (불완) *что?* 가르치다

привезти́ (привезу́, привезёшь) (완) *что? кого?* 가져오다, 날라오다

привести́ (приведу́, приведёшь) (완) *кого?* 데리고 오다

приве́т 1. 안녕 2. 인사

приводи́ть (привожу́, приво́дишь) (불완) *кого?* (완) **привести́** 데리고 오다

привози́ть (привожу́, приво́зишь) (불완) *что? кого?* (완) **привезти́** 가져오다, 날라오다

привыка́ть (불완) *к кому? к чему?* (완) **привы́кнуть** 익숙해지다

привы́кнуть (완) *к кому? к чему?* 익숙해지다

пригласи́ть (приглашу́, пригласи́шь) (완) *кого?* 초대하다

прие́зд 도착

приезжа́ть (불완), (완) **прие́хать** (타고) 도착하다, 오다

прие́хать (прие́ду, прие́дешь) (완) (타고) 도착하다, 오다

прие́м 응접, 접대

прийти́ (приду́, придёшь) (완) 오다

прика́з 명령

прилета́ть (불완), (완) **прилете́ть** (비행기를 타고) 도착하다

прилете́ть (прилечу́, прилети́шь) (비행기를 타고) 도착하다

приме́р 예

принима́ть (불완) *кого? что?* (완) **приня́ть** 1. 받다, 맞다 2. (시험에) 응하다 3. (약을) 먹다

принести́ (принесу́, принесёшь) (완) *что?* 가져오다

приноси́ть (приношу́, прино́сишь) (불완) *что?* (완) **принести́** 가져오다

приня́ть (приму́, при́мешь) (완) *кого? что?* 1. 받다, 맞다 2. (시험에) 응하다 3. (약을) 먹다

приро́да 1. 전원 2. 자연

прислáть (пришлю́, пришлёшь) (완) *что? когó?* (물건을) 보내오다, 보내다

присылáть (불완) *что? когó?* (완) **прислáть** (물건을) 보내오다, 보내다

приходи́ть (прихожу́, прихо́дишь) (불완), (완) **прийти́** 오다

прия́тно 즐겁게, 유쾌하게

проблéма 과제, 문제

провести́ (проведу́, проведёшь) (완) *что?* **(врéмя)** (시간을) 보내다

провожáть (불완) *когó?* (완) **проводи́ть** 배웅하다

проводи́ть (провожу́, прово́дишь) (완) *когó?* 배웅하다

проводи́ть (불완) *что?* **(врéмя)** (완) **провести́** (시간을) 보내다

прогнáть (완) *когó?* 쫓아내다

прогрáмма 프로그램

продавáть (불완), (완) **продáть** 팔다

продавéц (남)점원, 판매원

продавщи́ца (여)점원, 판매원

продолжáть (불완) *что? что дéлать?* (완) **продо́лжить** 계속하다

продо́лжить (완) *что? что дéлать?* 계속하다

проду́кты (복) 식료품

проéхать (проéду, проéдешь) (완) *к чему́ либо* (타고) 통과하다

прожи́ть (проживу́, проживёшь) (완) (일정 기간) 살다, 지내다, 거주하다

произведéние 작품, 저서

произойти́ (완) 일어나다, 발생하다

происходи́ть (불완), (완) **произойти́** 일어나다, 발생하다

пройти́ (пройду́, пройдёшь) (완) 지나가다, 통과하다

проникáть (불완), (완) **прони́кнуть** 스며들다, 침투하다

прони́кнуть 스며들다, 침투하다

проси́ть (прошу́, про́сишь) (불완) *когó? что сдéлать?* (완) **попроси́ть** 요청하다, 바라다

проспéкт 대로

про́сто 단지, 단순히

просто́й 단순한, 쉬운

простыня́ 침대시트

протяжённость 거리, 연장

профéссия 직업

профéссор 교수

проходи́ть (прохожу́, прохо́дишь) (불완), (완) **пройти́** 지나가다, 통과하다

процéнт 퍼센트

прочитáть (완) *что? о ком? о чём?* 읽다, 통독하다

про́шлый 과거의, 지난

прощáться (불완) *с кем?* (완) **попрощáться** 작별인사하다, 작별하다

проявля́ть (прояви́ть) **терпéние** 참을성을 보이다(발휘하다)

пря́мо 똑바로, 정확히

пти́ца 새

публиковáть (публику́ю, публику́ешь) (불완) *что?* 공개하다, 공포하다, 출판하다

пугáться (불완) *когó? чегó?* 놀라다

пусты́ня 사막

пусть ~하게 하다

путешéственник 여행자

путешéствие 여행

путешéствовать (путешéствую, путешéствуешь) (불완) 여행하다

путь (남) 길, 도로

пу́шка 대포

пьéса 희곡

пятёрка (5점 만점 중) 5점

пя́тница 금요일

Р

рабо́та 일, 작업

рабо́тать (불완) *кем?* (~로서) 일하다

рабо́чий 노동자

рад 기쁜, 반가운

рáдио 라디오

рáдостный 즐거운, 기쁜

рáдость 기쁨, 환희

раз 한 번

рáзве 과연 ~일까, 정말 ~일까

развивáть (불완) *что?* 발달시키다

разговáривать (불완) *с кем? о чём?* 대화하다

разгово́р 대화

раздевáться (불완), (완) **раздéться** 옷을

벗다

раздéться (разде́нусь, разде́нешься) (완) 옷을 벗다

размéр 크기, 치수

разнообра́зный 다양한, 여러가지의

ра́зный 다른

райо́н 구역, 지역

ра́нний 이른

ра́но 일찍

ра́ньше 1. 이전에 2. ~보다 먼저

расска́з 단편, 이야기

рассказа́ть (расскажу́, расска́жешь) (완) *что? кому?* 이야기하다

расска́зывать (불완) *что? кому?* (완) **рассказа́ть** 이야기하다

расстоя́ние 거리, 간격

расти́ (불완) 자라다

ребёнок 어린이

ребя́та (복) 어린이들

револю́ция 혁명

ре́дкий 드문

ре́дко 드물게

результа́т 결과

рейс 항공(편), 항로

река́ 강

ремонти́ровать (ремонти́рую, ремонти́руешь) (불완) *что?* (완) **отремонти́ровать** 고치다, 수리하다

репети́ция 총연습

респу́блика 공화국

рестора́н 레스토랑, 음식점

реце́пт 처방

реша́ть (불완) 1. *что?* 해결하다 2. *что де́лать?* (완) **реши́ть** 결정하다

реши́ть (불완) 1. *что?* 해결하다 2. *что де́лать?* 결정하다

реши́ться (완) *на что?* 결심하다

ро́вно 똑같이, 정확히

ро́дина 조국

роди́тели (복) 부모

роди́ться (완) 태어나다

родно́й 태생의, 고향의

родны́е (복) 친척

рожде́ние 생일, 탄생

рома́н 소설

рот 입

роя́ль (남) 그랜드 피아노

руба́шка 셔츠

рубль (남) 루블

рука́ (여) 손, 팔

руководи́ть *кем? чем?* 지도하다, 주관하다

ру́сский 러시아의

ру́сско-англи́йский 노-영의

ру́чка 1. 펜 2. 핸들

ры́ба 물고기, 생선

рыба́к 어부

ры́нок 시장

рюкза́к 배낭

ря́дом 나란히, 옆에

С

с (со) ~와; ~부터, ~에서

сад 정원

сади́ться (сажу́сь, сади́шься) (불완), (완) **сесть** 앉다

сала́т 샐러드

салфе́тка 냅킨

сам 자기, 자신

самова́р 싸모바르

самолёт 비행기

самоотве́рженность 헌신

са́мый 가장

санато́рий 요양소

сапоги́ (복) 장화

сара́й 광

са́хар 설탕

све́жий 신선한

свет 빛, 등

свети́ть (불완) 빛나다

све́тлый 빛나는

свобо́да 자유

свобо́ден 자유로운, 한가한

свобо́дный 자유로운, 한가한

свой 자신의

связь (여) 1. 관계 2. 통신

сдава́ть (сдаю́, сдаёшь) (불완) *что?* **(экза́мен)** 시험치다 (완) **сдать (экза́мен)** (시험에) 합격하다

сдать (сдам, сдашь, сдаст, сдадим, сдадите, сдадут) (완) *что?* (시험에) 합격하다
сделать (완) *что?* 하다, 만들다
себя 자기자신
север 북쪽
северный 북쪽의
сегодня 오늘
сегодняшний 오늘의
сезон 계절, 시즌
сейчас 지금
сельский 농촌의
семья 가족
сентябрь 9월
сердечный 심장의, 충심의
сердце 심장, 마음
серый 회색의
серьёзно 진지하게
серьёзный 진지한
сестра 자매
сесть (сяду, сядешь) (완) 앉다
сибирский 시베리아의
сидеть (сижу, сидишь) (불완) 앉아 있다
сила 힘
сильно 1. 강하게, 세게 2. 매우, 대단히
сильный 힘센, 강한
символ 상징
синий 푸른
сказать (скажу, скажешь) (완) *что? кому?* 말하다
сказка 동화
скатерть (여) 식탁보
скверно 나쁘다
сквозь ~을 통하여
сковорода 프라이팬
сколько 얼마나, 어느 정도
скоро 곧
скрипка 바이올린
скучать (불완) *по кому? по чему?* 1. 지루하다 2. 그리워하다
слабый 약한
слайды (복) 슬라이드
слева 왼쪽에, 왼쪽에서
следующий 다음의
слепой 눈먼, 장님의
словарь 사전
слово 단어
служить (불완) *кому? чему?* 근무하다, 봉사하다
случаться (불완), (완) случиться 우연히 일어나다
случиться (완) 우연히 일어나다
слушать (불완) *кого? что?* 듣다
слышать (불완) *что? о чём? о ком?* 들리다
смело 용감하게
смелость (여) 대담, 용감
смелый 대담한, 용감한
смерть (여) 죽음
смеяться (смеюсь, смеёшься) (불완) *над кем? над чем?* 웃다
смотреть (불완) *что?* 보다 *на что? на кого?* 바라보다
смочь (смогу, сможешь, ... смогут) (완) *что (с)делать?* ~할 수 있다
смысл 의미, 뜻
сначала 우선, 처음에
снег 눈
собака 개
собирать (불완) *что? кого?* (완) собрать 모으다, 수집하다
собираться (불완), (완) собраться 1. 모이다 2. 준비하다 3. ~하려고 하다
собрать (соберу, соберёшь) (완) *что? кого?* 모으다, 수집하다
собраться (완) 1. 모이다 2. 준비하다 3. ~하려고 하다
собственный 자기자신의, 고유의
совершать (불완) *что?* (완) совершить 1. (여행을) 하다 2. 완수하다
совершенно 완전히, 전적으로
совершить (완) *что?* 1. (여행을) 하다 2. 완수하다
совет 충고, 조언
советовать (советую, советуешь) (불완) *что? кому?* 충고하다, 권하다
советский 소비에트의
современник 동시대의
современный 현대의, 동시대의
совсем 완전히
согласен *с кем? с чем?* 동의하다
сожаление, к сожалению 불행히도, 유감스럽

게도

создава́ть (созда́м, создаёшь) (불완) *что?* (완) созда́ть 창조하다

созда́ние 창조

созда́ть (созда́м, созда́шь, созда́ст, создади́м, создади́те, создаду́т) (완) *что?* 창조하다

сок 주스, 과즙

солда́т 병사

солда́тский 병사의

солида́рность 공동, 연대

со́лнечный 태양의

со́лнце 태양, 해 ; 햇빛

соль (여) 소금

сообща́ть (불완) *что?* 알리다, 전하다,

сообщи́ть (완) *кому?* 보도하다

соревнова́ние 경쟁

сосе́д 이웃

сосе́дний 이웃의, 이웃하는

сосно́вый 소나무의

сохрани́ть (완) *что?* 보존하다, 유지하다

сохраня́ть (불완) *что?* (완) сохрани́ть 보존하다, 유지하다

социалисти́ческий 사회주의의

спа́льня 침실

спаса́ть (불완) *кого?* (완) спасти́ 구하다

спаси́бо 감사합니다

спасти́ (спасу́, спасёшь) (완) *кого? что?* 구하다

спать (сплю, спишь) (불완) 잠자다

спекта́кль (남) 연극, 흥행물

спеть (спою́, споёшь) (완) *что?* 노래하다

специали́ст 전문가

специа́льность 전문, 직업

специа́льный 특별한

спеши́ть (불완) *куда?* 서두르다

спо́рить (불완) *с кем? о ком?* 논쟁하다

спорт 스포츠, 운동

спорти́вный 스포츠의

спортсме́н 운동선수

спра́ва 오른쪽에, 오른쪽에서

справедли́вость 정의, 공정

спра́вочное бюро́ 안내소

спра́шивать (불완) *кого? о ком? о чём?* (완) спроси́ть 묻다, 질문하다

спроси́ть (спрошу́, спро́сишь) (완) *кого?*

о ком? о чём? 묻다, 질문하다

сра́зу 즉시

среда́ 수요일

сре́дства (복) 수단

ста́вить (ста́влю, ста́вишь) (불완) *что? куда?* (완) поста́вить 놓다, 두다

стадио́н 스타디움, 경기장

стака́н 유리잔, 컵

станови́ться (불완) *кем? чем?* (완) стать ~이 되다

ста́нция 역

стара́ться (불완) *что (с)де́лать?* 노력하다, 애쓰다

стари́нный 옛날의, 고대의

ста́рость 노년, 노령

ста́рший 손위의

ста́рый 늙은, 오래된

стать (ста́ну, ста́нешь) (완) *кем? чем?* ~이 되다

статья́ 기사, 논문

стена́ 벽

с тех пор 그때부터

стихи́ (복) 시, 시구

стихотворе́ние (한편의) 시

сто́ить (불완) ~의 값이다, 가치가 있다

стол 탁자

столи́ца 수도

столо́вая 식당

стоя́нка такси́ 택시정류장

стоя́ть (стою́, стои́шь) (불완) 서다, 서 있다

страна́ 국가, 나라

стра́шный 무서운

стреля́ть (불완) 쏘다, 발사하다

стро́ить (불완) *что?* (완) постро́ить 세우다, 건설하다

стройотря́д 건축 분견대

студе́нт (남) 대학생

студе́нтка (여) 여대생

стул 의자

сты́дно 부끄러운, 부끄럽게

суббо́та 토요일

субтропи́ческий 아열대의

суди́ть (сужу́, су́дишь) (불완) *кого?* 판단하다, 심판하다

с удово́льствием 기꺼이

судьба́ 운명, 운수
су́мка 손가방, 배낭
суп 수프
суро́вый 냉엄한, 혹독한
су́ша 뭍, 육지
существова́ть (существу́ю, существу́ешь) (불완) 존재하다
сфотографи́ровать (сфотографи́рую, сфотографи́руешь) (완) *кого? что?* 사진찍다, 촬영하다
сфотографи́роваться (완) 사진찍히다
счастли́вый 행복한, 행운의
сча́стье 행복, 행운
счита́ть (불완) 1. *что?* 세다, 계산하다 2. ~라고 간주하다, 생각하다
сын 아들
сыр 치즈
сюда́ 여기에, 이리로

Т

тайга́ 타이가
так 그렇게, 때문에
тако́й 그러한
такси́ 택시
тала́нт 재능, 재주
тала́нтливый 재능있는, 재주있는
там 저기에
та́нец 댄스, 춤
танцева́ть (танцу́ю, танцу́ешь) (불완) *что?* 춤추다
таре́лка 접시
творо́г (신 우유로 만든) 연하고 흰 치즈
теа́тр 극장
текст 본문, 지문
телеви́зор 텔레비전
телегра́мма 전보
телегра́ф 전신국
телефо́н 전화
телефо́н-автома́т 공중전화
те́ло 육체, 신체
тем бо́лее 더구나, 하물며
те́ма 주제
темно́ 어둡다

тёмный 어두운
температу́ра 온도, 기온
те́ннис 테니스
тепе́рь 이제
тепло́¹ 따뜻하다
тепло́² 온기
тёплый 따뜻한
терпе́ние 끈기, 인내
террито́рия 영토, 지역
теря́ть (불완) *что? кого?* (완) потеря́ть 잃다
тетра́дь (여) 공책
ти́хий 조용한
ти́хо 조용히
това́рищ 친구, 동료
тогда́ 그때
то́же 또한, 역시
то́лько 오직, 단지
топо́р 도끼
торт 케이크
тот 저, 그
то́чно 정확히, 확실히
тради́ция 전통
трамва́й 전차
трансли́ровать (불완) *что?* по ра́дио (по телеви́зору) 중계하다
тра́нспорт 수송, 운송, 운수기관
тре́бовать (тре́бую, тре́буешь) (불완) *чего?* (완) потре́бовать 요구하다, 요청하다
три́ста 300
тро́йка¹ (5점 만점 중) 3점
тро́йка² 3두마차
тролле́йбус 트롤리버스, 무궤도버스
труд 노동, 일
тру́дно 어려운, 어렵게
тру́дный 어려운
трудя́щийся 근로자
туале́т 1. 화장실 2. 화장대
туда́ 저기로
ту́мбочка 침내곁의 작은방
тури́зм 관광
тури́ст 관광객
тури́стский 관광의
тут 여기에
ту́фли (복) 단화
ты́сяча 천(1,000)

тысячеле́тний 1,000년의
тьма 암흑, 어둠
тюрьма́ 감옥
тяжело́ 무겁게, 어렵게, 혹독하게
тяжёлый 무거운, 어려운

У

у ~집에, 옆에
уважа́емый 존경하는
уважа́ть (불완) кого? что? 존경하다
уваже́ние 존중; с уваже́нием 존경하는
увести́ (уведу́, уведёшь) (완) кого? 데리고 가다
увлека́ться (불완) кем? чем? (완) увле́чься 열중하다, 몰두하다
увлече́ние 열중; с увлече́нием 열중하여
увле́чься (увлеку́сь, увлечёшься) (완) кем? чем? 열중하다, 몰두하다
уводи́ть (увожу́, уво́дишь) (불완) кого? (완) увести́ 데리고 가다
у́гол 모퉁이, 모서리, 구석
уда́чный 성공적인, 훌륭한
удиви́тельно 놀랍게, 훌륭하게
удиви́ться (удивлю́сь, удиви́шься) (완) чему? 놀라다, 경탄하다
удивлённо 놀란
удивля́ться (불완) чему? (완) удиви́ться 놀라다, 경탄하다
удо́бно 편리하다
удо́бный 편리한, 알맞은
удово́льствие, с удово́льствием 기꺼이
уезжа́ть (불완), (완) уе́хать 출발하다, 타고 떠나다
уе́хать (уе́ду, уе́дешь) (완) 출발하다, 타고 떠나다
уже́ 이미, 벌써
у́жин 저녁식사
у́жинать 저녁식사하다
уйти́ (уйду́, уйдёшь) (완) 떠나다, 가버리다
ука́з 법령, 명령
укра́сить (украшу́, укра́сишь) (완) что? чем? 장식하다
украша́ть (불완) что? чем? (완) укра́сить 장식하다
у́лица 거리
ум 이성, 두뇌
умере́ть (умру́, умрёшь) (완) 죽다
уме́ть (불완) что? де́лать? ~할 수 있다
умира́ть (불완), (완) умере́ть 죽다
у́мный 영리한, 현명한
универма́г 백화점
университе́т 대학교
упа́сть (упаду́, упадёшь) (완) 떨어지다
упражне́ние 연습문제
Ура́л 우랄산맥
ура́льский 우랄산맥의
уро́к 수업, 교훈
усло́вие 조건, 상태
услы́шать (완) что? о чём? о ком? 들리다
успева́ть (불완), (완) успе́ть 성공하다, ~할 시간이 있다
успе́х 성공
устава́ть (устаю́, устаёшь) (불완), (완) уста́ть 피로하다, 지치다
уста́лый 지친, 피로한
уста́ть (уста́ну, уста́нешь) (완) 피로하다, 지치다
у́стный 구두의, 입의
устра́ивать (불완) что? (완) устро́ить 설립하다, 정비하다
устро́ить (완) что? 설립하다, 정비하다
у́тренний 아침의
у́тро 아침
у́тром 아침에
у́хо 귀
уходи́ть (ухожу́, ухо́дишь) (불완), (완) уйти́ 떠나다, 가버리다
уче́бник 교과서
уче́ние 학습, 학문, 연구
учени́к (남) (국민학교, 중·고등학교) 학생
учени́ца (여) (국민학교, 중·고등학교) 학생
учёба 학습, 공부
учёный 학자
учи́лище 학교
учи́тель (남) 교사, 선생
учи́тельница (여) 교사, 선생
учи́ть (불완) что? кого? чему? 가르치다
учи́ться (불완) 1. где? 공부하다 2. чему? 배우

다
ую́тный 안락한, 아늑한

Ф

фа́брика 공장
фа́кел 횃불
факульте́т (대학의) 학부
фами́лия 성
фанта́зия 공상, 환상
фаши́ст 파시스트
фаши́стский 파시스트의
февра́ль 2월
фейерве́рк 꽃불
фестива́ль (남) 축제
фи́зик 물리학자
фи́зика 물리학
фило́лог 언어학자, 문헌학자
фильм 필름, 영화
фотоальбо́м 사진첩
фотоаппара́т 사진기
фотографи́ровать (фотографи́рую, фотографи́руешь) (불완) кого? что? 사진찍다
фотографи́роваться (불완) 사진을 찍게 하다, 사진찍히다
фотогра́фия 사진
Фра́нция 프랑스
францу́зский 프랑스의
фронт 전선, 정면
фру́кты (복) 과일
футбо́л 축구
футболи́ст 축구선수
футбо́льный 축구의

Х

хвали́ться (불완) чем? кем? 자랑하다, 뽐내다
хи́мик 화학자
хи́мия 화학
хлеб 빵, 식빵
ходи́ть (хожу́, хо́дишь) (불완) 걷다, 가다
хозя́ин (복, хозя́ева) 주인
хозя́йка 여주인

хокке́й 하키
хо́лод 냉기, 추위
холоди́льник 냉장고
хо́лодно 추운, 춥게
холо́дный 추운
хоро́ший 좋은, 훌륭한
хорошо́ 좋게, 잘
хоте́ть (хочу́, хо́чешь, хо́чет, хоти́м, хоти́те, хотя́т) (불완) чего? что? (с)де́лать? 바라다, 원하다
хоть 비록 ~라도
худо́жник 화가
худо́жественный фильм 예술영화
ху́же 더 나쁜, 더 못하는

Ц

царь 황제, 짜르
цвет 색, 색깔
цвето́к 꽃
целова́ть (целу́ю, целу́ешь) (불완) кого? что? 키스하다
це́лый 전체의, 전부의
цель (여) 목적, 목표
цена́ 가격, 값
центр 중심, 중앙
це́рковь (여) 교회
цирк 서커스
ци́фра 숫자, 수

Ч

чай 차
ча́йник 찻주전자
часово́й по́яс 시간대
ча́сто 자주, 종종
ча́стый 잦은, 빈번한
часть (여) 부분
часть све́та 대륙
часы́ (복) 시계
ча́шка 잔, 컵
чей 누구의
челове́к 사람, 인간

человéческий 인간의
человéчество 인류
чем ~보다
чемодáн 트렁크, 가방
чéрез 1. ~을 가로질러 2. (시간) ~후에
черномóрский 흑해의
четвéрг 목요일
четвёрка (5점 만점 중) 4점
чёрный 검은, 검은색의
числó 날짜
чи́стый 깨끗한
читáльный зал 독서실, 열람실
читáтель 독자
читáть (불완) *что? о ком? о чём?* (완) прочитáть 읽다
чтéние 독서
что¹ (접속사)
что² 무엇, 어떤
чтóбы ~하기 위해서
чтó-нибудь 뭔가
чтó-то 뭔가
чýвство 감각, 느낌, 감정
чýвствовать (себя́) (чýвствую, чýвствуешь)
 (불완) *как?* 느끼다
чулки́ (복) 스타킹

Ш

шáпка 모자
шарф 스카프
шáхматы 체스, 서양장기
широ́кий 넓은
шинéль (여) 외투
шкаф 찬장, 장롱
шкóла 학교
шкóльник (남)국민학생, 중학생
шкóльница (여)국민학생, 중학생
шкóльный 학교의
шкóльный товáрищ 교우
шля́па (차양이 있는) 모자
штаб 본부
шум 소음
шумéть (불완) 소음을 내다, 웅성거리다
шýтка 농담

Щ

щи 양배추 수프

Э

экзáмен 시험
экономи́ст 경제학자
экскýрсия 소풍, 견학
экспози́ция 전람회, 전시회
энтузиáзм 열광, 열중
этáж 층
э́тот 이것, 그것; 이, 그

Ю

ю́бка 스커트
юбилéй 기념제
юг 남쪽
ю́го-зáпадный 남서쪽의
ю́жный 남쪽의
ю́ность 젊음, 청춘
ю́ноша 청년, 젊은이
юриди́ческий 법률의
юриспрудéнция 법학

Я

я́блоко 사과
я́блочный 사과의
яви́ться (완) *кем? чем?* ~이다
явлéние 현상
явля́ться (불완) *кем? чем?* (완) яви́ться
 ~이다
язы́к 언어
яйцó 달걀, 계란, 알
янвáрь 1월
я́ркий 밝은
я́рко 밝게

〈캠퍼스러시아어2 MP3 CD 트랙 목록〉

트랙	과	내용	쪽수	트랙	과	내용	쪽수
Track 01	20	ТЕКСТ	9	Track 22	27	ТЕКСТ	115
Track 02		ДИАЛОГ	10	Track 23		ДИАЛОГ	117
Track 03		ЧИТАЙТЕ И СЛУШАЙТЕ	19	Track 24		ЧИТАЙТЕ И СЛУШАЙТЕ	125
Track 04	21	ТЕКСТ	21	Track 25	28	ТЕКСТ	129
Track 05		ДИАЛОГ	22	Track 26		ДИАЛОГ	131
Track 06		ЧИТАЙТЕ И СЛУШАЙТЕ	35	Track 27		ЧИТАЙТЕ И СЛУШАЙТЕ	144
Track 07	22	ТЕКСТ	37	Track 28	29	ТЕКСТ	149
Track 08		ДИАЛОГ	38	Track 29		ДИАЛОГ	150
Track 09		ЧИТАЙТЕ И СЛУШАЙТЕ	51	Track 30		ЧИТАЙТЕ И СЛУШАЙТЕ	159
Track 10	23	ТЕКСТ	55	Track 31	30	ТЕКСТ	163
Track 11		ДИАЛОГ	56	Track 32		ДИАЛОГ	164
Track 12		ЧИТАЙТЕ И СЛУШАЙТЕ	69	Track 33		ЧИТАЙТЕ И СЛУШАЙТЕ	172
Track 13	24	ТЕКСТ	71	Track 34	31	ТЕКСТ	175
Track 14		ДИАЛОГ	73	Track 35		ДИАЛОГ	176
Track 15		ЧИТАЙТЕ И СЛУШАЙТЕ	82	Track 36		ЧИТАЙТЕ И СЛУШАЙТЕ	185
Track 16	25	ТЕКСТ	85	Track 37	32	ТЕКСТ	189
Track 17		ДИАЛОГ	87	Track 38		ДИАЛОГ	191
Track 18		ЧИТАЙТЕ И СЛУШАЙТЕ	95	Track 39		ЧИТАЙТЕ И СЛУШАЙТЕ	205
Track 19	26	ТЕКСТ	99	Track 40	33	ТЕКСТ	209
Track 20		ДИАЛОГ	101	Track 41		ДИАЛОГ	210
Track 21		ЧИТАЙТЕ И СЛУШАЙТЕ	112	Track 42		ЧИТАЙТЕ И СЛУШАЙТЕ	224

조남신

고려대학교 노어노문학과 졸업
고려대학원 대학원 노어노문학과 졸업(노어학 전공)
독일 Munster 대학교 슬라브 어문학부 졸업(노어학 박사)

현 연세대학교 노어노문학과 교수

저서
Die Wortbildungssemantik devervaler Substantive im Russischen, Frankfurt am Mein, 1991
러시아어 동사의 의미연구(Ms.), 연세대학교, 1995
현대 러시아어, 한신문화사, 1995
러시아어 문법(고등학교 국정교과서: 공저), 1995
캠퍼스 러시아어 1, 랭기지플러스, 1995
러시아어 조어론, 한신문화사, 1996
현대 노어학개론, 범우사, 1997
캠퍼스 러시아어 2, 랭기지플러스, 1997

캠퍼스 러시아어 2

개정판발행	2005년 4월 15일
개정판 7쇄	2019년 9월 16일
원저	율리야 게오르기예브나 오브시옌꼬
편저	조남신
책임 편집	장은혜, 김효은, 양승주
펴낸이	엄태상
콘텐츠 제작	김선웅, 최재웅
마케팅	이승욱, 오원택, 전한나, 왕성석
온라인 마케팅	김마선, 김제이
경영기획	마정인, 조성근, 김수진, 김예원, 김다미, 전태준, 오희연
물류	유종선, 정종진, 최진희, 윤덕현, 신승진
펴낸곳	랭기지플러스
주소	서울시 종로구 자하문로 300 시사빌딩
주문 및 교재 문의	1588-1582
팩스	(02)3671-0500
홈페이지	http://www.sisabooks.com
이메일	book_etc@sisadream.com
등록일자	2000년 8월 17일
등록번호	1-2718호

ISBN 978-89-5518-288-0 18790
   978-89-5518-285-6 (set)

* 이 책의 내용을 사전 허가 없이 전재하거나 복제할 경우 법적인 제재를 받게 됨을 알려 드립니다.
* 잘못된 책은 구입하신 서점에서 교환해 드립니다.
* 정가는 표지에 표시되어 있습니다.